Eva Kienholz

# Eine kurze Geschichte der AfD

## Von der Eurokritik zum Remigrationsskandal

Rowohlt

Originalausgabe
Veröffentlicht im Rowohlt Verlag, Hamburg,
September 2024

Covergestaltung Anzinger und Rasp, München
Satz aus der Pensum bei Dörlemann Satz, Lemförde
Druck und Bindung GGP Media GmbH, Pößneck
ISBN 978-3-498-00734-8

FSC
www.fsc.org
MIX
Papier | Fördert
gute Waldnutzung
FSC® C014496

# Inhalt

von Menschen. Die anschließende Protestwelle gegen rechts erfasste das ganze Land, plötzlich erschien die Gefahr vielen sehr real. Auch die Debatte um ein Verbot der AfD flammte neu auf, allerdings bleiben die Hürden für einen solchen Schritt in Deutschland sehr hoch.

Innerhalb der AfD selbst tobt seit ihrer Gründung ein Richtungsstreit, der wellenartig zu- oder abnimmt, aber nie ganz zu verebben scheint. Einige in der Partei wollen sie immer weiter nach rechts treiben oder gar zu einer Bewegungspartei umformen, sie also mit rechten Protestbewegungen wie Pegida oder völkischen Organisationen wie der Identitären Bewegung Seite an Seite in eine neue Zukunft marschieren lassen. Andere träumen von einer patriotisch gesinnten, aber gemäßigten Kraft, die sich nur knapp rechts der Union positioniert und auch im bürgerlichen Lager auf Stimmenfang geht. Gleichzeitig sickern extrem rechte Positionen zunehmend auch in die Mitte der Gesellschaft ein. Schon heute hat es die AfD geschafft, die Grenzen des Sagbaren immer weiter nach rechts zu verschieben. Gerade in den sozialen Medien haben Hass und Hetze rasant zugenommen, wurden Hemmschwellen abgebaut und Gewaltfantasien befeuert.

Der Aufstieg der AfD fällt in ein Jahrzehnt ausgeprägter rechter Gewalt. Immer wieder wurden Flüchtlingsunterkünfte attackiert. Etwa in Halle und Hanau starben Dutzende Menschen bei rechtsterroristischen Anschlägen. Der Kasseler Regierungspräsident Walter Lübcke wurde ermordet, weil er sich für Geflüchtete eingesetzt hatte – getötet von einem Mann, der bei AfD-Demos mitgelaufen ist und Geld an die Partei gespendet hat mit dem Verwendungszweck: «Gott segne euch».

Wer sich mit der AfD auseinandersetzt, wird Momente erkennen, an denen die Entwicklung der Partei eine andere

Richtung hätte nehmen können. Auch wenn die Geschichte der AfD bislang eine kurze ist, hat sie schon viele Spuren hinterlassen. Manche von ihnen haben sich so tief in die Gegenwart eingeprägt, dass es den Blick zurück braucht, um daraus Schlüsse für die Zukunft zu ziehen.

*Juni 2024*

# 1

# Der gescheite Professor Lucke

## oder: Eine Partei entsteht als eurokritische Alternative

## Unter den ausgebreiteten Armen des Erlösers

An einem grauen Wintertag trafen sich 18 Männer in Oberursel im Taunus. Ein Konferenzraum in einem Hotel erschien ihnen zu teuer, also versammelten sie sich in einem kleinen, karg möblierten Gemeindesaal der evangelischen Christuskirche. Diesen Raum hatte einer der Versammelten organisiert – seine Frau war in der Gemeinde aktiv. Und so wurde am 6. Februar 2013 unter den ausgebreiteten Armen einer hölzernen Jesusstatue eine neue Partei gegründet, auf deren Namen sich die Männer nach langer Debatte einigten: Alternative für Deutschland. Doch die Geschichte hinter der Gründung der AfD begann schon früher.

Am 25. März 2010 sprach Angela Merkel als Kanzlerin im Bundestag. Deutschland und Europa wurden gerade von der schwersten Finanzkrise der Nachkriegszeit erschüttert, Merkel schloss direkte Finanzhilfen an das besonders hart getroffene Griechenland vor den Parlamentariern trotzdem aus. Wenige Stunden später stimmte sie auf einem EU-Gipfel dann aber doch für das erste Rettungspaket für Griechenland. Ihre Entscheidung bezeichnete Merkel als «alternativlos». Die Wortwahl der Kanzlerin wurde heftig kritisiert, die Gesellschaft für deutsche Sprache kürte «alternativlos» sogar zum Unwort des Jahres, weil es die Politikverdrossenheit in der Bevölkerung verstärken würde. Dieses politische Diktum der Kanzlerin sollte die Gründung einer Partei forcieren, die sich als Gegenentwurf zu den etablierten Parteien begriff. Merkels «alternativlos» sollte die Gründungsväter auch bei der Namensgebung inspirieren.

Im gleichen Jahr, 2010, erschien der umstrittenste Bestseller der Merkel-Ära: «Deutschland schafft sich ab» von Thilo Sarrazin. Darin warnte der frühere Berliner Finanzsenator vor der steigenden Zuwanderung, insbesondere aus muslimisch geprägten Ländern. Muslimische Migranten würden Deutschland durch ihre mangelnde Bildung bei gleichzeitig hohen Geburtenraten in eine Abwärtsspirale stürzen, argumentierte Sarrazin. Trotz massiver Kritik anderer Autoren, Wissenschaftler und Politiker, und obwohl viele seiner Aussagen als tendenziös oder verzerrend entlarvt wurden, löste Sarrazin eine schrille gesellschaftliche Debatte über die Integrationspolitik aus – und das zu einem Zeitpunkt, als Deutschland mit seiner Neuerfindung als Einwanderungsgesellschaft fremdelte. Kritik an «Multikulti» und «Massenzuwanderung» wurde denn auch bald – neben der Kritik an der Eurorettungspolitik – zu einem wichtigen argumentativen Standbein der AfD.

Zum ersten Gesicht der Partei wurde Bernd Lucke, ein Professor für Makroökonomie an der Universität Hamburg, der nicht nur in der Wissenschaft, sondern auch darüber hinaus das große Ganze betrachten wollte. Obwohl bereits spätere Protagonisten wie Alexander Gauland und Frauke Petry in der Anfangsformation standen, avancierte der umtriebige Lucke schnell zum ersten Spielmacher der AfD. Wie sehr ihm die Parteigänger an den Lippen hingen, zeigte sich beim ersten Bundesparteitag.

Schon zwei Monate nach dem Treffen in Oberursel ging es für die Gründungsmitglieder, davon 14 aus dem Westen und vier aus dem Osten, nach Berlin. Der Parteitag stieg im Hotel *Intercontinental*, direkt im Botschaftsviertel. In seiner Rede sprach Lucke von einer neuen Kraft, die sich anschicken würde, «die Zwangsjacke der erstarrten und verbrauchten Altparteien zu sprengen». Vor 1500 Anhängern echauffierte er sich über eine Regierung, die behaupten würde, dass es zu ihrer Politik keine Alternative gäbe. «Wir wollen der Regierung sagen, meine Damen und Herren, jetzt ist sie da, die Alternative. Die Alternative für Deutschland.» Bereits in ihren ersten Zügen gehörte die Verachtung der politischen Konkurrenz zum programmatischen Kern der AfD – und sie kam gut an: Luckes Rede löste einen stürmischen Applaus aus, Aufbruch lag in der Luft.

Um einer Vereinnahmung durch das rechte politische Lager zu entgehen, versuchte Lucke, die AfD beim Gründungsparteitag als eine «Partei neuen Typs» aus der Mitte der Gesellschaft vorzustellen, die weder links noch rechts sei und keinen ideologischen Wegweiser brauche. Wie schwer sich die Abgrenzung nach rechts gestalten sollte, zeigte sich aber schon bei diesem ersten Parteitag – und das nicht nur, weil im Publikum ein älterer Patriot mit braunem Kurzarmhemd energisch eine Deutschlandfahne schwenkte. Ausgerechnet die NPD hielt zur gleichen Zeit in derselben Straße und mit sehr ähnlichen Parolen eine Kundgebung ab – weil sie offenbar schon damals in der AfD eine Konkurrenz sah. Ihr Motto: «Raus aus dem Euro! Es gibt nur eine Alternative – die NPD!»

Eigentlich war die CDU Luckes politische Heimat gewesen, auch wenn er dort nie hohe Posten bekleidet hatte. Schon mit 14 Jahren war Lucke in die Junge Union eingetreten. 2011 trat er nach 33 Jahren aus Protest gegen die Eurorettungspolitik aus. Nicht er habe die Partei verlassen, sondern die Partei ihn, sagte Lucke einmal der *FAZ*. Schon in seinen letzten Jahren in der Union hatte sich Lucke so weit von der Politik der Regierungspartei entfernt, dass er außerhalb der Partei gleich gesinnte Euroskeptiker in einem «Plenum der Ökonomen» um sich scharte. Mehr als 300 Professoren kritisierten dort mit Lucke die politische Bewältigung der Eurokrise. Als der Bundestag dann auch dem Europäischen Rettungsschirm zustimmte, formierte sich Mitte 2012 das Bündnis Bürgerwille, eine überparteiliche Sammlungsbewegung gegen die Europolitik, der neben späteren AfD-Funktionären wie Lucke oder Beatrix von Storch auch eine Reihe von Unions- und FDP-Politikern angehörten. Lucke, inzwischen aus der CDU ausgetreten, gelang es wieder nicht, Einfluss auf die große Politik zu nehmen, um eine weitere finanzpolitische Verflechtung europäischer Staaten zu verhindern. Also rief er die Wahlalternative 2013 ins Leben. Eigentlich wollte die Gruppierung mit den Freien Wählern kooperieren, doch bereits nach der ersten gemeinsamen Landtagswahl Anfang 2013 in Niedersachsen war das Projekt gescheitert.

Erst nach diesen vielen misslungenen Versuchen, an etablierte politische Strukturen anzudocken, gründete Lucke die AfD mit – und wurde prompt neben der Chemikerin Frauke Petry und dem Publizisten Konrad Adam zu einem von drei gleichberechtigten Parteivorsitzenden gewählt, die bei der AfD Bundessprecher heißen. Deutschland betrachtete er damals offenbar als renitentes Kind. Er sei nicht aus Wut Politiker geworden, erklärte Lucke, sondern aus Enttäuschung.

## Seine Waffe war die Querflöte

Bernd Lucke wurde 1962 in Westberlin geboren und wuchs in Nordrhein-Westfalen auf. In seiner Freizeit sammelte er Fossilien und Farne. Seinen Wehrdienst leistete Lucke als Querflötist beim Stabsmusikkorps der Bundeswehr in Siegburg ab. Luckes anschließende akademische Laufbahn war die eines Musterschülers: Als Stipendiat der Studienstiftung des deutschen Volkes studierte er Volkswirtschaft, Philosophie und Neuere Geschichte in Bonn, erhielt ein Stipendium in Berkeley und schloss sein Studium als Diplom-Volkswirt ab. Danach war er wissenschaftlicher Mitarbeiter an der Universität Bonn, parallel dazu begann er ein Fernstudium in Mathematik, bekam noch ein Stipendium, promovierte 1991 im Fachbereich Wirtschaftswissenschaft mit *summa cum laude* an der FU Berlin und wurde später Professor für Makroökonomie an der Universität Hamburg. Luckes Universitätskarriere und seine Unterstützer aus der wissenschaftlichen Welt sorgten dafür, dass die AfD medial zunächst als Professorenpartei wahrgenommen wurde.

In der Anfangszeit gab Lucke freigiebig Interviews, in denen sich der ehrgeizige Professor als konservativer, etwas verschrobener Familienvater präsentierte. Er lud Journalisten in sein Klinkerhaus in Winsen an der Luhe, gelegen zwischen Hamburg und Lüneburg, gab sich als evangelisch-reformierter Christ bescheiden, fast asketisch, gekleidet in Strickpullover, die er von seinem Vater geerbt hatte. Mit seiner Ehefrau und seinen fünf Kindern spiele er gerne Tischtennis, ein Auto oder einen Fernseher bräuchten sie nicht. Statt in teuren Hotels schlafe er auf Dienstreisen lieber in Jugendherbergen, weil ihm ein Bett und eine saubere Dusche genügten. Statt Bier trinke er lieber Orangensaft.

Als Menschenfänger, der die Massen mitzunehmen vermag, trat Lucke allerdings nur selten in Erscheinung. Wollte er witzig sein, schlug er gerne mal unter der Gürtellinie zu. Nachdem der SPD-Politiker Sebastian Edathy in Verdacht geraten war, sich kinderpornografisches Material besorgt zu haben, sagte Lucke beim ersten politischen Aschermittwoch der AfD im niederbayerischen Osterhofen: «Man hat das Gefühl, dass sich niemand im Bundestag für unsere Kinder interessiert – außer Herr Edathy.»

Auch wenn ihm der Applaus seiner Anhänger nach solchen Ausfällen gewiss war, blieb Lucke für alle anderen der pedantische Professor, der die politische Konkurrenz in Finanzfragen gekonnt zu stellen wusste, aber nicht immer den richtigen Ton traf. In parteipolitischen Fragen kümmerte er sich gerne selbst um jedes Detail, verschickte Mails oft mitten in der Nacht. Lucke schien als allgegenwärtiger Parteichef seine Paraderolle gefunden zu haben.

Auf ihrem Gründungsparteitag hatte die AfD ein vier Seiten langes Wahlprogramm beschlossen. Die erste Stelle und den größten Platz nahm, ganz in Luckes Sinn, die Währungspolitik ein. Die AfD stehe für eine «geordnete Auflösung des Euro-Währungsgebiets», stand dort geschrieben, auch eine Wiedereinführung der D-Mark dürfe kein Tabu sein. In ihrem Wahlprogramm offenbarte sich aber auch schon jene politische Kampfzone, die der AfD bald wichtiger werden sollte als der Euro. Unter «Integrationspolitik» forderte sie eine Neuordnung des Einwanderungsrechts, Deutschland würde qualifizierte und integrationswillige Zuwanderung nach kanadischem Vorbild brauchen, es sollten also viel weniger, dafür aber jüngere und besser qualifizierte Einwanderer kommen. Eine «ungeordnete Zuwanderung in unsere Sozialsysteme» sollte unterbunden werden.

Diese ungeordnete Zuwanderung fand derweil bei der AfD selbst statt. In gerade einmal zwei Monaten nach der Gründung schlossen sich 7000 Menschen der Partei an. Wie Bernd Lucke oder Alexander Gauland, ebenso Gründungsmitglied und stellvertretender Sprecher der AfD, waren besonders viele der neuen Mitstreiter ehemalige CDU-Anhänger. Doch auch anderen etablierten Parteien konnte die AfD laut Selbstauskunft Wähler abtrotzen. «Eurokritiker wildern bei allen Parteien» fasste es im Jahr darauf der *Spiegel* zusammen. Die rechtspopulistische Kleinpartei Die Freiheit, die vor allem mit islamfeindlichen Sprüchen auf sich aufmerksam machte, stellte sogar 2013 ihre Aktivitäten zugunsten der AfD ein.

Dank guter Beziehungen zur mittelständischen Wirtschaft gelang der AfD unter Lucke ein schneller Organisationsaufbau. Die schon vor ihrem ersten Parteitag angelaufene Gründung der 16 Landesverbände war bereits im Mai abgeschlossen. Lucke und seine Verbündeten hatten es eilig: Im Herbst 2013 standen Bundestagswahlen an.

Um noch mehr Menschen von seiner neuen Partei zu überzeugen, hetzte Lucke von einer Talkshow zur nächsten. Bei der Sendung *Im Dialog* auf Phoenix wurde er gefragt, welche Gefahren eine Partei meistern müsse, die so schnell wachse wie die AfD. Da wären doch bestimmt viele Spinner dabei, mutmaßte Moderator Alfred Schier – Lucke unterbrach ihn sofort: «Nein, nein, überhaupt nicht jede Menge. Nein, nein.» Er bezeichnete 99 Prozent der Mitglieder als «tadellose Bürger». Wer aber beispielsweise mal in der NPD gewesen sei, könne nicht zur AfD kommen, weil er durch seine parteipolitische Vergangenheit einen «eklatanten Mangel an politischem Urteilsvermögen» bewiesen hätte. Immer wieder betonte Lucke, dass radikale Meinungen jeglicher Couleur in seiner Partei nicht toleriert werden würden. Allerdings sah die Parteisatzung lediglich eine Einzelfallprüfung für ehemalige Mitglieder aus solchen Organisationen vor, die durch deutsche Sicherheitsorgane als extremistisch eingestuft wurden. In der «fantastischen Aufbruchstimmung», die Lucke in seiner Rede beim Gründungsparteitag betont hatte, blieb offenbar keine Zeit, um die neuen Mitglieder einmal genauer unter die Lupe zu nehmen.

Etwa drei Monate nach ihrer Gründung zählte die Alternative für Deutschland bereits rund 11 000 Mitglieder. Unter ihnen war auch ein gewisser Björn Höcke, der im April 2013 den AfD-Landesverband in Thüringen mitgegründet hatte. Zu dieser Zeit war der Geschichtslehrer für die breite Öffentlichkeit ein unbeschriebenes Blatt. Niemand ahnte damals, dass Höcke zwei Jahre später den «Flügel» anführen würde, jene innerparteiliche Strömung, die Lucke schon bald das Leben schwer machen sollte.

# Erfolgreich gescheitert

Ein Mann mit aufgeknöpftem Hemd und Sonnenbrille im Haar steht auf einer Autobahnbrücke. Er sagt: «Haben Sie sich schon mal gefragt, warum unser ganzes Geld nach Griechenland geht und nicht in unsere kaputten Straßen und Brücken?» Mit dieser Szene startet der erste Wahlwerbespot der AfD für die Bundestagswahl im Herbst 2013. In dem Neunzigsekünder kommt ein Vater zu Wort, der sich um die Zukunft der Kinder sorgt, eine junge Frau, die den großen Einfluss der EU beklagt, ein älteres Ehepaar, das sich über zu wenig Rente ärgert, eine Geschäftsfrau, die ihr Steuergeld nicht in marode Banken stecken will, und eine Familie, der die ständig steigenden Stromrechnungen missfallen. Und dann wird noch ein junger Mann mit Migrationshintergrund, Arztkittel und Stethoskop eingeblendet. Er sagt: «Haben Sie sich schon mal gefragt, warum nicht alle Einwanderer hier bei uns in Deutschland etwas leisten müssen?» Eine Stimme aus dem Off fordert: «Wir wollen Einwanderung nach Qualifikation – keine Einwanderung in die Sozialsysteme.»

Schon im Wahlkampf entfernte sich die AfD von ihrem anfänglichen Image einer Ein-Thema-Partei. Sie wollte zwar weiterhin für das wirtschaftsliberale Bürgertum sprechen, das mit der Europolitik der Bundesregierung unzufrieden war, gleichzeitig aber wurde sie zum Auffangbecken für jene, die mit den etablierten Parteien fremdelten. Die AfD entwickelte sich zu einer Anti-Parteien-Partei. Ihr Slogan «Mut zur Wahrheit», der schon in ihrem ersten Wahlwerbespot auftaucht, wurde schnell zum Leitmotiv:

In Deutschland gebe es Dinge, die nicht gesagt werden dürften, nun aber von der mutigen neuen Alternative trotzdem ausgesprochen werden. Die Legende von den Sprechverboten wurde zum Bulldozer, mit dem die Partei die Grenzen des Sagbaren fortan niederwalzen sollte.

## Der Osten bäumt sich auf

Während Bernd Lucke im Bundestagswahlkampf 2013 versuchte, das bürgerliche Gesicht der AfD zu wahren, grinste Co-Sprecherin Frauke Petry auf Plakaten gegen Migration. «Einwanderung braucht strikte Regeln», lautete ein Slogan. Vor allem Petrys Landesverband Sachsen zog Islamgegner aus den Reihen der Kleinpartei Die Freiheit an, die im Wahlkampf dem Team Petry unter die Arme griffen. Im Herbst verkündete Lucke daraufhin einen Aufnahmestopp früherer Freiheit-Mitglieder, Ausnahmen solle es nur in Einzelfällen geben. Luckes Alleingang verärgerte das nationalkonservative Lager. Am Ende soll laut *Spiegel*-Informationen ein langes Telefonat zwischen Lucke und Petry die Schlichtung gebracht haben – das Wort «Aufnahmestopp» tauchte in einer anschließenden Pressemitteilung nicht mehr auf. Fortan sollten Freiheit-Überläufer nur noch «im Regelfall» abgewiesen werden. Es war Luckes erste große Niederlage gegen Frauke Petry.

Wer im Sommer 2013 durch Ostdeutschland fuhr, konnte Plakate sehen, die mit der Angst der Menschen vor dem sozialen Abstieg spielten: «Wir sind nicht das Weltsozialamt», stand etwa darauf. Fast wortgleich plakatierte auch die NPD: «Wir sind nicht das Sozialamt der Welt». Dazu kamen bei der AfD eurokritische Losungen wie «Brüssel den Belgiern» oder «Der Euro spaltet Europa». So war für jeden etwas dabei.

Am Ende holte die AfD aus dem Stand 4,7 Prozent. Sie verpasste den Einzug in den Bundestag damit nur knapp. Für eine Partei, die sich erst ein halbes Jahr zuvor gegründet hatte, waren die 2 056 985 Zweitstimmen trotzdem ein Coup. Sie holte damit fast so viele Stimmen wie die FDP, die mit ihren 4,8 Prozent aus dem Bundestag flog. Und so sprach am Wahlabend ein sichtlich vom eigenen Erfolg bewegter Bernd Lucke von den «Entartungen von Demokratie und Parlamentarismus», die er in den vergangenen Jahren erlebt habe. Obwohl die Wortwahl vielfach kritisiert wurde, weil sie an ganz dunkle Kapitel deutscher Geschichte erinnerte, verteidigte Lucke sie danach öffentlich, etwa bei *Anne Will.* Sosehr er Gefallen daran fand, anderen ihre Fehler vorzuhalten, so wenig war der Parteichef bereit, eigene Verfehlungen einzugestehen. Die Vorherrschaft in der jungen AfD war ihm zu diesem Zeitpunkt dennoch sicher.

# Es ruckt nach rechts

Im Januar 2014 wurde Lucke auf dem Parteitag in Aschaffenburg zum Spitzenkandidaten für die anstehende Europawahl gekürt. In seiner Rede ging es ihm nicht mehr maßgeblich um das Verlassen der Eurozone, sondern um unkontrollierte Zuwanderung in die deutschen Sozialsysteme. Der Kursschwenk drückte sich auch in einem neuen Slogan für den Europawahlkampf aus: «Mut zu Deutschland». Nach innerparteilichen Auseinandersetzungen zwischen Wirtschaftsliberalen und Nationalkonservativen versuchte die Führung der AfD, die Reihen so zu schließen. «Wir können nur gewinnen, wenn wir zusammenhalten», mahnte Lucke. In diesem Europawahlkampf begann damit das Ringen um Einigkeit in der Partei, das sie über viele Jahre begleiten und zwischenzeitlich in ihrem Aufstieg bremsen sollte. Es bildeten sich zwei Lager, die sich immer unversöhnlicher gegenüberstanden: die Eurogegner um Bernd Lucke und die Nationalkonservativen um Frauke Petry.

Lucke versuchte, die entstehenden Strömungen in der Partei in eine Bahn zu lenken, doch war er zunehmend machtlos gegen die Überzahl der Parteigänger, denen der Euro nicht als Feindbild Nummer eins taugte. Alleine bei Facebook hatte die AfD im August 2013 bereits 43 000 Fans. Manchen von ihnen, wie einem User mit dem Namen «Inquisitionskommando Heinrich», waren sogar Rechtsextreme nicht rechts genug: «Mir gehen diese gesamten linken Parteien in der BRD (von NPD bis SED) gehörig auf die Nerven, hoffentlich setzt sich mit der AfD ein starker

Panzer gegen diese Zustände durch [...].» Wer selbst die NPD als linke Partei betrachtet, wird vermutlich sehr spezielle Vorstellungen von der Zukunft Deutschlands haben.

Lucke suchte in dieser Situation jemanden, der die Reihen zu schließen vermochte. Er brauchte für diesen Job den besten Mann, den es gab, und natürlich hieß dieser Mann Bernd Lucke. Im März 2014 brachte er zum Parteitag in Erfurt einen Satzungsentwurf zur Abstimmung mit, der ihm und dem Vorstand mehr Macht einräumen sollte. Lucke wollte eine «Volkspartei des gesunden Menschenverstandes» führen, schimpfte aber auch gegen die «Mainstream-Medien»; er versuchte den Spagat zwischen Wirtschaftsprofessor und Populist. Trotzdem schmetterte die Basis seine Idee ab. Am Ende des Parteitags deutete der zierliche Lucke auf die riesigen, hinter ihm eingeblendeten Worte: «Mut zu Deutschland».

Im Mai 2014 holte die AfD bei der Europawahl 7,1 Prozent der Stimmen. Deutschland schickte erstmals sieben EU-Skeptiker nach Straßburg, darunter den renommierten Wirtschaftsprofessor Joachim Starbatty, den ehemaligen BDI-Präsidenten Hans-Olaf Henkel und die erzkonservative Rechtsanwältin Beatrix von Storch. Und natürlich Bernd Lucke selbst. Am Wahlabend im *Maritim Hotel* in Berlin, wo man sich zur Wahlparty versammelt hatte, war Lucke dann auch ganz aus dem Häuschen. In seiner Rede bezeichnete er die AfD als neue Volkspartei, die bei dieser Wahl aufgeblüht sei. Er platzte fast vor Stolz, als er hinzufügte: «Das Wertvollste, was wir haben, meine Damen und Herren, das, warum wir das alles tun, sind unsere Kinder.» Deshalb ständen seine Kinder jetzt auch hier mit ihm auf der Bühne.

Lucke hatte seine Familie bereits zuvor in den Wahlkampf zur Europawahl involviert. Da vielerorts gerade in der Nacht AfD-Plakate zerstört wurden, zog die Familie Lucke jeden Abend mit ihren Fahrrädern los, hängte die noch unbeschädigten kleineren Plakate, die sie mit den Rädern transportieren konnte, ab, verstaute sie sicher in ihrer Garage und hängte sie am Morgen wieder auf. So erzählte es Lucke wenige Wochen vor der Europawahl dem *Spiegel* bei einem Hausbesuch. Die Reportage endete wenig erbaulich für Lucke: «Er hat etwas ins Leben gerufen, das dabei ist, auf ungute Weise zu entgleiten. Und manchmal sieht es so aus, als entgleite er mit, auch dann, wenn er einfach nur zu Hause ist.»

Im Sommer 2014, als Lucke gerade seinen Umzug nach Brüssel plante, weiter in den Westen also, verschob sich das Kraftzentrum der Partei gen Osten. Landtagswahlen standen an. Der sächsische Landesverband mit seiner Vorsitzenden Petry plakatierte im ganzen Bundesland: «Sichere Grenzen statt grenzenloser Kriminalität». In Brandenburg setzte Spitzenkandidat Alexander Gauland vor allem auf das Thema Flüchtlinge und Zuwanderung. Abgelehnte Asylbewerber müssten viel schneller abgeschoben werden, so seine Forderung. Das kam im Osten Deutschlands offenbar gut an: Umfragen sagten der AfD hohe Zustimmung voraus.

## «Höcke sagt», sagt Höcke

In Thüringen fiel Spitzenkandidat Björn Höcke bundesweit zum ersten Mal bei einer Pressekonferenz im Juli 2014 auf, mitten in der parlamentarischen Sommerpause. Die anwesenden Journalisten kannten Höcke kaum, einen Lehrer, der in Thüringen lebte und an einer Schule in Hessen unterrichtete. Doch das hinderte Höcke nicht daran, die Schlagzeile zur Konferenz selbst vorgeben zu wollen. «Jetzt können Sie mich zitieren», begann er. «Höcke sagt», sagte Höcke, «Doppelpunkt, Anführungszeichen unten: Die politische Korrektheit liegt wie Mehltau über unserem Land. Ich bin angetreten, um diese politische Korrektheit wegzuräumen.» Er wolle «den politischen Sumpf austrocknen» und «preußische Tugenden» wiederbeleben. Der *Tagesspiegel* schrieb damals über Höcke: «Unter den drei ostdeutschen AfD-Chefs [...] ist er wohl der am wenigsten Berechenbare.»

Schon 2014 flohen Millionen Syrer vor Krieg, Terror und Zerstörung, auch wenn die Flüchtlingsbewegung erst im Herbst 2015 ihren Höhepunkt erreichen sollte. Auch aus anderen Ländern kamen vermehrt Asylbewerber nach Europa. Kommunen in ganz Deutschland klagten über volle Unterkünfte und mangelnde Kapazitäten. Laut Umfragen wollte fast die Hälfte der Bundesbürger einen Rückgang der Einreisen von Asylsuchenden. Der AfD kam diese Stimmung gerade recht. Im Wahlkampf sagte Höcke: «Es kann nicht sein, dass man pauschal arbeitslose Deutsche wie arbeitslose Ausländer behandelt.» Für den thüringischen Spitzenkandidaten stand fest: «Deutschland ist kein Einwanderungsland.»

Wer damals dachte, die AfD katapultiere sich durch solche Töne selbst ins Aus, lag falsch. Den Anfang machte Sachsen: Dort konnte die AfD im August 2014 mit 9,7 Prozent erstmals in ein deutsches Parlament einziehen. Nach dieser Wahl nannte Kanzlerin Angela Merkel die AfD «ein Problem aller Parteien» und forderte ihre Union auf, vor den Wahlen in Brandenburg und Thüringen die Sorgen der AfD-Wähler anzusprechen – wie etwa die steigenden Asylbewerberzahlen. Gleichzeitig betonte Merkel das Koalitionsverbot mit der AfD, das der Bundesvorstand der CDU beschlossen hatte. Ansonsten schien der Konsens der anderen Parteien zu lauten: Die AfD werde sich irgendwann schon selbst entzaubern. Mitte September schafften Höcke und Gauland dann aber ebenfalls den Einzug in die Landtage von Thüringen und Brandenburg – mit zweistelligen Ergebnissen.

Im September 2014, kurz nach den drei Landtagswahlen in Ostdeutschland, lud Maybrit Illner zum Thema «Millionen auf der Flucht – und wer darf nach Deutschland?» in ihre Sendung. Unter den Gästen war auch Björn Höcke, der sich ganz zahm gab und sogar die Frage Illners bejahte, ob er eine syrische Familie bei sich zu Hause aufnehmen würde. Aber er sagte auch: «Das ist das Problem: Dass das Asylrecht als Einfallstor für Wirtschaftsflüchtlinge missbraucht wird.» Ein anderer Gast der Sendung, der im sächsischen Bautzen ein ehemaliges Hotel als Flüchtlingsheim betrieb, erzählte, dass er deswegen schon zwei Morddrohungen bekommen habe. Nun stünde um die Unterkunft ein Zaun – nicht, um die Geflüchteten zu kasernieren, sondern um sie vor Übergriffen zu schützen. Beeindrucken konnten diese Worte Höcke nicht.

Im Herbst 2014 entstand in Dresden die Bewegung der «Patriotischen Europäer gegen die Islamisierung des Abendlandes». Auf ihren «Abendspaziergängen» protestierten die Anhänger von Pegida um den Gründer Lutz Bachmann gegen eine angebliche Überfremdung Deutschlands und Europas. Viele AfDler sahen in Pegida eine Bürgerbewegung, die sich gegen die Meinung der etablierten Parteien stellte. «Unsere natürlichen Verbündeten», nannte Gauland die «Spaziergänger», die in der Tradition der DDR-Bürgerrechtsbewegung immer am Montag in mehreren deutschen Städten demonstrierten. Am 12. Januar 2015 brachte Pegida in Dresden 25 000 Menschen auf die Straße.

In der Folge entbrannte ein heftiger innerparteilicher Streit um die Frage der Solidarisierung der AfD mit Pegida. Lucke war zwar gegen eine Kooperation, wollte die Pegidisten als potenzielle Wähler aber nicht vergraulen, also teilte er öffentlich die Sorge über eine Ausbreitung islamistischen Gedankenguts. Manchen in der AfD reichte diese Zustimmung naturgemäß nicht. Frauke Petry traf sich mit Pegida-Gründer Lutz Bachmann, während Lucke im fernen Brüssel saß. So intensivierte Pegida den ersten Richtungsstreit in der AfD: Islam versus Euro, Nationalisten gegen Neoliberale.

## Ein Populist im Professorenpelz

Am 7. Januar 2015 stürmten zwei Islamisten mit Kalaschnikows die Büroräume des Satiremagazins *Charlie Hebdo* in Paris. Sie richteten ein Blutbad an – ein zweites folgte zwei Tage später in einem koscheren Supermarkt. Unter dem Motto «Je suis Charlie» setzte eine internationale Welle der Solidarität mit den Opfern ein. Für das AfD-Urgestein Alexander Gauland bewiesen die Attentate, dass Pegida zu Recht «vor einer drohenden Gefahr durch Islamismus» warne. Lucke hingegen mahnte zu Besonnenheit: «Man darf nicht die Gewalttat zweier Extremisten einer ganzen Religionsgemeinschaft anlasten, deren Großteil aus friedliebenden, unbescholtenen Menschen besteht.» Mit dieser Haltung schien er näher an Angela Merkel als an Pegida. Die Kanzlerin stellte sich nach den Anschlägen vor die Muslime in Deutschland und betonte, dass der Islam zu Deutschland gehöre. Dagegen sollte die AfD später in ihr erstes Grundsatzprogramm schreiben: «Der Islam gehört nicht zu Deutschland.»

Eine Woche nach den Anschlägen in Paris drehte sich

auch die Titelstory im *Spiegel* um junge Männer, die Europa den Krieg erklärten. Aber das Cover ließ noch Platz für eine andere Geschichte: «Wie AfD-Chef Lucke mit den Rechten flirtet». Über 3000 interne Mails hatte das Magazin einsehen können, sie reichten von der Gründungsphase bis zu den Richtungskämpfen in der Partei im Jahr 2015. Und diese würden laut *Spiegel* das wahre Gesicht Luckes zeigen: «Während er sich um ein bürgerliches Image bemühte, setzte er intern von Anfang an auf die Stimmen am rechten Rand.»

So hatte Lucke bereits zwei Wochen nach der Parteigründung in Oberursel an seine Vorstandskollegen geschrieben, dass sie mehr als nur europäische Forderungen vertreten müssten, sonst würde man der AfD vorwerfen, programmatisch zu dünn zu sein. Es klingt fast so, als wollte Lucke nach den vielen Rückschlägen, die er mit seinen überparteilichen Bündnissen zur Europapolitik einstecken musste, nun um jeden Preis politisch erfolgreich sein. Und dafür zog er alle Register der Aufmerksamkeit: «Ins Wahlprogramm gehören nur die Punkte mit Schmackes. D. h., die Punkte, die populär sind (weil sie richtig sind) und die uns von den anderen abheben. [...] Sprachlich müssen wir dem Volk aufs Maul schauen. Kurze Sätze, wenig Fremdwörter, anschauliche Beispiele ... Ein vergeistigter Feuilletonstil ist nicht gefragt.»

Luckes Worte in den Mails klangen nicht nach dem Professor Lucke, zumindest nicht nach dem Lucke, wie er sich gerne gab: bescheiden, belesen, diplomatisch. Als populistischer Lucke, den er hinter den Kulissen gab, traf er bei vielen seiner Parteikollegen ins Schwarze. Ein damaliges Vorstandsmitglied antwortete direkt: «Haben wir nicht die Chuzpe, einen ungebremsten Zuzug von Ausländern in unsere Sozialsysteme abzulehnen? ... Es ist vielleicht ein heikles Thema, aber zu wichtig und zu ernst, um auf dem Altar der Political Correctness geopfert zu werden.» Lucke stimmte dem zu. Und so wurden Wahlkampfplakate mit Slogans wie «Wir sind nicht das Weltsozialamt» gedruckt.

## Es kann nur einen geben

Auch wenn Lucke offenbar ganz bewusst mit dem rechten Rand flirtete, entglitt ihm seine Partei zwei Jahre nach ihrer Gründung zusehends. Er wollte zwar die Wählerstimmen vom rechten Rand, versuchte aber gleichzeitig zu verhindern, dass immer mehr rechtsextremes Gedankengut und Verschwörungsideologien von «Reichsbürgern» oder Pegida-Anhängern in die AfD sickerten. Um die Kontrolle wieder zurückzugewinnen, setzte er alles auf eine Karte: Die Parteisatzung sollte geändert werden. Fortan sollte die AfD nur noch von einem einzelnen Vorsitzenden geführt werden, und zwar von keinem Geringeren als ihm selbst. Auf dem Parteitag in Bremen Ende Januar 2015 war der Andrang so groß, dass zwei Räume angemietet werden mussten, die per Videoschalte miteinander verbunden waren. Während drinnen – wie so oft auf Parteitagen der AfD – lange und hitzig über die Tagesordnung debattiert wurde, demonstrierten draußen mehrere Tausend Menschen gegen die Partei.

In ihrer Rede mahnte Frauke Petry Fairness und Menschlichkeit bei internen Streitigkeiten an. Das müsse sich «auch der Bundesvorstand hinter die Ohren schreiben». Dafür erhielt sie größeren Applaus als Lucke, der die Arbeit des Bundesvorstands wegen der komplizierten Führungsstruktur als «stümperhaft» bezeichnete. Was die Einerspitze anging, gab sich Lucke ganz selbstlos: Die strebe er nicht aus persönlicher Machtgier an, sondern weil er den

Erfolg dieser Partei sichern wolle. Schließlich konnte Lucke die Satzungsänderung mit knapper Zweidrittelmehrheit durchdrücken. Zum Ende des Jahres sollte demnach die AfD nur noch von einem Bundesvorsitzenden geführt werden. Doch der innerparteiliche Machtkampf war damit nicht beendet. Im Gegenteil.

Im Februar 2015 schaffte die AfD erstmals den Sprung in ein westdeutsches Landesparlament. Bei der Bürgerschaftswahl in Hamburg holte sie 6,1 Prozent der Wählerstimmen. Nach den Landtagswahlen in Sachsen, Thüringen und Brandenburg war es der AfD damit zum vierten Mal in Folge gelungen, in ein Landesparlament einzuziehen. An die zweistelligen Ergebnisse der Ostverbände kam die Hamburger AfD aber nicht heran. Sowieso hatte der innerparteiliche Machtkampf auch eine regionale Komponente bekommen. Westdeutsche Landesverbände hielten eher zu den Eurokritikern um Bernd Lucke, ostdeutsche eher zu den völkischen Kräften um Frauke Petry und Björn Höcke, der vielen aber weiterhin als zu radikal erschien, um in der ersten Reihe zu stehen. Doch das musste er auch gar nicht. Seine Zeit sollte auch so kommen.

# Höckes «Flügel» lernt fliegen

Um die AfD zu einer «echten Alternative» zu formen, initiierten Björn Höcke und André Poggenburg, damaliger AfD-Chef von Sachsen-Anhalt, die «Erfurter Resolution». Sie wurde am 14. März 2015 auf dem thüringischen Landesparteitag von Höcke vorgestellt und von den Teilnehmern verabschiedet. Kurz zuvor hatte sich die innerparteiliche Strömung «Der Flügel» um Höcke formiert. Die «Erfurter Resolution» bezeichnete der Flügel auf seiner Website als Gründungsurkunde. Sie las sich wie ein Generalangriff auf Lucke – und tatsächlich sollte diese Resolution seinen Sturz als Parteichef einleiten.

«Die Bürger haben uns gewählt», hieß es in der Resolution, «weil sie hoffen, daß wir anders sind als die etablierten Parteien: demokratischer, patriotischer, mutiger. Anstatt nun jedoch die Alternative zu bieten, die wir versprochen haben, passen wir uns ohne Not mehr und mehr dem etablierten Politikbetrieb an: dem Technokratentum, der Feigheit und dem Verrat an den Interessen unseres Landes.» Zudem verurteilte die Resolution den Umgang der Partei mit Pegida: Sie hätte sich «von bürgerlichen Protestbewegungen ferngehalten» und in vorauseilendem Gehorsam sogar distanziert.

Daraufhin warf AfD-Parteivize Hans-Olaf Henkel, der zum Lucke-Lager zählte, Höcke «spinnerte völkische Ansichten» vor. Für Höcke wiederum musste sich dieser Frühling wie ein Befreiungsschlag angefühlt haben – davon zeugen zumindest die Fotos von diesem thüringischen Parteitag, auf denen er in blauem Anzug erleichtert wie angriffslustig dreinschaut. Mit dem Flügel trat er endgültig aus dem politischen Schatten ins Rampenlicht.

Sofort nach seiner Entstehung begann der Flügel, Unterzeichnerlisten der «Erfurter Resolution» aus verschiedenen Bundesländern auf seiner Website zu veröffentlichen, nahm diese aber wenig später wieder aus dem Netz – bis auf die Namen von 19 Erstunterzeichnern, darunter Andreas Kalbitz, der bald zum mächtigen Strippenzieher des Flügels aufsteigen sollte. Alexander Gauland hingegen wurde von der Unterzeichnerliste gestrichen, obwohl sein Name anfangs direkt unter Höcke und Poggenburg aufgelistet war. Womöglich hatte dies taktische Gründe: Gauland galt lange als Vermittler zwischen Gemäßigten und Radikalen, etwa wenn er sich für Höcke einsetzte und ihn öffentlich in der Mitte der AfD verortete. Als graue Eminenz der noch jungen Partei sollte es ihm schließlich gelingen, den völkisch-nationalistischen Flügel innerhalb der AfD salonfähig zu machen.

## Höckes Einflüsterer

Auch außerhalb der AfD konnte Höcke viele Unterstützer für seine neue Sammlungsbewegung finden. Der bedeutsamste war Götz Kubitschek, der als Chefideologe der Neuen Rechten gilt und Höcke da bereits als «alten Bekannten» bezeichnete. Kubitschek schien schon vor Gründung der AfD auf genau so eine Partei gewartet zu haben. Zumindest orakelte er 2011 in einem Interview mit dem Blog *Politically Incorrect*: «Erst wenn es eine echte, im Prinzip an Sarrazins Ansatz orientierte Partei gäbe, über die Druck auf das sogenannte etablierte Parteiensystem ausgeübt werden könnte, würde sich politisch vermutlich etwas ändern.»

Nach außen trat Kubitschek vor allem als Verleger seines Verlags Antaios in Erscheinung. Die Bandbreite der dort verlegten Autoren reichte vom konservativen Historiker Ernst Nolte bis zu Martin Sellner, Kopf der rechtsextremen Identitären Bewegung im deutschsprachigen Raum. Ebenfalls im Programm: ein Buch mit dem Titel «Adolf Hitler. Mein Jugendfreund». Außerdem war Kubitschek Chefredakteur der Zeitschrift *Sezession* und Mitgründer des Instituts für Staatspolitik, das bis zu seiner Auflösung im Frühjahr 2024 als Denkfabrik der Neuen Rechten galt.

Mitmachen durfte Kubitschek bei der AfD formell aber nicht, weshalb er sich von da an vor allem als rechter Vordenker hinter den völkischen Kräften um Höcke betätigte. Dabei hatte Kubitschek durchaus in die Partei gewollt. «Wie ich 294 Stunden dachte, AfD-Mitglied zu sein» lautete der Titel eines Blogeintrags seiner Frau Ellen Kositza auf *Sezession im Netz*. Darin erzählte die «Literatur-Redakteurin und Mutter von sieben Kindern», wie sie und ihr Mann im Februar 2015, einen Monat vor der Gründung des Flügels, in die AfD eintraten – und ihnen die Mitgliedschaft nach nur zwölf Tagen wieder entzogen wurde. In einer «zusammenfassenden Wiedergabe einer Konferenz des Vorstands», die Kositza und Kubitschek zugespielt wurde und die sie ebenfalls auf *Sezession* veröffentlichten, hieß es: «Herr Kubitschek möge sich eine Partei suchen, die seinen Gedanken entspreche. Die AfD solle solchen Leuten keine Plattform geben.» Dabei habe der Vorstand auf Videos verwiesen, die Kubitschek in schwarzem Hemd und brauner Uniformjacke bei Pegida-Auftritten zeigten, was ihm als bewusste Anspielung auf faschistische Bewegungen der Zwanziger- und Dreißigerjahre des 20. Jahrhunderts ausgelegt worden war. Es erscheint bemerkenswert, dass die AfD bei einem so umtriebigen Rechtsaußen wie Kubitschek glaubte, auf seine Kleidung verweisen zu müssen, um ihn aus der Partei auszuschließen.

Zwei Jahre nach der Gründung des Flügels erzählte Kubitschek der *New York Times*, dass er die «Erfurter Resolution» eigenhändig in seiner Bibliothek in Schnellroda verfasst habe. Kein Wunder, dass die Zeitung ihn daraufhin als «Propheten der Neuen Rechten» bezeichnete. Sollte Kubitschek die Resolution wirklich verfasst haben, wäre seine Rolle für die AfD noch größer, als gemeinhin angenommen wird.

Einfluss zu nehmen wusste Kubitschek aber auch als freischwebender Radikaler. Immer wieder schrieb er auf *Sezession* über Entwicklungen in der AfD, gab Ratschläge, verteilte Schelte, bezeichnete die Partei kurz nach ihrer Gründung als «kometenhaft anrauschendes neues Gebilde am Hoffnungshimmel». Allerdings bewegte sich dieses interstellare Gebilde zunächst einmal auf einem sehr irdischen Kollisionskurs.

## Kampf der Resolutionen

Das wirtschaftsliberale Lager um Lucke antwortete auf die «Erfurter Resolution» prompt mit einer «Deutschland-Resolution». Eine AfD «der flachen Parolen und schrillen Töne» sollte verhindert werden. Da Lucke sich offenbar nicht auf das gedruckte Wort seiner Resolution verlassen wollte, gründete er als Gegenstück zu Höckes Flügel den Verein Weckruf 2015. Mit dieser Interessengemeinschaft wollte er gemäßigte Mitglieder hinter sich scharen und so ein Zeichen gegen rechtsnationale Strömungen in der Partei setzen. Den völkischen Kräften in der Partei wurde im Gründungsaufruf zum Weckruf vorgeworfen, aus der AfD «eine radikale, sektiererische Partei von Wutbürgern» machen zu wollen. Doch dem Weckruf gelang es nicht, eine Bewegung zu formen, die der Kraft des Flügels standhalten konnte. Selbst AfD-Mitglieder, die von sich behaupteten, jedes Wort im Weckruf zu teilen, blieben Luckes neuem Verein fern. Ein hochrangiger AfD-Funktionär sagte gegenüber der *Zeit*: «Wenn wegen des Streits zweier Personen die ganze Partei gesprengt werden soll, macht mich das sprachlos.»

Den Weckruf deuteten die Flügelisten als Drohung. Sie unterstellten Lucke, die Partei spalten zu wollen. Dieser hingegen behauptete, sein Weckruf sei im Gegenteil der Versuch, die Partei zu retten: Die AfD sei «gefährdet durch Ausfransung an den Rändern», sie dürfe nicht weiter nach rechts abdriften. Auch Höcke und seine Unterstützer betonten immer wieder, nicht spalten zu wollen, sondern zu vereinen. Doch eine Vereinigung der verfeindeten Lager schien Mitte 2015 so abwegig wie noch nie.

Im Mai wurde sogar ein Amtsenthebungsverfahren gegen Höcke beantragt. Auslöser für dieses Verfahren war ein Interview mit der *Thüringer Allgemeinen* gewesen, in dem Höcke gesagt hatte: «Ich gehe nicht davon aus, dass man jedes einzelne NPD-Mitglied als extremistisch einstufen kann.» Der nach mehreren Rücktritten – darunter dem von Hans-Olaf Henkel, der damit gegen die «Rechtsideologen» in der Partei protestieren wollte – nur noch aus acht Mitgliedern bestehende Bundesvorstand hatte Höcke daraufhin vorgeworfen, sich nicht ausreichend von dieser Aussage distanziert zu haben, und beschloss mehrheitlich, ein Verfahren gegen ihn einzuleiten – nur Gauland und Petry stimmten dagegen.

Eigentlich hatte Lucke nach dem besagten Interview Höcke aufgefordert, die AfD zu verlassen. Doch nun streute Konrad Adam, einer der drei Bundessprecher, über die *Bild* ein Gerücht, das Lucke selbst ins Aus rückte: «Es gibt handfeste Indizien dafür, dass Bernd Lucke sich dazu entschieden hat, die AfD zu verlassen.» Das ließ Lucke nicht lange auf sich sitzen und schickte nur Stunden später, um 3.54 Uhr in der Nacht, eine lange Mail an alle AfD-Mitglieder zum «Zustand der Partei»: «Ich war sehr überrascht, sozusagen die Nachricht meines eigenen Ablebens lesen zu müssen». An dem Gerücht sei lediglich wahr, «dass ich mir große Sorgen um die AfD mache». In seiner Brandmail warnte Lucke vor «Zersetzungsprozessen im Inneren der Partei» und vor innerparteilichen Kräften, «die eine andere, radikalere AfD wollen». Nach Luckes Überzeugung hätte die AfD «nur eine Zukunft als bürgerliche, sachorientierte und konstruktive politische Kraft aus der Mitte der Gesellschaft». Er sei sich nicht sicher, dass «die AfD in der Form, in der wir sie 2013 gegründet haben, fortbestehen wird». Doch er würde «alles dafür tun, sie als eine solche zu erhalten». Lucke hatte offenbar noch Hoffnung.

Wenige Tage nach Luckes Mail sagte Petry in einem Interview mit der *Frankfurter Allgemeinen Sonntagszeitung*, dass sich Lucke «politisch in eine Sackgasse manövriert» habe. Er hätte eine «Angstkulisse aufbaut, die den Mitgliedern sehr gegen den Strich» gehen würde. Lucke konterte in der *Neuen Osnabrücker Zeitung*: Frauke Petry «verhalte sich wie ein «Staubsaugermodell». Sie wolle alle mitnehmen und integrieren. Wenn sich die AfD aber zu weit nach rechts bewege, auch mit einem teilweise «primitiven Antiamerikanismus», würden viele Mitglieder austreten. Die AfD sei kein Forum für alle möglichen Meinungen, die es in Deutschland gebe.

Wie angespannt das Verhältnis zwischen Petry und Lucke war, zeigte der NDR in einem Videoausschnitt von der AfD-Bundesvorstandssitzung im Mai 2015. Petry war die Erste, die den Raum betrat. Sie setzte sich an die Spitze des Tisches. Dann kam Lucke, begrüßte Petry mit Handschlag und suchte zunächst vergebens sein Namensschild. Als Petry den Raum kurz verließ, stellte Lucke einen zweiten Stuhl an die Spitze des Tisches und räumte Petrys Habseligkeiten, die mittig platziert waren, zur Seite. Der Kampf um die Macht in der Partei wurde nicht mehr nur mit Resolutionen ausgetragen, sondern auch als Reise nach Jerusalem.

## Bier, Blasmusik und Hindenburg

Anfang Juni 2015 pilgerten Anhänger des Flügels nach Thüringen. Am Hotel *Burghof*, vor dem Kyffhäuserdenkmal, sollte das erste Kyffhäusertreffen stattfinden, ein Sommerfest mit Bier und Blasmusik, das der Flügel auch in den kommenden Jahren regelmäßig zelebrieren sollte. Der Ort war nicht zufällig gewählt: Höcke liebt die in Stein geschlagene deutsche Welt der Sagen und Mythen. Und so schwärmte er auch in seiner vor Ort gehaltenen Rede, die er anschließend auf die Flügel-Website stellte, von der alten «Reichsburg Kyffhausen», einer der größten Burganlagen Deutschlands, und vom Burgbrunnen, der 176 Meter tief in den Felsen getrieben worden und damit einer der tiefsten in Europa sei. «Was für eine Willensleistung!» Höcke erzählte, ganz der Geschichtslehrer, von der Kyffhäusersage, nach der in einer Höhle des Kyffhäuserbergs Kaiser Friedrich I., genannt Barbarossa, mitsamt seinen Getreuen schlafe, «um eines Tages zu erwachen, das Reich zu retten und es wieder zu neuer Herrlichkeit zu führen».

Doch am denkwürdigsten fand Höcke die Lage einer Statue aus dem 20. Jahrhundert: jene von Paul von Hindenburg. Denn das zehn Tonnen schwere Standbild des ehemaligen Reichspräsidenten lag zu diesem Zeitpunkt bereits seit Jahren halb ausgegraben unweit des Kyffhäuserdenkmals in der Erde, weil die Behörden erklärt hätten, dass eine Aufstellung des Standbilds zu schwierig sei – und weil Hindenburg als belastete historische Figur gelte. Höcke aber fand, es sei «völlig egal, ob wir ihn als letzten Verteidiger der Weimarer Republik sehen oder als den Mann, der Hitler letztlich doch den Weg zur Kanzlerschaft ebnete». Für ihn «symbolisiert dieser seit elf Jahren halb ausgegrabene Hindenburg die ganze Seelenlage unseres Volkes». Höckes Fazit: «Ein Volk, das keine Denkmäler mehr errichtet, sondern nur noch Mahnmale, hat keine Zukunft!» Zwei Jahre später sollte er diesen Gedanken in seiner berüchtigten Dresdner Rede aufgreifen, in der er das Holocaustmahnmal als «Denkmal der Schande» bezeichnete.

## Showdown im Ruhrgebiet

Auf einem großen Mitgliederparteitag wollte die AfD Anfang Juli 2015 eine neue Führung wählen. Doch eigentlich ging es um viel mehr: um die politische Richtung, die die Partei künftig einschlagen sollte. Zur Auswahl standen: ein gemäßigterer Weg mit Lucke und ein radikalerer Weg mit Petry. Luckes Gegner mutmaßten, dass er sich mit seinen Weckruf-Mitgliedern von der Partei abspalten könnte, sollte er an diesem Tag Petry unterliegen – dann hätten die Radikalen freie Fahrt. Doch zunächst einmal flog Petry Ende Juni 2015 mit Vorstandsmitglied Alexander Gauland, NRW-Landeschef Marcus Pretzell und der EU-Abgeordneten Beatrix von Storch nach Athen. «Es wird Zeit», erklärte sie gegenüber dem *Spiegel* ihre Reise, «dass die AfD das Thema Griechenland nicht mehr nur vom Schreibtisch in Brüssel und Berlin aus behandelt.» Ein klarer Affront gegen Lucke, von dem noch keine Dienstreise ins krisengeplagte Griechenland bekannt war. Doch auch dort ging Petry nicht nur Anti-Euro-Themen nach: Ein Besuch der örtlichen Asylbehörde stand ebenfalls auf dem Programm.

Kurz vor dem richtungsweisenden Parteitag mobilisierte Björn Höcke seine Anhänger auf der Website des Flügels: «Auf nach Essen» lautete der Titel seines Statements, in dem er seinem «Unverständnis und Unbehagen» über die parteiinternen Machtkämpfe freien Lauf ließ. Höcke tat so, als sei seine «Erfurter Resolution» daran ganz unbeteiligt.

Mit diesem Unbehagen würde er auf den Parteitag blicken, da dort eine «große Entscheidungsschlacht geschlagen werden» sollte, die «die Existenz unseres großartigen Parteiprojekts gefährdet». Auch auf seine Rolle in der Partei ging Höcke ein: «Ich weiß, daß nicht wenige von mir erwarten, für den Bundesvorstand zu kandidieren. Es gibt allerdings auch viele, die ein Zerrbild von mir haben und Anstoß an meiner Person nehmen.» Aufgrund dieser Polarisierung würde er – wenn nichts Unvorhersehbares geschehe – nicht für ein Amt im Bundesvorstand zur Verfügung stehen. Er werde «jedoch vor Ort sein, um zur Not eingreifen zu können».

## Doppeldecker hält besser

Obwohl Petry Höckes Flügel hinter sich wusste, machte auch sie ordentlich mobil und karrte ihre Anhänger in mehreren Doppeldecker-Reisebussen aus dem Osten in den Westen. Nichts sollte dem Zufall überlassen werden. Schon draußen war es an diesem Tag im Juli sehr warm, in der Essener Grugahalle herrschte aber eine geradezu tropische Hitze. Das passte gut zur aufgeheizten Stimmung unter den knapp 3500 anwesenden Mitgliedern. Als das erste Mal das Wort «Weckruf» in Luckes Begrüßungsrede fiel, buhten ihn viele aus. Rote Karten wurden hochgehalten. Später beendete Lucke seine Begrüßung schon fast resigniert: «Das war mein erster Versuch, eine Hand zu reichen, die augenscheinlich nicht von jedem genommen werden möchte.»

Wie gespalten die AfD zu diesem Zeitpunkt war und wie weit sich die beiden Lager voneinander entfernt hatten, zeigte sich nach einer Reportage von *Zeit Online* bereits am Vorabend des Parteitags: Während Lucke mehrere Hundert Weckruf-Anhänger in ein Brauereirestaurant im Norden von Essen geladen hatte, feierte die Junge Alternative (JA), die zu diesem Zeitpunkt noch nicht von der Mutterpartei offiziell anerkannte Nachwuchsorganisation der AfD, mit ebenso vielen Getreuen, darunter Petry und Gauland, in einem Ausflugsrestaurant im Ruhrtal im Süden Essens.

Um vielleicht doch noch ein paar Rechtskonservative oder Unentschlossene für sich zu gewinnen, näherte Bernd Lucke sich in seiner Rede auf dem Parteitag thematisch Petrys Lager an: Er redete von der Zuwanderungspolitik, die Überfremdungsängste auslösen würde, sprach vom Niedergang des Bildungssystems und übte sich dann im politischen Spagat zu seinem wirtschaftsliberalen Lager: «Intoleranz, Fremdenfeindlichkeit und Rechtsradikalismus dürfen ebenso wenig Platz haben wie linksradikale, antiwestliche und antikapitalistische Vorstellungen.»

Frauke Petry hingegen stachelte in ihrer Rede die Anhänger gegen den Noch-Parteichef auf, der in letzter Zeit immer öfter vor rechten Tendenzen innerhalb der Partei gewarnt habe. Die AfD müsse mit der Angst leben, als rechts zu gelten, so Petry. Die parteiinternen Streitigkeiten bezeichnete sie als nicht «unnormal» für junge Parteien. Deshalb sollte man sie als das nehmen, was sie wären: die «Geburtswehen einer neuen politischen und hoffentlich sehr alt werdenden Partei».

## «Petry Heil!»

Am späten Nachmittag war es dann so weit: Petry und Lucke traten in einer Kampfkandidatur um den Parteivorsitz gegeneinander an. Als das Ergebnis verkündet wurde, tobte die saunaheiße Grugahalle: 60 Prozent für Petry. Eine AfD-Aussteigerin und damalige Petry-Anhängerin erzählte später in der ARD-Doku «Wir waren in der AfD», dass dieser Jubel ein halbes Jahr lang der Klingelton ihres Handys war. Manche Mitglieder riefen «Petry Heil!» durch die Grugahalle. Das klang zwar wie «Petri Heil!», die traditionelle Grußformel der Fischer und Angler, erinnerte aber auch stark an ein sehr düsteres «Heil» aus einer vergangenen Epoche. Vielleicht waren diese Rufe Vorboten für den Weg, den die AfD nach dem Showdown im Ruhrgebiet einschlagen sollte.

Da die neue Satzung, die Lucke am vorigen Parteitag Anfang des Jahres in Bremen durchgedrückt hatte, erst ab Dezember 2015 gelten sollte, wählten die Mitglieder für die Übergangszeit anstelle der bisherigen drei gleichberechtigten Sprecher des Bundesvorstands eine neue Spitze mit nur noch zwei Bundessprechern. Als Co-Vorsitzender von Petry konnte sich – allerdings erst in einem zweiten Wahlgang – der baden-württembergische Volkswirt Jörg Meuthen durchsetzen, der beiden Lagern der Partei als vermittelbar galt. Ende des Jahres sollte Meuthen dann aber aus diesem vorläufigen Amt automatisch in die Position eines von vier Stellvertretern der dann alleinigen Bundessprecherin Petry rücken. Da Lucke nur den Chefsessel interessant fand, hatte er schon vor seiner Abwahl angekündigt, sich nicht auf den Posten des zweiten Parteivorsitzenden bewerben zu wollen. Auch Gauland war nicht angetreten. Höcke musste nach diesem Wahlausgang nicht «eingreifen», so wie er es in seinem Statement vor dem Parteitag an seine Flügel-Anhänger formuliert hatte. Als ihn an diesem Wochenende in Essen jemand für den Bundesvorstand vorschlug, trat Höcke ans Mikrofon und sagte so ruhig wie bestimmt: «Noch nicht.»

Bernd Lucke gab sich zwar gefasst, dennoch war ihm die Enttäuschung über den Wahlausgang anzusehen. In einem Interview mit dem Fernsehsender Phoenix sagte er, dass er schon seit langer Zeit besorgt sei über die Entwicklung der Partei. Mit so einer Politik wolle er nicht in Verbindung gebracht werden. Und so kam es dann auch: Nur wenige Tage nach dem Parteitag in Essen gab Lucke öffentlich seinen Austritt bekannt. In der AfD sehe er leider keine Möglichkeit mehr, für seine politischen Ziele einzustehen, «ohne gleichzeitig als bürgerliches Aushängeschild für politische Vorstellungen missbraucht zu werden», die er «aus tiefer Überzeugung» ablehne. Dazu würden insbesondere islamfeindliche und ausländerfeindliche Ansichten zählen, die sich in der Partei immer stärker ausbreiten würden. Lucke gestand auch Fehler ein, etwa zu spät erkannt zu haben, «in welchem Umfang Mitglieder in die Partei drängten, die die AfD zu einer Protest- und Wutbürgerpartei umgestalten wollen». Die AfD sei nun in seinen Augen «unwiederbringlich» in die falschen Hände gefallen. «Bewährte und vernünftige Mitglieder verlassen in vierstelliger Größenordnung die Partei», sagte Lucke, «ich schließe mich ihnen an.»

Tatsächlich traten mit Lucke etwa 2000 Mitglieder aus. Die AfD rückte damit nicht nur einen Schritt, sondern einen ganzen Straßenzug nach rechts. Und von Lucke, dem ersten Gesicht der selbst ernannten Alternative, blieb am Ende nicht einmal seine Satzungsänderung übrig: Gleich auf dem nächsten Parteitag im November wurde aus seiner Einerspitze wieder eine Mehrfachspitze. Das Kapitel Lucke war für die AfD damit ein für alle Mal geschlossen.

# 2

# Die ehrgeizige Chemikerin Petry

## oder: Eine Partei schließt ihre Grenzen

## Feindbild Geflüchtete

Als Angela Merkel am 31. August 2015 in neonpinkem Blazer zur Sommerpressekonferenz schritt, ahnte sie wohl kaum, dass dieser Tag für ewig mit ihrer Kanzlerschaft verbunden bleiben würde. Wenige Tage zuvor war bekannt gegeben worden, dass in jenem Jahr mit etwa 800 000 Geflüchteten in Deutschland zu rechnen sei. In der Sommerpressekonferenz wollte Merkel die Menschen darauf vorbereiten. Also sprach sie von beschleunigten Asylverfahren, dem Ausbau von Erstaufnahmeeinrichtungen, der bevorstehenden Integrationsarbeit. «Deutschland ist ein starkes Land», betonte Merkel. «Das Motiv, mit dem wir an diese Dinge herangehen, muss sein: Wir haben so vieles geschafft – wir schaffen das!»

Zwei Tage später wurde die Leiche des zweijährigen Alan Kurdi an die türkische Küste gespült – wie Tausende andere Migranten im Jahr 2015 starb er bei dem Versuch, in einem Schlauchboot das Mittelmeer zu überqueren. Das Bild des syrischen Jungen schockierte Menschen weltweit. Gleichzeitig verschärfte sich die humanitäre Situation der Geflüchteten, die es über die Balkanroute nach Ungarn geschafft hatten und nun am Budapester Ostbahnhof festsaßen, so sehr, dass sich Hunderte zu Fuß zur knapp 200 Kilometer entfernten österreichischen Grenze aufmachten. In dieser Situation beschlossen Merkel und ihr österreichischer Amtskollege Werner Faymann, die Grenzen nicht zu schließen. Ihre Gegner verwandelten diese humanitäre Geste sogleich in politische Munition.

Vor allem für die AfD war Merkels «Wir schaffen das»

ein gefundenes Fressen – und die neue AfD-Chefin Frauke Petry biss sofort zu. Dabei stammt Petry selbst aus einer Familie mit Fluchtgeschichte. Ihr Vater, ein Ingenieur, kam als Kind aus Schlesien in die Oberlausitz, wo er aber nie heimisch wurde. Er floh weiter – von der DDR in die Bundesrepublik. Ihre Mutter, eine Chemikerin, gab 2004 im Selbstverlag den schmalen Band «ausgetrickst & angeschmiert» heraus, in dem sie in Reimform über «die Deutschen, ihr Leben, ihre Marotten und ihre Politik» spottete. «Es muss ein Ruck durch Deutschland gehen» hieß eines der Gedichte, wohl in Anspielung auf die berühmten Worte des ehemaligen Bundespräsidenten Roman Herzog, aber mit gänzlich anderer Intention. Sie war es auch, die ihre Tochter im Herbst 2012 auf eine Veranstaltung von Bernd Luckes Wahlalternative 2013 aufmerksam machte. Petry ging hin und war hellauf begeistert.

## Mehr Belastung, bitte

Frauke Petry wurde 1975 in Dresden als Frauke Marquardt geboren. Kurz vor der Wende zog die Familie dem Vater in den Westen hinterher. Petry legte im Ruhrgebiet als Jahrgangsbeste ihr Abitur ab, danach studierte sie als Stipendiatin der Studienstiftung des deutschen Volkes Chemie im englischen Reading. Anschließend machte sie ihr Diplom in Göttingen, arbeitete als Werkstudentin und heiratete den angehenden Pfarrer Sven Petry, mit dem sie seit der Schulzeit zusammen war und mit dem sie vier Kinder bekommen sollte.

Petry promovierte mit *magna cum laude* in Göttingen, entwickelte auf der Basis eines Patents ihrer Mutter einen neuartigen ökologischen Kunststoff und gründete damit ihr eigenes Unternehmen für Reifendichtmittel in Leipzig.

Nebenher ließ sie sich zur Organistin und Chorleiterin ausbilden. Manchmal half sie im Gottesdienst ihres Mannes an der Orgel aus, zusätzlich kümmerte sie sich um den Pfarrgarten. 2012 bekam sie das Bundesverdienstkreuz für «ganz besondere Courage und Tatkraft im Bereich Forschung und Entwicklung» verliehen. Als ihr Unternehmen jedoch 2013 pleiteging, war sie bereits Co-Parteichefin der AfD. Dem *Spiegel* sagte sie mal: «Der Mensch hält viel aus. Keine Belastung, keinen Druck zu haben, muss für die menschliche Entwicklung nicht besser sein.»

Im Mai 2015 verließ Petry ihren Mann für ihren Parteikollegen Marcus Pretzell, mit dem sie inzwischen zwei Kinder hat und der ihr in der *Bunten* «etwas dämonenhaft Schönes» zusprach. Mit diesem Schritt hatte Frauke Petry auch ihr Privatleben eng mit der Partei verknüpft.

Petrys wichtigste Phase in der AfD begann im Herbst 2015. Im Sommer dieses Jahres schien die Partei am Boden zu liegen. Seit dem Abgang des ersten Parteichefs Lucke war jedes zehnte Mitglied ausgetreten, in Umfragen rutschte die AfD beinahe zu den Sonstigen. Anfang September meldete sich die Partei aber mit einer «Herbstoffensive» zurück. Auch wenn diese anfangs noch mit «Asylchaos & Eurokrise stoppen» betitelt war, rückte ohne Lucke und seine Gefolgsleute das Thema Euro immer mehr in den Hintergrund. In der Pressekonferenz zur «Herbstoffensive» sprach Petry wegen der vielen Asylsuchenden von einer «sich abzeichnenden Katastrophe» im Land und forderte die «Wiederherstellung der öffentlichen Ordnung» sowie den «Schutz der nationalen Sicherheit». Und so beschloss die AfD ein «Sofortprogramm» gegen das «Asylchaos», in dem sie etwa die «unverzügliche Wiedereinführung der Kontrollen an den deutschen Grenzen» forderte. Das

Recht auf Asyl, immerhin ein im Grundgesetz verankertes Grundrecht, wollte sie drastisch einschränken.

Immer wieder überboten sich AfD-Funktionäre mit radikalen Forderungen zur Flüchtlingsfrage, von der Schließung der Grenzen bis zum Schusswaffengebrauch gegen Asylsuchende. Davon sollte selbst Parteichefin Petry sprechen. Gegenüber dem *Mannheimer Morgen* forderte sie im Januar 2016 eine strengere Überwachung der deutschen Grenzen. Deutschland dürfe auch «Zurückweisungen nicht scheuen». Auf die Frage, wie ein Grenzpolizist dann reagieren solle, wenn ein Geflüchteter dennoch deutschen Boden betrete, erwiderte Petry: «Er muss den illegalen Grenzübertritt verhindern, notfalls auch von der Schusswaffe Gebrauch machen.» Während diese Aussage außerhalb der Partei für Empörung sorgte, sprang Parteivize Beatrix von Storch ihr bei. Auf Facebook schrieb sie: «Wer das HALT an unserer Grenze nicht akzeptiert, der ist ein Angreifer. Und gegen Angreifer müssen wir uns verteidigen.» Auf die Nachfrage eines Facebook-Nutzers, ob die AfD etwa Frauen mit Kindern mit Waffengewalt zurückweisen würde, antwortete von Storch: «Ja.»

Einen Monat später bekam es von Storch selbst mit einer anderen, ungleich milderen Form von Gewalt zu tun. Auf einem Treffen der AfD-Programmkommission in Kassel betrat der Gründer des Peng-Kollektivs, Jean Peters, als Clown verkleidet den Raum, sang «Happy Birthday to You» – und warf der Hochadligen eine Sahnetorte ins Gesicht. Zur Aktion schrieben die Aktivisten: «Wer den moralischen Grenzübertritt verhindern will, muss notfalls auch von der Sahnetorte Gebrauch machen.» Daraufhin veröffentlichte von Storch auf ihrer Facebook-Seite ein Foto des Aktivisten und seinen vollen Namen. Mit der AfD sympathisierende Nutzer posteten seine persönlichen Daten im

Netz, darunter seine Handynummer und Adresse, wie die *taz* damals berichtete. Wenige Stunden später gingen bei Peters erste Morddrohungen ein. «Ich und meine Kameraden», soll ihm einer am Telefon gesagt haben, «werden euch hinrichten. Heil Hitler.» Ein anderer kommentierte den Post von Beatrix von Storch mit den Worten: «Linke ins Gas.»

Auch wenn sich die AfD im Oktober 2015 noch nicht einmal zu schade war, Strafanzeige gegen Angela Merkel wegen «Einschleusung von Ausländern» zu erstatten, spielten ihr die Millionen Geflüchteten, gegen die die Partei nun hetzte, in die Karten. Sie wirkten als Katalysator für die neue rechte Protestbewegung, deren Fundament aus tiefem Misstrauen gegen gesellschaftliche Eliten bestand. Unter den «besorgten Bürgern» gab es Nationalgesinnte, die von Überfremdung sprachen, selbst wenn kein einziger Ausländer in ihrer Nachbarschaft wohnte. Da gab es Pegida-Anhänger, die sich in ihrer Warnung vor einer «Islamisierung des Abendlandes» bestätigt sahen, und es gab sozial Schwache, die fürchteten, die neuen Flüchtlinge könnten ihnen Arbeitsplätze oder staatliche Transferleistungen streitig machen. Auch eine bürgerlich-konservative Klientel mischte mit, vor allem Menschen, denen Merkels Modernisierungskurs nicht behagte. Die Ehe für alle wurde in diesem Milieu ebenso mit Befremden aufgenommen wie der Atomausstieg oder die Abschaffung der Wehrpflicht.

## Ein Demagoge macht auf Prediger

Noch besser als Petry wusste Björn Höcke die allgemeine Verunsicherung für sich zu nutzen. Auch wenn viele, sowohl in als auch außerhalb der Partei, Höcke schon zu dieser Zeit als Petrys Rivalen wahrnahmen, erkannte sie selbst offenbar keine größere Gefahr, die von ihm und seinem völkisch-nationalistischen Flügel ausging. Oder sie sah zu diesem Zeitpunkt einfach keine andere Möglichkeit, als sich dem Flügel zu fügen – zumal die heftigen Machtkämpfe, die in Luckes Abwahl endeten, der Partei massiv geschadet hatten. Petry zog dann auch noch das in der Lucke-Zeit beschlossene Amtsenthebungsverfahren gegen Höcke zurück, aufgrund von Höckes Aussage, dass nicht jedes NPD-Mitglied als extremistisch einzustufen sei. Allerdings hatte das zuständige Thüringer Landesschiedsgericht der AfD dieses Verfahren bis dahin ohnehin nicht eingeleitet, wie Gauland dem Deutschlandfunk verriet. Mit so viel Rückendeckung konnte Höcke bald eine heterogene Protestbewegung anführen, die sich gegen die Flüchtlingspolitik der Bundesregierung wandte. Höckes Ziel war es, so erklärte er damals, die AfD zur «fundamental-oppositionellen Bewegungspartei» zu formen. Dabei verstand er es, als thüringischer AfD-Chef einerseits in die Partei hineinzuwirken, andererseits aber auch die Vernetzung mit Sympathisanten außerhalb der Partei voranzutreiben.

Im September 2015 startete Höcke mit einer wöchentlichen Kundgebung in Erfurt. Seinem Aufruf zur «Demo gegen Politikversagen!» folgten Tausende. Sie schwenkten nicht nur euphorisch Deutschlandfahnen, sondern teilten auch gegen Staat und Medien aus. Regierungsvertreter wurden als «Volksverräter» beschimpft, demokratische Medien als «Lügenpresse» geschmäht. Mit seinen völkischen Tiraden lockte Höcke nicht nur AfD-Sympathisanten an, sondern auch Neonazis. Darauf angesprochen, antwortete Höcke, der in seiner neuen Rolle als Demagoge zusehends aufging: «Wenn ein Pfarrer vor seiner Gemeinde predigt, weiß er auch nicht, ob ein Teufelsanbeter darunter ist.» Es lag sicherlich auch am Prediger Höcke, dass die AfD im Oktober in Umfragen erstmals seit Monaten wieder bundesweit bis zu sieben Prozent erreichte.

Doch es existierte im Herbst 2015 auch ein anderes Deutschland. Menschen begrüßten die an Bahnhöfen ankommenden Geflüchteten mit Refugees-Welcome-Plakaten, brachten Essen oder Spielzeug für die Kinder mit, sammelten Kleiderspenden, boten Sprachunterricht an, begleiteten Asylbewerber zu Behördengängen und nahmen Geflüchtete bei sich zu Hause auf. Diese Bilder einer gelebten Willkommenskultur kollidierten immer häufiger mit Bildern von brennenden Flüchtlingsunterkünften. Da gab es den Sprengstoffanschlag auf ein Asylbewerberheim im sächsischen Freiberg, eine Attacke mit Steinen und Böllern gegen einen Bus mit Geflüchteten unweit einer Asylbewerberunterkunft bei Chemnitz, einen Brandanschlag auf einen Plattenbau im thüringischen Altenburg, in dem 70 Geflüchtete wohnten. Zehn Menschen, darunter ein Baby, erlitten Rauchvergiftungen. Zwei Tage zuvor waren Anhänger von Thügida, einem Ableger von Pegida, durch Altenburg marschiert. Auf ihren Transparenten standen Sätze wie: «Bitte flüchten Sie weiter. Es gibt hier nichts zu wohnen». In mehreren Bundesländern wurden daraufhin Ableger der «patriotischen Spaziergänger» vom Verfassungsschutz beobachtet.

Die Wortführer der Neuen Rechten schufen durch ihre Reden auf Marktplätzen oder ihre Beiträge im Internet einen geistigen Nährboden mit, der gewaltbereite Rechtsradikale zu Taten ermunterte. So war jener Mann, der mit einem Messer auf die Kölner Oberbürgermeisterkandidatin Henriette Reker einstach, fast 30 Jahre lang ein stadtbekannter Neonazi gewesen, ohne als gewalttätig aufgefallen zu sein. Im Oktober 2015 fühlte er sich offenbar zur

Tat ermutigt. «Ich musste es tun», verriet er den Beamten nach der Attacke. «Die Ausländer nehmen uns die Arbeitsplätze weg.» 2015 registrierten die Sicherheitsbehörden 13 846 rechtsextreme Straftaten – eine Zunahme von über 30 Prozent im Vergleich zum Vorjahr.

Im Oktober 2015 fragte Günther Jauch in seiner Talkshow: «Pöbeln, hetzen, drohen – wird der Hass gesellschaftsfähig?» Dafür lud er auch den Thüringer AfD-Landeschef Björn Höcke ins Studio, der gleich zu Beginn ankündigte, ein kleines Bekenntnis ablegen zu wollen. Aus «tiefer Liebe» zu Deutschland sei er in die Politik gegangen. Er habe nun das «zentrale Symbol unseres Landes» mitgebracht, um zu zeigen, dass die AfD die Stimme des Volkes sei. Dabei griff Höcke in die Innentasche seines Jacketts und holte eine kleine Deutschlandfahne hervor. Diese legte er über die Lehne seines Sessels, wo sie bis zum Ende der Sendung liegen blieb. «Dieses Volk hat Angst», behauptete Höcke. Und bezogen auf Asylbewerber in Deutschland: «Wir importieren uns sozialen Sprengstoff.» Nach dieser Darbietung legte der Vizelandeschef der Brandenburger AfD sein Amt nieder und verließ die Partei. Sein Nachfolger wurde Andreas Kalbitz, der bald neben Höcke zur zentralen Figur des Flügels aufsteigen sollte.

## Höckes Rassenlehre

Einen Monat nach Höckes Auftritt bei Günther Jauch lud Götz Kubitschek, Chefideologe der Neuen Rechten, zu einem Kongress seines Instituts für Staatspolitik in Schnellroda ein, einem 200-Seelen-Dorf in Sachsen-Anhalt. Das Motto: «Ansturm auf Europa». Als Festredner trat Kubitscheks Freund Höcke auf, der Schnellroda als «Oase der geistigen Regeneration» bezeichnete. Es sei für ihn «ein

Labsal», wenn er hier sein dürfe. Knapp eine halbe Stunde referierte Höcke über die aktuelle Asylpolitik und setzte dann «die populationsökologische Brille» auf, mit der er zwei unterschiedliche «Reproduktionsstrategien» ausmachte, die es in Europa und Afrika geben würde. Vor laufender Kamera sagte Höcke: «Im 21. Jahrhundert trifft der lebensbejahende afrikanische Ausbreitungstyp auf den selbstverneinenden europäischen Platzhaltertyp.» Diese Erkenntnis würde nach einer «grundsätzlichen Neuausrichtung der Asyl- und Einwanderungspolitik Deutschlands und Europas» rufen.

Der Skandal, den diese Rede nach sich zog, ließ nicht lange auf sich warten. Bodo Ramelow, Ministerpräsident von Thüringen, bezeichnete Höcke als «braunen Staubsauger», der «ganz bewusst nah am SA-Jargon formulieren» würde. Auch der Vorstand der AfD reagierte, allerdings erst nach tagelanger heftiger Kritik. Er bezeichnete Höckes rassistische Äußerungen als «politische Torheit». Milder hätte der Vorstand unter der Führung von Petry und ihrem Co-Vorsitzenden Jörg Meuthen seine Kritik wohl nicht formulieren können. Von einem Parteiausschluss war keine Rede. Kubitschek, der den Mitschnitt selbst ins Netz gestellt hatte, gestand später, er habe Höcke mit der Veröffentlichung «keinen guten Dienst erwiesen».

Dienst in eigener Sache leistete Götz Kubitschek gerne mit sorgfältigen Inszenierungen seiner eigenen Person, sowohl in der heimischen als auch in der internationalen Presse. Oft erwähnt wurde etwa, dass er auf einem alten Rittergut in Schnellroda in Sachsen-Anhalt leben würde, bei dem es sich aber augenscheinlich eher um ein größeres Landhaus mit Bauernhof handelt. Um den Zauber einer scheinbar untergegangenen Zeit zu verströmen, siezten sich Kubitschek und seine Ehefrau Ellen Kositza vor Journalisten und tischten selbst gemachtes Brot und Rahmkäse von ihrer Hofziege auf. Auch ihre sieben Kinder, die altgermanische Namen tragen, passten ins Bild. Überschriften wie «Der dunkle Ritter» und «The Prophet of Germany's New Right» trugen zum Mythos des rechten Vordenkers aus Schnellroda bei.

Kubitschek wurde 1970 im beschaulichen Ravensburg unweit des Bodensees geboren. Schon zu Schulzeiten stritt er für die nationale Sache, erzählte er mal dem *New York Times Magazine*. Er will sogar eine schulweite Debatte um die Frage der Kollektivschuld der Großelterngeneration an den Verbrechen der Nazis ausgelöst haben. Ende der Neunziger nahm Kubitschek als Oberleutnant der Reserve am Auslandseinsatz der Bundeswehr in Bosnien teil und veranstaltete dort anlässlich des Todes von Ernst Jünger eine Lesung aus dessen «Stahlgewittern».

Zusammen mit Karlheinz Weißmann, einem bedeutenden Kopf der Neuen Rechten, gründete er im Jahr 2000 das Institut für Staatspolitik. Die Zielrichtung dieses Projekts umschrieb Weißmann in der *Jungen Freiheit* so: «Es geht um Einfluß auf die Köpfe, und wenn die Köpfe auf den Schultern von Macht- und Mandatsträgern sitzen, umso besser.» Da kam die AfD Kubitschek und Weißmann gerade recht. 2014 zerstritten sich die Weggefährten jedoch, dabei soll es auch um die Haltung zur AfD unter Bernd Lucke gegangen sein. Weißmann unterstützte Lucke, Kubitschek nicht, schließlich verließ Weißmann das Institut – und Kubitschek rückte es noch weiter nach rechts. So spiegelte sich der Richtungsstreit innerhalb der AfD im rechten publizistischen Spektrum.

Mit dem Erfolg der AfD baute Kubitschek auch ihr «Vorfeld» mit aus, also außerparlamentarische Organisationen und Medien, die die Gesellschaft ideologisch weiter nach rechts verschieben sollen. 2015 initiierte er unter anderem mit Jürgen Elsässer, dem Herausgeber des *Compact*-Magazins, den Verein «Ein Prozent», der rechte Initiativen unterstützt, auch finanziell. Die Idee hinter dem Verein: Nur ein Prozent der Deutschen würde reichen, um eine wirkungsvolle Gegenöffentlichkeit aufzubauen. Kubitschek unterstützte auch die Identitäre Bewegung und half ihr, ihre Reichweite auszubauen. Dabei konnte er aus seinen eigenen Erfahrungen schöpfen. In seinem Buch «Provokation», das er 2007 in seinem Verlag veröffentlicht hatte, schrieb Kubitschek zu seinen politischen Visionen: «Unser Ziel ist nicht die Beteiligung am Diskurs, sondern sein Ende als Konsensform, nicht ein Mitreden, sondern eine andere Sprache, nicht der Stehplatz im Salon, sondern die Beendigung der Party.» Um auch selbst zu provozieren, begann Kubitschek, linke Protestformen und Ideen auf rechts zu drehen. Mit seiner «konservativ-subversiven Aktion» störte er etwa 2008 eine Lesung von Günther Grass im Hamburger Thalia Theater – dessen spätes, viel diskutiertes Bekenntnis zu seiner Mitgliedschaft bei der Waffen-SS fand Kubitschek heuchlerisch, da Grass sich zeit seines Lebens als linke moralische Instanz positioniert hatte. Vom Kommunisten Antonio Gramsci übernahm er die Theorie vom Kampf um «Diskurshoheit» und «kulturelle Hegemonie» – und von unzähligen linken Ideengebern Versatzstücke ihrer Kritik am Kapitalismus.

Provozieren sollte Kubitschek auch auf der Frankfurter Buchmesse im Oktober 2017, wo er mit seinem Antaios-Verlag erstmals seit zehn Jahren wieder mit einem Stand vertreten war. Diese Präsenz in einem traditionell demokratischen Umfeld nutzte Kubitschek, um sich mit Björn Höcke, der an einer Podiumsveranstaltung von Antaios teilnahm, bewusst als Team zu inszenieren. Gemeinsam brachen die beiden zu einem von Kameras begleiteten Rundgang auf – mit ein paar Identitären im Schlepptau. Während sie von Stand zu Stand zogen, kritisierte Kubitschek verschiedene Akteure der Buchmesse: «Die Intoleranz der Toleranten ist gefährlicher als die Intoleranz derer, die von vornherein intolerant sind!» Dabei hatte ihn der Direktor der Buchmesse gegen alle Kritik eingeladen, eben um die Toleranz der Toleranten zu demonstrieren. Höcke bekam auf dem Rundgang sarkastische Sprüche von Messebesuchern zu hören: «Bernd, schöne Haare!» – ein Running Gag der *heute-show*, der entstanden ist, nachdem sich Höcke 2015 mal tierisch bei einer Kundgebung in Erfurt aufgeregt haben soll, weil eine Lokalzeitung seinen Vornamen aus Versehen verwechselt hatte mit dem des Gründungsvaters der AfD, Bernd Lucke. Selbst Marietta Slomka, die Moderatorin des *heute journals* rutschte in einer Nachrichtensendung im April 2017 «Bernd Höcke» über die Lippen.

So weit, so friedlich. Erst mit der Buchvorstellung der Identitären Martin Sellner und Mario Müller eskalierte die Lage. Es kam zu tumultartigen Szenen zwischen Kubitscheks Leuten und Neonazis auf der einen Seite sowie linken Demonstranten auf der anderen. Sellner und Müller packten ihre neurechten Schlachtrufe aus: «Europa, Jugend, Reconquista!» Oder, in Anspielung auf die Kölner Silvesternacht 2015: «Wo, wo, wo wart ihr Silvester!?» Ihr Mentor Kubitschek besah zufrieden sein Werk. Er hatte die Gesellschaft mal wieder aufgescheucht.

Über die Jahre hat Kubitschek Schnellroda zu einem rechten Wallfahrtsort gemacht, an den Funktionäre der AfD ebenso zu Vorträgen pilgerten wie Kader der Identitären Bewegung und andere rechte Aktivisten. Auch Höcke ließ sich weiterhin gerne in Schnellroda blicken, er nahm seinem Weggefährten den Bärendienst um die Veröffentlichung seiner Rede über die verschiedenen Ausbreitungstypen augenscheinlich nicht übel. Sowieso hatte Höckes Rassenlehre keine negativen Auswirkungen auf die Beliebtheit der AfD. Bundesweit lag sie zum Jahresende bei zehn Prozent, in Ostdeutschland sogar bei 16 Prozent. Vizeparteichef Gauland resümierte im Dezember 2015 ganz unverblümt gegenüber dem *Spiegel*: «Natürlich verdanken wir unseren Wiederaufstieg in erster Linie der Flüchtlingskrise.» Sie sei «ein Geschenk» für die AfD.

# Jugend forsch

Fast drei Jahre vergingen nach der Parteigründung in Oberursel, bis die Junge Alternative für Deutschland als offizielle Nachwuchsorganisation der AfD anerkannt wurde – und zwar auf dem vierten Parteitag in Hannover Ende November 2015. Lange hatte Bernd Lucke, der erste mächtige Mann der Partei, diesen Schritt verhindert, weil er wusste, dass mit ihm einer Radikalisierung der AfD Tür und Tor geöffnet werden würde. Oder, um es in Luckes Worten zu sagen: Die jungen Kader «löcken ganz gern mal wider den Stachel». Mit Lucke verschwand der wichtigste Gegner der Jungen Alternative – der Weg war frei.

Und so wurde der vierte Parteitag, der erste ohne Lucke, gleich genutzt, um sich der eigenen Nachwuchsorganisation anzunähern. Frauke Petry wirkte angespannt und auch etwas abgekämpft, als sie ans Rednerpult trat und zunächst den vergangenen Parteitag mit Luckes Abwahl als «Zäsur» für die AfD bezeichnete. Vielleicht wirkte die neue Parteichefin aber auch deshalb müde, weil sie am Vorabend in einem langen, blau glänzenden Abendkleid durch das *Hotel Adlon* flaniert war. In diesem feinen Ambiente hatte der jährliche Bundespresseball stattgefunden. Dennoch ließ es sich Petry auf dem Parteitag nicht nehmen, die Journalisten, mit denen sie eben noch gefeiert hatte, als «Pinocchio-Presse» zu verunglimpfen. Zwar fehlten ihrer Rede mitreißende Momente, trotzdem folgten minutenlange Standing Ovations. Nach all den Querelen wollte die Partei endlich geschlossen wirken.

Eine Zäsur, von der Petry in ihrer Rede sprach, hatte

auch die Junge Alternative hinter sich. Kurz vor Luckes Abwahl hatte es innerhalb der Jugendorganisation eine Abspaltung gegeben. Die Gemäßigteren aus dem Lucke-Lager gingen, die jungen Radikalen blieben. Als einer der neuen Bundesvorsitzenden wurde Markus Frohnmaier gewählt, ein Erstunterzeichner von Höckes «Erfurter Resolution». Frohnmaier, der schon damals gerne Anzug, Krawatte und Einstecktuch trug, bezeichnete die Junge Alternative gern als «die freche Version der AfD». Radikaler klang er auf einer von Höckes wöchentlichen Demos gegen die Flüchtlingspolitik: «Ich sage diesen linken Gesinnungsterroristen, diesem Parteifilz ganz klar: Wenn wir kommen, dann wird aufgeräumt, dann wird ausgemistet, dann wird wieder Politik für das Volk und nur für das Volk gemacht, denn wir sind das Volk!»

## Petrys «Kampfzwerg»

Markus Frohnmaier wurde 1991 in Rumänien geboren. Als er ein Jahr alt war, wurde er aus einem Kinderheim von einem deutschen Ehepaar adoptiert und wuchs in ländlichen und, wie er es selbst beschrieb, idyllischen Verhältnissen in Baden-Württemberg auf. Nach seinem Hauptschulabschluss schlug Frohnmaier sich bis zum Jurastudium durch. Zudem war er bei der rechtsextremen «German Defense League» aktiv. Auf deren Website tauchte er als Ansprechpartner auf – mal als Cornel Frohnmaier, mal als Cornel Craiovesti. Cornel ist der Name, den ihm seine leiblichen Eltern in Rumänien gegeben hatten, Craiovesti ist abgeleitet von seiner Geburtsstadt Craiova.

Gleich im Gründungsjahr 2013 trat Frohnmaier in die AfD ein, im selben Jahr gründete er die Junge Alternative in Darmstadt mit, später wurde er ihr Co-Vorsitzender. Ab

2016 arbeitete Frohnmaier als Pressesprecher für Frauke Petry, die ihn «Kampfzwerg» nannte – was sicher auch mit seiner kleinen, aber breiten Statur zu tun hatte. Die Junge Alternative adelte ihn hingegen als «Frontmaier». In jedem Fall zeigte sich an Markus Frohnmaier das parteiinterne Erfolgsrezept: Je radikaler, desto besser. Dem *Tagesspiegel* sagte Frohnmaier einmal: «Wir müssen Politik machen, wie die *Bild*-Zeitung schreibt.»

## Von Burschis zu Identitären

Seit ihrer Gründung bemühte sich die Junge Alternative stets darum, radikaler aufzutreten als ihre Mutterpartei. Außerdem vernetzte sie sich früh mit gleich gesinnten Bewegungen in ganz Europa. Schon 2014 luden die jungen Radikalen gegen den Willen des damaligen Parteichefs Lucke den britischen Rechtspopulisten und EU-Gegner Nigel Farage zu einer Veranstaltung ein, kooperierten später mit russischen, putintreuen Jungpolitikern, suchten stets die Nähe zu stramm rechten Burschenschaften, aus denen sie Nachwuchskader rekrutierten, oder pirschten sich an völkisch-nationalistische Gruppierungen wie die Identitäre Bewegung heran.

Auch wenn die Identitären stets bemüht waren, als rechts-intellektuelle Hipster aufzutreten, landeten sie 2016 auf der Unvereinbarkeitsliste der AfD. Den von oben verordneten Sicherheitsabstand hielten viele aus der Nachwuchsgarde aber nicht ein. Ein Funktionär der Jungen Alternative aus Brandenburg beteiligte sich an einer Sitzblockade der Identitären vor der CDU-Zentrale in Berlin. Dort skandierten sie Parolen wie «Stoppt den großen Austausch» – Identitären-Sprech für «Ausländer raus». Ein anderer Jungfunktionär nahm im Juni 2016 an der ersten

Demonstration der Identitären in Berlin teil. Dabei trug er eine Ordnerbinde am Arm und ein Shirt mit der Aufschrift «Patriot» und dem Logo der Identitären: der griechische Buchstabe Lambda in Gelb auf schwarzem Grund in einem gelben Kreis.

Doch auf die Spitze sollte es ein nicht mehr ganz so junger Radikaler treiben. Als die Identitären im Sommer 2017 ein Haus in Halle an der Saale bezogen, um dort ein Wohnprojekt zu gründen, folgte ihnen Hans-Thomas Tillschneider, AfD-Hardliner und Landtagsabgeordneter in Sachsen-Anhalt, der noch vor Höckes Flügel eine nicht minder radikale Gruppierung innerhalb der AfD initiiert hatte: die Patriotische Plattform. Ein gutes Jahr lang unterhielt Tillschneider ein Bürgerbüro im Haus der Identitären. Mehr Provokation geht kaum. Ein zerknitterter Zettel, der mit «Tagesordnung 19. 09. 2017» überschrieben war, bestätigte zudem, dass Tillschneider und die Hallenser Identitären in dieser Zeit zusammenarbeiteten. Unter Punkt vier stand darauf ganz unmissverständlich: «Im Gegenzug dazu, dass MdL Tillschneider sich im Haus untermietet, sollen vier Identitäre dem AfD-KV Saalekreis beitreten.»

Folgen hatten diese offiziell verbotenen Techtelmechtel allesamt keine. Wenige Monate später diskutierten Björn Höcke und Alexander Gauland im rechten *Compact*-Magazin gar über die Zusammenarbeit mit den Identitären. Höcke schrieb ihren Aktionen einen «intelligenten Esprit» zu. Und Gauland richtete gleich eine Einladung aus: «Ich erwarte, dass Menschen, die wie die AfD denken, bei uns mitmachen.» Deswegen sehe er «überhaupt nicht ein, warum wir mit der Identitären Bewegung zusammenarbeiten sollten, denn die können alle zu uns kommen».

Als ihre natürliche Kampfzone etablierte die Junge Alternative schon früh die sozialen Medien. Zwar zählte sie im Oktober 2016 erst 1280 Mitglieder, hatte zu jener Zeit auf Facebook aber bereits mehr als 17 300 Fans. Diese Reichweite nutzte sie, um gegen Migranten zu hetzen. Nach dem islamistischen Attentat bei Würzburg im Juli 2016, bei dem ein junger Geflüchteter aus Afghanistan fünf Menschen in einer Regionalbahn mit einer Axt verletzt hatte, postete die Parteijugend ein Bild mit einem hölzernen Werkzeugkoffer: «Refugee-Starterkit».

Munition bekamen Frohnmaier und seine Mitstreiter bereits 2015 in der Kölner Silvesternacht. Nachdem Hunderte Frauen von teilweise migrantischen Tätern angegriffen und bedrängt wurden, postete Frohnmaier ein Bild von Claudia Roth auf Facebook. Es zeigte die Grünen-Politikerin mit einem ihr in den Mund gelegten Satz: «Ach, wäre ich Neujahr nur nach Köln gefahren.» Als Frohnmaier dann auch noch im Fernsehen erklärte, Roth hätte «hier mittelbar mitvergewaltigt», reichte die Politikerin Klage ein – erfolglos. Auf seiner Facebook-Seite ließ Frohnmaier verlauten, Roth stehe «stellvertretend für die irrsinnige Willkommenskultur und Multi-Kulti-Ideologie im Lande».

Parteichefin Petry griff in diesen rhetorischen Exzess nicht etwa mäßigend ein, sie hetzte selbst an vorderster Front mit. Auf Facebook schrieb sie: «Ist Ihnen nach der Welle an Straftaten und sexuellen Übergriffen Deutschland nun ‹weltoffen und bunt› genug, Frau Merkel?» Doch so radikal wie ihr eigener Pressesprecher äußerte sich Petry selten. Als im Juli 2016 ein islamistischer Attentäter mit einem Lastwagen durch eine Menschenmenge in Nizza fuhr und dabei 86 Personen ermordete und mehr als 400 zum

Teil schwer verletzte, wertete Frohnmaier einwandernde Muslime pauschal als «Sicherheitsrisiko» ab und forderte einen Einreisestopp: Für die nächsten Jahre dürfe es «keinen einzigen ausländischen Muslim geben, der nach Europa kommt». Für männliche Geflüchtete verlangte die Junge Alternative eine abendliche Ausgangssperre, «um die Sicherheit für die Bevölkerung und vor allem der Frauen in Deutschland zu erhöhen».

Zwei Tage nach dem Attentat in Nizza veranstaltete die Junge Alternative einen Bundeskongress in Bingen, zu dem neben Vertretern von Nachwuchsorganisationen des französischen Front National, der italienischen Lega Nord und der FPÖ aus Österreich auch Frauke Petry geladen war. «Ich kann auch in vielen Fällen mitgehen, wenn ihr sagt, dass die Junge Alternative oft die bessere Alternative für Deutschland ist», verkündete die Parteichefin in ihrem Grußwort schmeichlerisch. Monate später sprach sie sich sogar dafür aus, den Begriff «völkisch» wieder positiv zu besetzen. All die Anbiederung an die radikale Jugend sollte ihr aber später, als es darauf ankam, nichts nützen.

## «Denkmal der Schande»

An einem Dienstagabend im Januar 2017 hatte die Junge Alternative ins altehrwürdige *Ball- und Brauhaus Watzke* am Elbufer in Dresden geladen. Auch Björn Höcke ließ es sich nicht nehmen, in die «Hauptstadt des Widerstands» zu reisen, wie es in der Einladung hieß. Natürlich würde sich Höcke nicht nur mit Altpieschner Pilzgulasch und *Watzke*-Pils begnügen. Er sollte auch eine Rede halten, schließlich war er der Shootingstar am Firmament der AfD. Als Höcke lächelnd die Bühne betrat, war das Publikum schon ganz aus dem Häuschen. Viele der etwa 500 Anwesenden standen für ihn auf, klatschten, machten Fotos, skandierten: «Höcke, Höcke, Höcke». Und Höcke riss seine Arme in die Höhe, winkte dabei gravitätisch wie die Queen, genoss die ungeteilte Aufmerksamkeit.

«Liebe Freunde», begann er seine Rede, «Dresden ist eine ganz besondere Stadt.» Und tatsächlich teilt Höcke mit dieser Stadt viele Erinnerungen. Da gibt es etwa den Neonazi-Aufmarsch zum Gedenken an die alliierten Luftangriffe am 13. Februar 1945, an dem er 2010 teilnahm. Szenen eines Dokumentarfilms zeigen ihn in schwarzer Jacke und schwarzer Mütze, wie er die rechte Faust reckt und mit Neonazis im Chor brüllt: «Wir wollen marschieren, w-i-r wollen mar-schiiiieren!» Zu dieser Zeit arbeitete er noch als Geschichtslehrer, der, so erzählte es ein ehemaliger Schüler der *Vice*, den Nationalsozialismus stets stiefmütterlich behandelt hätte – im Gegensatz zum Deutschen Kaiserreich. Höcke machte aber nicht nur bewusst einen Bogen um die NS-Zeit, er verharmloste sie auch. 2017 wurde er vom

*Wall Street Journal* mit folgender Aussage zitiert: «Wissen Sie, das große Problem ist, dass man Hitler als das absolut Böse darstellt. Wir wissen aber natürlich, dass es in der Geschichte kein Schwarz und kein Weiß gibt.» Kurz darauf gab Höcke – wie so oft – an, seine Aussage sei aus einem komplexen Zusammenhang gerissen worden.

## Auf den Spuren von Hitler

Vor dem Dresdner Publikum konnte Höcke seinen völkischen Gedanken freien Lauf lassen. Also holte er zu einer Rede aus, die letztlich mehr der Parteichefin Frauke Petry als ihm selbst schaden sollte. «Wir Deutschen, also unser Volk, sind das einzige Volk der Welt, das sich ein Denkmal der Schande in das Herz seiner Hauptstadt gepflanzt hat», sagte Höcke in Anspielung auf das Holocaustmahnmal, woraufhin er «eine erinnerungspolitische Wende um 180 Grad» forderte. Die Bombardierung von Dresden verglich Höcke mit den Atombombenabwürfen auf Hiroshima und Nagasaki, ein «Kriegsverbrechen» sei das gewesen, der Holocaust blieb in seiner Rede natürlich unerwähnt. Seinen Gesinnungsgenossen prognostizierte er einen langen und entbehrungsreichen Weg. «Aber es ist der einzige Weg», sagte er, «der zu einem vollständigen Sieg führt, und dieses Land braucht einen vollständigen Sieg der AfD und deshalb will ich diesen Weg – und nur diesen Weg – mit euch gehen, liebe Freunde!» Höcke betonte, dass die AfD «die letzte evolutionäre Chance für unser Vaterland» sei, das sich noch immer im «Gemütszustand eines total besiegten Volkes» befinde – das klang wie Joseph Goebbels, der im Berliner Sportpalast 1943 die Menschen auf den «totalen Sieg» eingeschworen und den «totalen Krieg» gefordert hatte. Was Höcke mit der AfD als «letzte friedliche

Chance für unser Vaterland» meinte, führte er Monate später in einem Gespräch mit der *Neuen Zürcher Zeitung* aus: Werde die jetzige Politik nicht korrigiert, drohten «gesellschaftliche Verwerfungen, möglicherweise bis hin zu bürgerkriegsähnlichen Zuständen».

Parteichefin Petry wollte von dieser Brandrede erst im Nachhinein erfahren haben. Sie war an diesem Abend nicht im *Ballhaus Watzke* erschienen, dabei war sie ja nicht nur Parteichefin, sondern auch Landesvorsitzende der sächsischen AfD. Stattdessen brachte Höcke seinen Freund Götz Kubitschek mit, der Höckes Rede auf seinem Blog *Sezession im Netz* am nächsten Tag verteidigte und dabei Martin Walser zitierte, der 1998 in seiner umstrittenen «Paulskirchenrede» bezogen auf das Holocaustmahnmal gesagt hatte, dass sich etwas in ihm «gegen diese Dauerpräsentation unserer Schande» wehren würde. Doch auch der Verweis auf Walser half Höcke nicht. Der rechten Zeitung *Junge Freiheit* sagte Petry, dass Höcke «mit seinen Alleingängen und ständigen Querschüssen zu einer Belastung für die Partei geworden» sei. Die AfD müsse sich entscheiden, ob sie den Weg der Republikaner gehen oder dem Beispiel anderer erfolgreicher Parteien wie der FPÖ folgen wolle.

Höcke schlug die Warnungen von Petry in den zu seinen Gunsten stehenden politischen Wind. Zehn Tage nach seiner «Denkmal der Schande»-Rede fuhr er zum ehemaligen Konzentrationslager Buchenwald. Am offiziellen Holocaustgedenktag wollte er dort an einer Veranstaltung des thüringischen Landtags teilnehmen, von der er ausdrücklich ausgeladen worden war. Als Höcke den Eingang von Buchenwald erreichte, übergab ihm ein Mitarbeiter der KZ-Gedenkstätte ein schriftliches Hausverbot. Bevor Höcke wieder ging, soll er, der gerade erst eine «erinnerungspolitische Wende um 180 Grad» gefordert hatte, nach Aussage des Gedenkstättenmitarbeiters kritisiert haben, dass ein Tag, der dem Gedenken gewidmet sei, zur politischen Auseinandersetzung um seine Person missbraucht werde.

Eigentlich hatte sich Höcke mit seiner Strategie der gezielten Tabubrüche nur an die Linie des Parteivorstands gehalten. Dieser hatte Ende 2016 ein vertrauliches Papier verabschiedet, das anriet, vor «sorgfältig geplanten Provokationen» nicht zurückzuschrecken: «Je nervöser und je unfairer die Altparteien auf Provokationen reagieren, desto besser.» Niemand würde der AfD mehr Glaubwürdigkeit verleihen als ihre politischen Gegner. Gewissermaßen hatte sich Höcke mit seiner Rede auch ans Grundsatzprogramm der AfD gehalten, das fordert, die «aktuelle Verengung der deutschen Erinnerungskultur auf die Zeit des Nationalsozialismus zugunsten einer erweiterten Geschichtsbetrachtung» aufzubrechen. Dennoch unterschrieb drei Monate nach seiner Dresdner Rede Frauke Petry einen Antrag, der vorsah, Björn Höcke aus der Partei auszuschließen. Auch das Vorstandsmitglied Alice Weidel unterstützte den Antrag. Zur Dresdner Rede hieß es darin: «Wer sich die Rede anhört, fühlt sich in die Zeit des Dritten Reichs versetzt.» Aus dem Gesamtzusammenhang ergebe sich zweifelsfrei, dass die «Wort- und Sinnverwandtschaft zu Hitlers Reden nicht zufällig» passiere, sondern Höcke der Meinung sei, dass bei Hitler «nicht alles schlecht war». Höcke verfalle bei seinen Reden in «egomanische Ausfälle, in eine Ich-Orgie». Er würde sich so als Führer gerieren, der seinen Anhängern den Weg weisen könne.

Neben seiner inhaltlichen und rhetorischen Nähe zur Nazizeit warf die Parteispitze Höcke auch heimliche Kontakte zur NPD vor. Bereits der alte Vorstand unter Lucke hatte es als erwiesen angesehen, dass Höcke vor seiner AfD-Zeit unter dem Pseudonym «Landolf Ladig» in zwei NPD-Blättern Artikel verfasst hatte. Dies hatte der Soziologe Andreas Kemper in mehreren Veröffentlichungen belegt. Auch der neue Vorstand unter Petry bezog sich auf Kempers Ausführungen: Die Indizien ließen keine «vernünftigen Zweifel daran, dass der Antragsgegner unter der Bezeichnung ‹Landolf Ladig› veröffentlicht hat».

Kemper war über den Begriff «organische Marktwirtschaft», den Höcke 2014 in einem Interview benutzt hatte, auf dessen Versteckspiel aufmerksam geworden. Da Kemper von diesem Begriff noch nie etwas gehört hatte, googelte er – und stieß lediglich auf einen Treffer in einem Artikel eines gewissen Landolf Ladig, der 2012 im NPD-Blatt *Eichsfeld-Stimme* erschienen war. Dieser Artikel mit dem Titel «Was wird aus unserer Heimat?» handelte von genau jenem Dorf Bornhagen, in dem Höcke seit 2008 mit seiner Frau und seinen vier Kindern wohnte. Beim Umzug soll ihm Thorsten Heise, ein militanter und vielfach vorbestrafter Neonazi, geholfen haben, das versicherten zwei Anwohner gegenüber der *Zeit*. Heise, der nur sechs Kilometer von Bornhagen entfernt wohnt, ist Spitzenfunktionär der NPD, die sich heute Die Heimat nennt, und Herausgeber jener rechtsradikalen Zeitschrift, in der Höcke als Ladig publiziert haben soll. Sogar das alte Pfarrhaus, in dem Höcke wohnt, wurde in Ladigs Text erwähnt. Und auch die NPD blieb nicht unerwähnt: Diese sei «die einzige politische Kraft, die sich gegen alle Widerstände für das Lebensrecht unseres Volkes eingesetzt und immer wieder auf die verhängnisvolle Kombination von Masseneinwanderung und deutschem Geburtenschwund hingewiesen hat.»

In Dresden schien Höcke mit seinem Alter Ego Ladig zu verschmelzen. In seiner Rede sagte er: «Liebe Freunde, unser liebes Volk ist im Inneren tief gespalten und durch den Geburtenrückgang sowie die Masseneinwanderung erstmals in seiner Existenz tatsächlich elementar bedroht.» Aus diesem Grund sendete Höcke folgende Worte an seine junge Gefolgschaft: «Ich will euch als Vater und Mutter.»

Ein anderer Text von Landolf Ladig, der 2011 in Heises Zeitschrift *Volk in Bewegung* veröffentlicht worden war, basierte auf einem Leserbrief von Höcke aus dem Jahr 2008. Damals hatte er sich an die *Junge Freiheit* gewandt und geschrieben: «Die gegenwärtige Krise ist definitiv keine des herrschenden Wirtschaftssystems, also der Marktwirtschaft, sondern eine des korrespondierenden Geldsystems, des zinsbasierten Kapitalismus.» Drei Jahre später formulierte Ladig: «So ist denn die gegenwärtige Krise definitiv keine des herrschenden Wirtschaftssystems, sondern eine des korrespondierenden Geldsystems, des zinsbasierten Kapitalismus.» Außerdem schrieb Ladig in dem Artikel, dass «eben nicht die Aggressivität der Deutschen ursächlich für zwei Weltkriege war, sondern letztlich ihr Fleiß, ihre Formliebe und ihr Ideenreichtum». Ladig sprach damit dem Nationalsozialismus die Schuld am Krieg ab, redete von «identitärer Systemopposition», äußerte sich in seinem Rundumschlag aber auch kritisch zum Euro. Zwei Jahre später wurde die AfD als eurokritische Partei gegründet.

Nachdem Höcke erneut mit den Vorwürfen konfrontiert worden war, dementierte er sie, ohne je eine eidesstattliche Erklärung abzugeben. Stattdessen schrieb der Flügel auf seiner Website, dass die Diskussion um den thüringischen Landesvorsitzenden zu einem Prüfstein dafür geworden sei, «wie ernst wir es in der AfD mit der Meinungsfreiheit, ‹Mut zur Wahrheit› und unserem Widerstand gegen die fremde Einflussnahme von außen nehmen». Damit flog Lucke der unter seiner Führung entstandene AfD-Slogan «Mut zur Wahrheit» nachträglich um die Ohren. Nach Ansicht des Flügels galt dies offenbar als Einladung, wirklich alles sagen zu dürfen, also auch Hitler und das Dritte Reich zu verherrlichen.

Allerdings beherzigte Höcke die Forderung nach dem «Mut zur Wahrheit» nicht selbst, als es eben darum ging, eine eidesstattliche Erklärung abzugeben, nicht hinter Landolf Ladig zu stecken. Dabei hatte ihm schon 2015 der Bundesvorstand unter Lucke dazu geraten, ebendiese im Sinne einer Klarstellung abzugeben. War Petry damals noch gegen die Amtsenthebung von Höcke, die dann nach Luckes Ausscheiden im Sand verlaufen war, stimmte sie nun, knapp zwei Jahre später, für ein Parteiausschlussverfahren. Ihr musste klar gewesen sein, dass sie sich damit viele Feinde innerhalb der AfD machen würde.

## Sie haben ihm ein Denkmal gebaut

Um Höcke an die Gräueltaten der Nazis zu erinnern und als direkte Antwort auf seine Dresdner Rede, baute ihm das Künstlerkollektiv Zentrum für politische Schönheit im November 2017 ein Holocaustmahnmal auf das eigens dafür angemietete Nachbargrundstück in Bornhagen. Innerhalb von fünf Tagen errichtete eine Baugenossenschaft direkt neben Höckes Wohnhaus «das Mahnmal am Rande der Schande», wie es auf der Website des Künstlerkollektivs hieß. Die 24 winter- und sturmfesten Stelen sollten auch ein «Mahnmal gegen die schleichende Normalisierung des Faschismus in Deutschland» sein, eine «Trutzburg der wehrhaften Demokratie». Außerdem verkündete das Kollektiv, «zehn Monate Zaun an Zaun zum Poster-Boy der Rechten» gelebt und diesen ausspioniert zu haben: Seit der Dresdener Rede würde «die wohl aufwendigste zivilgesellschaftliche Langzeitbeobachtung des Rechtsradikalismus in Deutschland» laufen. Es sei ein «Frühwarnsystem gegen geistige Brandstifter».

Drei Tage nach Enthüllung des Mahnmals trat Höcke bei einer Konferenz des *Compact*-Magazins in Leipzig auf. Seine Redezeit nutzte er auch, um sich über die Observation seiner Familie durch das Künstlerkollektiv zu beschweren. Er müsse davon ausgehen, dass er «in intimen Situationen fotografiert und gefilmt» worden sei, die letzten Monate wären er und seine Familie «nackt durch die Welt gelaufen». Höcke erzählte auch, dass an einem Nachmittag sein Haus dauerbeschallt wurde, «mit Reden, die sich anhörten wie die von Hitler und Goebbels oder auch mit ‹Inschallah›- und ‹Allahu akbar›-Gesängen» – dabei hatte Höcke sein Zuhause in Bornhagen erst kürzlich in der *NZZ* als «kleines Bullerbü» bezeichnet. Wer so etwas tue, sei in seinen Augen ein Terrorist. «Deswegen ist diese Künstlergruppe auch keine Künstlergruppe. Sie ist eine kriminelle Vereinigung, ja sie ist eine terroristische Vereinigung.»

Tatsächlich wurden kurz darauf Ermittlungen wegen des Verdachts der «Bildung einer kriminellen Vereinigung» gegen das Zentrum für politische Schönheit eingeleitet – und damit auch ein großes Arsenal an Überwachungsmethoden geöffnet. Erst im Frühjahr 2019, also eineinhalb Jahre später, sollte das Verfahren eingestellt werden – bis dahin standen die Aktionskünstler zusammen auf einer Liste mit mutmaßlichen Mitgliedern der Terrororganisation «Islamischer Staat». Der zuständige Staatsanwalt, der nach Recherchen von *Zeit Online* während des Verfahrens Geld an die AfD gespendet hatte, wurde lediglich versetzt.

## Nicht mehr Herrin der Lage

Der Bundesparteitag im Frühjahr 2017 im Kölner *Maritim-Hotel* hatte gerade erst begonnen, da gingen schon die roten Karten in die Höhe. Mit dieser Abstimmung lehnte die Mehrheit der Delegierten alle wichtigen Anträge zur Änderung der Tagesordnung ab. Frauke Petry, die in den Tagen zuvor alles versucht hatte, die strategische Ausrichtung ihrer Partei weiter voranzutreiben, erlitt damit eine gewaltige Niederlage. Mit ihrem sogenannten Zukunftsantrag wollte sie die AfD neu ausrichten und so perspektivisch koalitionsfähig machen. Sie wollte mehr Realpolitik und weniger Fundamentalopposition.

Bereits 2014 hatte Petry als eine von drei Parteichefs verkündet, die AfD stehe auch für eine Regierungsbeteiligung bereit. Sogar die Tolerierung eines Linksbündnisses würde für sie infrage kommen. Schon damals stellte sich die Basis dagegen, woraufhin Petry zurückruderte. Die Koalitionsfrage, sagte sie Wochen später der *taz*, stelle sich vorerst nicht. Auch drei Jahre später wollten sich die AfD-Mitglieder dieser Frage offenbar nicht stellen. In ihrer Rede im *Maritim-Hotel* beschwerte sich Petry dann auch darüber, dass Minderheiten die Parteiarbeit stören würden, ohne dass Sanktionen folgten – ein klarer Angriff auf Björn Höcke, der wenige Monate zuvor seine Dresdner Rede gehalten hatte. Allerdings wurde nicht er von den Delegierten abgestraft, sondern Petry, die mit ihrem Zukunftsantrag keine Mehrheit hinter sich vereinen konnte. «Ich glaube», sagte sie am Rande des Parteitags, «dass die Partei hier einen Fehler macht.» Vielleicht hatte aber auch Petry selbst einen Fehler gemacht. Kurz vor dem Wochenende in Köln hatte sie verkündet, sie kandidiere nicht für das Spitzenteam zur Bundestagswahl im Herbst 2017, damit die Strategiedebatte unabhängig von Personalfragen laufen könne. Nun aber ging sie ziemlich leer aus.

Jene Geschlossenheit, die sich Petry zumindest in der Koalitionsfrage von ihrer Partei wünschte, zeigte sich an diesem Wochenende nur außerhalb der Partei. Tausende Menschen hatten die Zufahrtswege um die Kölner Innenstadt blockiert. Schon um sieben Uhr früh liefen Demonstrierende sternförmig zum *Maritim-Hotel* – begleitet von einem riesigen Polizeiaufgebot. Helikopter kreisten über der Domstadt, Wasserwerfer parkten in den Seitenstraßen. Am Tagungsort wurden AfD-Abgeordnete ausgepfiffen. Einer der Demonstrierenden hielt ein selbst gebasteltes Schild mit dem grinsenden Gesicht von Schlagersänger Wolfgang Petry hoch. Darauf stand: «Den Namen Petry wieder positiv besetzen!» Nicht nur im Saal selbst, auch davor standen die Zeichen schlecht für Frauke Petry.

Deutlich mehr Applaus sahnte Petrys Co-Vorsitzender Jörg Meuthen ab, der sich in seiner Rede mit nationalistischen Tönen beim Rechtsaußenlager anbiederte. Sich vorzustellen, dass die grüne Vizepräsidentin des Bundestags, Claudia Roth, auf Demonstrationen Slogans wie «Deutschland verrecke» gutheiße, sei eine Schande, so Meuthen. Damit bezog er sich auf eine Anti-AfD-Demo von 2015, bei der Roth anwesend gewesen war. «Mit diesen Figuren werden wir keine Koalitionen eingehen!», rief Meuthen und wurde dafür von den Delegierten frenetisch umjubelt. Seine Worte richteten sich ganz klar gegen den bereits abgelehnten Zukunftsantrag von Frauke Petry, mit dem sie mehr Regierungsverantwortung übernehmen wollte. Eine «bärenstarke Oppositionspartei» sei keine mangelnde Realpolitik, sondern «das kluge und notwendige Zuwarten», bis die Positionen der AfD – «und da tut sich was» – endgültig mehrheitsfähig seien. Am Ende seiner Rede gab Meuthen, wohl vom Applaus getragen, schon ganz den neuen starken Mann: «So machen wir das, so und nicht anders!»

## Ein ungewöhnliches Paar

Bei der Wahl der Spitzenkandidaten für den Bundestagswahlkampf setzten sich Alexander Gauland und die zu diesem Zeitpunkt wenig bekannte baden-württembergische Ökonomin Alice Weidel durch. Nur im Doppelpack hatten sich die beiden den Delegierten angeboten, das war die Bedingung, die zuvor Gauland dem Parteitag gestellt hatte. Dahinter stand in Führungskreisen der AfD die Sorge, dass Weidel mit einer alleinigen Kandidatur nicht durchkommen würde. Die damals 38-Jährige stand nicht gerade für das klassische Rollenmodell, das die AfD in ihrem Wahlprogramm propagierte: Weidel ist lesbisch, lebt mit einer aus Sri Lanka stammenden Schweizerin in eingetragener Partnerschaft und zieht mit ihr zwei Söhne groß.

Mit der Wahl des Spitzenduos wurde Petry noch weiter entmachtet, obwohl sie sich ja selbst gegen eine eigene Kandidatur ausgesprochen hatte. Im Scheinwerferlicht standen nun Parteivize Gauland, der als Unterstützer der Rechtsaußen das Parteiausschlussverfahren gegen Höcke abgelehnt hatte, und Weidel, die als Mitglied des Bundesvorstands gerade erst für das Ausschlussverfahren gegen Höcke gestimmt und dessen rechtsnationalen Kurs mehrfach kritisiert hatte. Eigentlich wollte sich Weidel als Finanz- und Wirtschaftsexpertin in der Partei etablieren, jetzt aber sattelte sie um: Unter dem Beifall der Delegierten erklärte sie, die AfD werde sich «nicht den Mund verbieten lassen». Politische Korrektheit gehöre «auf den Müllhaufen der Geschichte». Und mit Höcke ging sie fast schon auf Schmusekurs: Sie beide seien «zwei Teile einer Partei». Im Bundeswahlkampf werde man Seite an Seite arbeiten.

## Höckes «Narrensaum» schlägt zurück

Mit ihrem Versuch, einen gemäßigteren Kurs einzuschlagen und damit gleichzeitig gegen die Radikalen der Partei zu operieren, erging es Petry genauso wie Lucke mit seinem Weckruf. Auch ihr wurde nun vorgeworfen, die Partei spalten zu wollen. Petry war jedoch nicht die Einzige, die Höckes Fundamentalopposition kritisierte. Im Sommer 2017 bildete sich aus gemäßigteren Kräften die Alternative Mitte, aus der verschiedene Landesgruppen entstanden. In ihrer Erklärung sprachen sich die Initiatoren zwar für den «Erhalt des Nationalstaats in sicheren Grenzen» aus, lehnten aber einen «sich über andere erhebenden Nationalismus, Revisionismus, Totalitarismus oder Personenkult» ab. Frauke Petry begrüßte die neue Gruppierung gegenüber der *Welt am Sonntag*: Hier würden sich jene Mitglieder organisieren, für die sie in Köln den Zukunftsantrag gestellt habe. Immer wieder richteten sich die Anhänger der Alternativen Mitte in ihren Beiträgen mit klaren Worten gegen Höckes Flügel, der mitunter auch als «Narrensaum» bezeichnet wurde.

Schmähungen aus der rechten Mitte ließ Höckes Rechtsaußenlager natürlich nicht auf sich sitzen. Es antwortete mit dem «Kyffhäuser-Manifest». Darin bezeichnete sich der Flügel als ideelles Bündnis, das «in der Öffentlichkeit als wichtigste und stabilste Gemeinschaft innerhalb der Partei wahrgenommen» werde. Außerdem bezog er Stellung zu Petrys Zukunftsantrag: «Es gibt keinen Gegensatz zwischen Fundamentalopposition und Realpolitik.» Es gebe hingegen nur einen Weg zum politischen Erfolg: «Einigkeit in der Auseinandersetzung mit der Einheitsfront der Altparteien.» Kurzum: Alle sollten sich Höcke anschließen, anderenfalls würden sie als Spalter aus der Partei gedrängt werden.

## Im Bundestag angekommen

Als die Delegierten im Frühjahr 2017 auf dem Kölner Parteitag ihren Zukunftsantrag ablehnten, war Frauke Petry hochschwanger. Knapp einen Monat später bekam sie ihr fünftes Kind, es war das erste gemeinsame mit ihrem Parteifreund und Ehemann Marcus Pretzell. Nach der Geburt trat Petry als Parteichefin öffentlich kaum in Erscheinung, dabei gab es vor der heißen Wahlkampfphase viel zu tun. 2017 erhoffte sich die Partei weitaus größere Chancen für die Bundestagswahl als bei der vergangenen, die 2013 und damit im Gründungsjahr der AfD stattgefunden hatte. Damals war die AfD knapp am Einzug ins Parlament gescheitert. Im Frühsommer 2017 stand sie in Umfragen bei rund acht Prozent.

Um sich auf ihr mögliches neues Machtzentrum rund um die Spitzenkandidaten Alexander Gauland und Alice Weidel auszurichten, organisierte die AfD für ihre Kandidaten der verschiedenen Landeslisten Crashkurse in Sachen politischer Bildung. Außerdem musste für die Fraktion eine gemeinsame Linie festgelegt werden, die besonders Gauland vorantrieb. Und so kam es dann auch, dass sich im Sommer 2017 eine kleine Gruppe seiner Getreuen die Landeslisten vornahm und laut Informationen des *Spiegels* alle Kandidaten für den Bundestag nach Freund und Feind sortierte. «Das Tableau sieht gut aus», soll ein ostdeutscher Spitzenfunktionär gesagt haben. «Ich korrigiere mich: Es ist sehr gut.» So musste auch Höcke nicht «eingreifen», wie er es einmal formuliert hatte. Mit Leuten aus seinem Lager würde er Einfluss auf die Fraktionsarbeit nehmen können, ohne selbst für den Bundestag zu kandidieren.

## «Ein besonders gäriger Haufen»

Ende August 2017 wurde Spitzenkandidat Alexander Gauland in einem Interview mit dem *Weser-Kurier* gefragt, ob er nicht befürchten müsse, dass sich die AfD-Fraktion im Bundestag ähnlich inhomogen und unkalkulierbar präsentieren werde, wie sie es in den 13 Landtagen tat, in denen sie mittlerweile vertreten war. «Die AfD», antwortete Gauland, «ist nun mal ein besonders gäriger Haufen», sie wäre stark von «Graswurzelbewegungen» bestimmt und daher nicht von oben zu führen. Über die Parteichefin Petry urteilte Gauland: Ihr «Führungsversuch, sich von bestimmten Leuten abzusetzen und bestimmte politische Positionen vorzuformulieren, ist bis jetzt völlig erfolglos.» Die AfD lasse sich so nicht führen.

In ihrem Wahlprogramm forderte die AfD, die Grenzen umgehend zu schließen, um die «ungeregelte Massenimmigration in unser Land und seine Sozialsysteme» sofort zu beenden. Zudem solle es eine jährliche Mindestabschiebequote geben. Statt einer Willkommenskultur für Flüchtlinge wollte die AfD eine «Willkommenskultur für Kinder» einführen. Denn: «Der Erhalt des eigenen Staatsvolkes ist vorrangige Aufgabe der Politik und jeder Regierung.» In ihrem Programm machte die AfD auch deutlich, dass sie das Modell Vater-Mutter-Kinder für das einzige hielt, das den Namen Familie verdient hätte – ihre Spitzenkandidatin Alice Weidel, die mit Partnerin und nicht leiblichen Kindern lebt, durfte sich nach diesen Kriterien offensichtlich nicht in einer Familie wissen. Außerdem forderte die Partei die Rücknahme der Energiewende, die Abschaffung des Rundfunkbeitrags und – als Reminiszenz an ihre Gründungsideale – den Ausstieg aus dem Euro.

## Vom Vorspiel zum Baby

Für ihre Wahlkampagne engagierte die AfD den Autor Thor Kunkel als «Creative Director». Sein 2004 erschienener Roman «Endstufe» wurde zu einem umstrittenen Bestseller. Darin schilderte er die Geschichte einer nationalsozialistischen Pornofilmproduktion im Dritten Reich. In einem Fernsehbeitrag von *aspekte* hieß es zu Kunkels Buch: «Der Faschismus riecht bei ihm nicht nach Gas, sondern nach Sperma.» Daraufhin rechtfertigte sich Kunkel ähnlich wie Höcke, der 2017 gegenüber dem *Wall Street Journal* gesagt hatte, dass Hitler nicht als das absolut Böse dargestellt werden sollte. Kunkel sagte 2004: «Kein Ding ist nur böse, kein Ding ist nur gut. Auf der ganzen Welt nicht. Die Darstellung des Nationalsozialismus [...] erschien mir immer zu schwarz-weiß.» Für noch mehr ideologische Überschneidungen mit der AfD sollte Thor Kunkel später mit einem weiteren Buch sorgen: 2020 erschien sein «Wörterbuch der Lügenpresse».

Unter dem Motto «Trau dich, Deutschland» entwickelte Kunkel 2017 für die AfD verschiedene Wahlkampfplakate. Auf einem Plakat liegt eine junge schwangere Frau auf einer Picknickdecke, darüber steht: «Neue Deutsche? Machen wir selber.» Auf einem anderen Plakat lächeln drei Weinköniginnen im Dirndl, dazu der Spruch: «Burka? Ich steh mehr auf Burgunder.» Auch Frauke Petry, die immer weiter an Einfluss innerhalb der Partei verlor, ließ sich auf eine von Kunkels Plakatideen ein, der die kühle Parteichefin als warmherzige Mutter inszenieren wollte. Und so hing bald ein Plakat an den Laternenmasten, auf dem Petry milde lächelnd ihren schlafenden Säugling auf dem Arm hält: «Und was ist Ihr Grund für Deutschland zu kämpfen?»

Selbst in der AfD fanden nicht alle dieses Motiv gut. Petrys Co-Chef Jörg Meuthen versuchte laut *Spiegel* vergebens zu verhindern, dass es im AfD-Fanshop auftauchte, wo sich Parteifreunde mit Material für den Wahlkampf eindecken konnten. Doch Petrys Plakat war nicht das einzige, das für Unmut innerhalb der AfD sorgte. Weil nicht alle in der Partei von der Wahlkampagne des Bundesvorstands begeistert waren, durfte auch die Plakatserie der bayerischen AfD für den Wahlkampf verwendet werden. So konnten sich die Landesverbände, wie der *Stern* berichtete, etwa zwischen zwei Plakaten zu Reproduktionsvorgängen entscheiden. Entweder das Plakat mit dem Schwangerschaftsbauch der Bundes-AfD oder ein Plakat des bayerischen Landesverbands mit den Worten: «Kinder! Machen! Spaß!» Zu sehen war ein halb nacktes Paar beim Vorspiel.

## «Wir werden sie jagen»

Die Wahlparty der AfD fand in einem Klub am Berliner Alexanderplatz statt. Die Anwesenden zählten von zehn bis eins, bevor auf einer großen Leinwand die erste Prognose veröffentlicht wurde. Und die war eindeutig: Die AfD sollte mit über zwölf Prozent der Stimmen als drittstärkste Kraft in den Bundestag einziehen. Blaue und weiße Luftballons flogen von der Decke, manche stimmten die Nationalhymne an. Und dann trat Alexander Gauland mit dunkelgrüner Dackelkrawatte und braunem Tweedsakko ans Mikrofon. «Wir werden sie jagen», rief er in Richtung Regierung, «und wir werden uns unser Land und unser Volk zurückholen!»

Einen Tag später forderte die Grünen-Politikerin Claudia Roth einen strengen Umgang mit der AfD im Parlament.

Dem Bayerischen Rundfunk sagte sie: «Der Bundestag ist kein Jagdrevier einer rechtsradikalen Partei.» Es sollte ein frommer Wunsch bleiben, wie die vielen Tabubrüche durch die AfD in den kommenden Jahren zeigten.

Der Einzug der AfD in den Bundestag markierte nicht nur in der Geschichte der Bundesrepublik eine Zäsur, sondern auch für Petry, wie sich einen Tag später auf der Bundespressekonferenz zeigen sollte. Petry saß auf dem Podium neben ihrem Co-Vorsitzenden Jörg Meuthen sowie den Spitzenkandidaten Alexander Gauland und Alice Weidel. Eigentlich wollte sich die Partei als neue Kraft im Bundestag vorstellen, doch dann ergriff Petry das Wort. Erst bedankte sie sich bei den vielen ehrenamtlichen Wahlkampfhelfern, dann rechnete sie mit ihrer Partei ab. Eine «anarchische Partei» könnte zwar in der Opposition erfolgreich sein, aber sie könnte dem Wähler «kein glaubwürdiges Angebot für eine Regierungsübernahme machen». Aus diesem Grund, sagte Petry, werde sie der AfD-Fraktion im Bundestag nicht angehören. Nach dieser Ansage verließ sie die Pressekonferenz und ließ ihre Parteikollegen verdutzt zurück. Am Tag danach gaben Petry und ihr Mann ihren Parteiaustritt bekannt.

Kurz darauf veröffentlichte *Zeit Online* ein Interview mit Frauke Petry. Darin wehrte sie sich dagegen, die Radikalisierung der Partei schon 2015 befördert zu haben. Petry sagte aber auch, bezogen auf den Machtkampf gegen Lucke, bei dem sie sich mit den Stimmen des Rechtsaußenlagers um Höcke ins Amt der Parteichefin wählen ließ: «Schon damals, das ist ein offenes Geheimnis, hatten die Nationalkonservativen der AfD offensichtlich die nächste Revolution geplant.» Petry hatte also sehr genau gewusst, worauf sie sich einlassen würde. Nun, nach ihrem Austritt, orakelte sie, dass es «die letzten verbliebenen Garanten eines liberalen Kurses» zukünftig sehr schwer haben würden. In diesem Punkt dürften ihr Höcke und sein Flügel ausnahmsweise zugestimmt haben.

# 3

# Der anpassungsfähige Volkswirt Meuthen

## oder: Eine Partei kennt nur noch eine Richtung

## Die Masken fallen

Nach dem Abgang von Frauke Petry hatte die AfD vorübergehend nur noch einen Parteichef: Jörg Meuthen. Im Dezember 2017, rund zwei Monate nach der erfolgreichen Bundestagswahl, trafen sich die Delegierten in Hannover zu einem Parteitag. Sie sollten einen neuen Bundesvorstand und damit auch eine neue Doppelspitze wählen. Meuthen ließ es sich nicht nehmen, hochtrabende Grußworte an die Versammelten zu richten: «Meine sehr geehrten Damen und Herren – und nun endlich auch hochgeschätzte anwesende neue Mitglieder des Deutschen Bundestages.» In seiner Rede ließ Meuthen zuerst die Wahlerfolge der AfD Revue passieren, die nun zum ersten Mal im Bundestag vertreten war. Als es dann um seine persönliche Wiederwahl ging, bekundete er seine Sympathien für die Radikalen um Björn Höcke: «Ich stehe zum Flügel, er ist für mich ein integraler Bestandteil unserer Partei.»

Es war nicht das erste Mal, dass sich Meuthen zum Rechtsaußenlager bekannte. Im Juni 2016 war auch er ins Kyffhäusergebirge gereist, um am Flügel-Fest teilzunehmen. Dort, am Fuße des Kyffhäuserdenkmals, sprach er von einer «beeindruckenden Veranstaltung». Als Bundessprecher der AfD sei er für alle Mitglieder der Partei da und damit «ganz selbstverständlich» auch für die Anhänger des Flügels. Bemerkenswert an seiner Rede war seine Selbstverortung: Meuthen wehrte sich dagegen, das Etikett des «gemäßigten Wirtschaftsliberalen» angeheftet zu bekommen, er sei auch kein «liberales Feigenblatt» der Partei, sondern ein «freiheitlich denkender, konservativer Patriot». Seine

«Geisteshaltung» würde er schon seit Langem nicht mehr als liberal bezeichnen, weil darunter alles und nichts verstanden werden könnte: «Ist jemand in seinen Positionen geradezu beliebig, schwammig, hin und her eiernd, unbestimmt, bezeichnet er sich gerne als liberal.» Erst ein halbes Jahr zuvor hatte sich Meuthen gegenüber der *Welt* allerdings noch genau so eingeschätzt: «Als Ökonom ist man liberal.»

## Ein Volkswirt wird zornig

Jörg Meuthen wurde 1961 als Sohn eines Kaufmanns in Essen geboren, wo er in einem Arbeiterviertel aufwuchs und dort «eine prima Kindheit» zwischen «Fußball, Zechen und sonst nichts» erlebte, so zitierte ihn die *Welt*, der er noch mehr aus seiner Kindheit erzählte: Mit seinem kleinen Bruder habe er sich ein acht Quadratmeter großes Zimmer geteilt. «Wir waren nicht reich, wir waren nicht arm. Wir waren irgendwo mittendrin im Mietshaus.»

Nach dem Abitur leistete er seinen Zivildienst, nahm anschließend ein Studium an der Universität Münster auf, wechselte nach Mainz und erwarb dort das Diplom als Volkswirt. Später promovierte Meuthen mit einer Arbeit über die Kirchensteuer an der Universität Köln. Nach seiner Promotion ging er ins hessische Finanzministerium. Diese Stelle erschien ihm sicherer als ein Zeitvertrag an einer Universität. Als aber die Hochschule für öffentliche Verwaltung in Kehl einen Volkswirt suchte, sattelte Meuthen um, bewarb sich auf die Professorenstelle und bekam sie. In Kehl lehrte er knapp zwanzig Jahre, bis er 2016 als AfD-Politiker sein Landtagsmandat in Baden-Württemberg annahm. Den Entschluss, der AfD beizutreten, will Meuthen, so erzählte er es der *Welt*, am Abend der Bundestagswahl

2013 gefasst haben, als der damalige Parteichef Bernd Lucke bei Günther Jauch in den Zuschauerreihen sitzen musste – was an sich nicht ungewöhnlich war, schließlich hatte die AfD den Einzug in den Bundestag knapp verfehlt. Ihn habe diese Arroganz der Macht zornig gemacht.

Als Meuthen 2015 zum Co-Vorsitzenden von Frauke Petry gewählt wurde, war er noch weitgehend unbekannt, auch seine Wiederwahl auf dem Bundesparteitag im Dezember 2017 ging etwas unter. Mehr Aufmerksamkeit erregte eine sehr umstrittene Kandidatin um den zweiten Bundessprecherposten: Doris Sayn-Wittgenstein, die später aus der Partei ausgeschlossen werden sollte, weil sie für einen rechtsextremen Verein geworben hatte. Sayn-Wittgenstein wurde letztlich zwar nicht gewählt, half aber mit ihrer Kandidatur Höcke und seinen Getreuen, den als gemäßigt geltenden Berliner Landesvorsitzenden Georg Pazderski, der für den Parteiausschluss Höckes votiert hatte, den Weg an die Bundesspitze zu versperren. Da es in zwei Durchgängen keine Entscheidung zwischen den Kontrahenten gab, wurde der Parteitag auf Antrag Gaulands unterbrochen und die Kandidatenliste wieder geöffnet. Nach der Beratungspause zogen beide ihre Bewerbung zurück, während Gauland sich selbst als Kandidat zur Verfügung stellte – und in einem neuen Wahlgang zum Co-Sprecher der AfD gewählt wurde. Wieder einmal hatte Alexander Gauland als Integrationsfigur die verschiedenen Lager der Partei befriedet.

## Ein «kleiner Himmler» im Vorstand

In den neuen Bundesvorstand schaffte es auch ein gewisser Andreas Kalbitz. Dabei strotzte seine Vita nur so vor rechtsextremen Einträgen. Bereits mit Anfang zwanzig schied

Kalbitz 1993 aus der Jungen Union aus und trat für mindestens ein Jahr den Republikanern bei, die vom Verfassungsschutz beobachtet wurden. Der *Süddeutschen Zeitung* war das damals eine Nachricht wert, sie begann mit den Worten: «Das Nesthäkchen läuft über.» Außerdem war der junge Republikaner Kalbitz auch Mitglied im Witikobund, einem völkischen Verein, dessen Gründungsmitglieder eine Karriere in der NSDAP und der SS hinter sich hatten.

Im März 2013 trat Kalbitz der gerade gegründeten AfD bei – er bekam die Mitgliedsnummer 573. Vielleicht witterte er schon da die Chance, seine politischen Ansichten in ein neues und vor allem noch unverbrauchtes Gewand kleiden zu können. Als ehrgeiziger Politiker machte sich Kalbitz schnell einen Namen im Kreisverband Dahme-Spreewald. Stand er im Landtagswahlkampf von 2014 noch auf Platz neun der Liste, gelang ihm nur ein Jahr später der Sprung zum stellvertretenden Fraktionsvorsitzenden im Brandenburger Landtag. In seiner Bewerbung für die Brandenburger Landtagswahl von 2014 klammerte Kalbitz seine rechtsextreme Vergangenheit aus, die ihn auch zur neonazistischen Heimattreuen Deutschen Jugend (HDJ) geführt hatte. Unter die Frage «Frühere Parteimitgliedschaft?» schrieb er lediglich: «Junge Union / CSU». Seine frühere Mitgliedschaft bei den Republikanern blieb unerwähnt.

Erst im April 2017 hatte Kalbitz von Gauland den Landesvorsitz der Brandenburger AfD übernommen, seit der Bundestagswahl war er auch Chef der Landtagsfraktion. Schon damals war über ihn bekannt, dass er für rechtsextreme Publikationen schrieb und bei den Republikanern aktiv gewesen war. Dass er noch bis 2015 den vom ehemaligen SS-Hauptsturmführer und NPD-Funktionär Waldemar Schütz gegründeten Verein Kultur- und Zeitgeschichte, Archiv der Zeit e. V. geleitet hatte, bezeichnete Kalbitz im Juni 2017 gegenüber dem *Tagesspiegel* schlicht als «Teil meiner Biografie». Süffisant fügte er hinzu: «Ich kann mich ja nicht von mir selber distanzieren.» Als einer der Erstunterzeichner von Höckes «Erfurter Resolution» sollte Kalbitz bald zum mächtigen Strippenzieher des Flügels aufsteigen.

Im Januar 2018, etwa einen Monat nachdem Kalbitz auf dem Parteitag in Hannover in den Bundesvorstand gewählt worden war, besuchte er als Redner die «Winterakademie» von Kubitscheks Institut für Staatspolitik. In seinem Vortrag über «Die AfD vor der sozialen Frage» bezeichnete Kalbitz die NS-Zeit als «zwölfjährigen Zwischenfall», sprach wie so oft, vom «Erhalt der autochthonen Struktur unserer Gesellschaft» und echauffierte sich über die «Minderheiten-Fokussierung» in Deutschland: «Jeder, der irgendwie schattiert ist, kriegt einen Safe Space, einen Schutzraum, zugewiesen.» Auch diesen Vortrag stellte Götz Kubitschek auf seinem YouTube-Kanal online. Doch im Vergleich zu Höckes Rede über den «afrikanischen Ausbreitungstyp» ging Kalbitz' Tirade in der Öffentlichkeit unter.

Im März 2018, also gerade mal ein halbes Jahr nach dem Einzug der AfD in den Bundestag, deckte *Zeit Online* auf, dass mindestens 27 Mitarbeiter von AfD-Abgeordneten Verbindungen zu rechtsradikalen Organisationen hatten, etwa der NPD und der verbotenen Heimattreuen Deutschen Jugend, aber auch zu den Identitären und zu stramm rechten Burschenschaften. Selbst Co-Parteichef Gauland habe bereits Hilfskräfte mit rechtsextremer Vergangenheit in seinem Bundestagsbüro angestellt. Einer war als junger Mann in der Heimattreuen Deutschen Jugend aktiv gewesen – für Gauland bloß eine «Jugendsünde».

Das neue Vorstandsmitglied Andreas Kalbitz brauchte

nicht erst Mitarbeiter, um Kontakte nach rechts außen zu pflegen. Wie tief er selbst im braunen Sumpf steckte, belegten Fotos von einem Pfingstlager der HDJ aus dem Jahr 2007, die im Frühjahr 2018 vom Recherchenetzwerk *recherche-nord* veröffentlicht wurden: Sie zeigen Kalbitz, umgeben von Zelten, mit kurzer Lederhose und in olivgrünem Shirt. Auf einem anderen Foto sind Mädchen mit langen Röcken vor einem weißen großen Zelt zu sehen, das den Namen «Führerbunker» trägt.

Es gibt auch Filmaufnahmen von diesem Pfingstlager, das im niedersächsischen Eschede stattfand. Auf diesen geht Kalbitz durch eine hölzerne Pforte, an der ein Schild mit der Aufschrift «Der Heimat und dem Volke treu» befestigt ist. Zehn Jahre später hatte Kalbitz seine völkische Kluft gegen einen Anzug getauscht. Doch auch im feinen Zwirn sorgten sein brachiales Auftreten, seine Glatze und seine kleine metallumrandete Brille dafür, dass er von Abgeordneten des Brandenburger Landtags schon mal als «kleiner Himmler» bezeichnet wurde.

## Von Pegida zum Vogelschiss

Hatte es die AfD unter der Führung von Frauke Petry noch abgelehnt, mit Pegida zusammenzuarbeiten, wurde das Verbot nach ihrem Ausstieg im März 2018 vom Parteikonvent gekippt. Auch die Bundessprecher Gauland und Meuthen hatten sich für eine Öffnung zu Pegida ausgesprochen. Doch damit nicht genug: Zwei Monate später wies das Thüringer Landesschiedsgericht der AfD den Antrag auf Parteiausschluss von Björn Höcke zurück. Seine Äußerungen hätten keine Wesensverwandtschaft mit dem Nationalsozialismus erkennen lassen und auch nicht gegen die Satzung oder die Grundsätze der AfD verstoßen. Das

Parteiausschlussverfahren gegen Höcke hatte noch der alte Bundesvorstand unter Petry und Meuthen eingeleitet, allerdings hatte Meuthen selbst gegen diesen Antrag gestimmt. Nun verzichtete der neue Bundesvorstand darauf, im Fall Höcke Rechtsmittel beim Bundesschiedsgericht einzulegen.

Doch die neuen Parteivorsitzenden Meuthen und Gauland kehrten nicht nur radikale Äußerungen und rechtsextreme Verbindungen einzelner Kader unter den Teppich, sie radikalisierten sich auch selbst. Als Meuthen 2018 von einem Fitnessstudio wegen seiner AfD-Tätigkeit als Mitglied abgelehnt wurde, zog er einen kruden Vergleich zur Judenverfolgung in der NS-Zeit. In einem Statement schrieb er, dass dieser Vorfall ihn daran erinnern würde, «wie man jüdischen Geschäftsinhabern sagte, man schätze sie ja durchaus persönlich, aber man könne nun leider nicht mehr bei ihnen kaufen, denn sie wüssten ja, wie das Klima mittlerweile sei im Deutschland jener Tage». Daraus schlussfolgerte Meuthen: «Wo, frage ich, ist der grundsätzliche Unterschied zwischen dieser damaligen Ausgrenzung aus dem gesellschaftlichen wie auch geschäftlichen Leben und der heutigen?»

Auch der Co-Vorsitzende Alexander Gauland sorgte regelmäßig für Schlagzeilen. Auf einem Bundeskongress der Jungen Alternative im Juni 2018 richtete er ein Grußwort an die AfD-Nachwuchsorganisation. Erst sprach er von der Verantwortung der Deutschen für den Nationalsozialismus: Nur wer sich zur Geschichte bekennen würde, könnte die Zukunft gestalten. «Wir haben eine ruhmreiche Geschichte», führte er weiter aus, «und die, liebe Freunde, dauerte länger als die verdammten zwölf Jahre.» Und dann legte Gauland noch einen drauf: «Hitler und die Nationalsozialisten sind nur ein Vogelschiss in 1000 Jahren erfolgreicher deutscher Geschichte.» Daraufhin twitterte der Grünen-Vorsitzende Robert Habeck, dass Sätze wie dieser «keine Ausrutscher, sondern System» seien. «Die Kurve der AfD von eurokritisch über ausländerfeindlich zu völkisch ist steil und abschüssig.»

## Höckes Führerfantasien

Im Juni 2018 erschien Höckes Buch «Nie zweimal in denselben Fluss», das im Gespräch mit dem Maler und Publizisten Sebastian Hennig entstanden war. Höckes Monografie erzählt seine Lebensstationen im Interviewformat nach. Im Klappentext heißt es, Höcke komme in den Medien selten zu Wort, allenfalls ausschnittweise in skandalisierender Absicht. Der neurechte Verlag Manuscriptum wolle dieses Missverhältnis schließen, damit der Leser erfahren könne, welche politischen Ziele Höcke verfolge und welche Vorstellungen von der Welt er hege. Darüber hinaus vermittele das Gespräch einen Eindruck von «der Person hinter dem diffamierten Politiker».

In seinem Buch wähnt Höcke Deutschland in einer existenziellen Krise und spricht von einem «bevorstehenden Volkstod durch den Bevölkerungsaustausch». Mit dieser Ansicht knüpft er nicht nur an die zentrale Theorie der Neuen Rechten an, sondern klingt auch ganz nach seinem mutmaßlichen Alter Ego Landolf Ladig: Auch der kritisierte in einem Artikel eine angebliche «Volkstodpolitik». Mit Höckes «Volkstod»-Zitat begründete das Verwaltungsgericht Meiningen später wiederum sein Urteil, nach dem Höcke bei einer Gegendemonstration in Eisenach als Faschist bezeichnet werden durfte.

Immer wieder spricht Höcke in seinem Buch von einer notwendigen Wende. Um diese einzuläuten, müsse die

AfD regieren, wozu es «einer zentralen Führungsfigur» bedürfe. Es dürfte klar sein, an wen Höcke da dachte. Eine solche neue politische Führung werde «schwere moralische Spannungen auszuhalten haben», steht etwas später im Buch. Denn um ein «großangelegtes Remigrationsprojekt» durchzusetzen, werde man «nicht um eine Politik der ‹wohltemperierten Grausamkeit›, wie es Peter Sloterdijk nannte, herumkommen».

Mit dem Machtantritt der AfD würden neben Migranten auch politische Gegner aussortiert werden, wie er im letzten Kapitel, «Krise und Renovation», unmissverständlich klarmacht: «Ich bin mir sicher, daß – egal wie schlimm die Verhältnisse sich auch entwickeln mögen – am Ende noch genug Angehörige unseres Volkes vorhanden sein werden, mit denen wir ein neues Kapitel unserer Geschichte aufschlagen können. Auch wenn wir leider ein paar Volksteile verlieren werden, die zu schwach oder nicht willens sind, sich der fortschreitenden Afrikanisierung, Orientalisierung und Islamisierung zu widersetzen.» In der von Höcke «erhofften Wendephase» sollten «wir Deutschen keine halben Sachen» machen, dann würden «die Schutthalden der Moderne beseitigt» werden. Es stünden demnach «harte Zeiten bevor, denn je länger ein Patient die drängende Operation verweigert, desto härter werden zwangsläufig die erforderlichen Schnitte werden, wenn sonst nichts mehr hilft». Unmissverständlich zu vermitteln, welche politischen Ziele Höcke verfolgt, ist dem Verlag mit diesem Buch tatsächlich gut gelungen.

# Gewaltmarsch in Chemnitz

In der Nacht zum 26. August 2018 wurde am Rande des Chemnitzer Stadtfestes der 35-jährige Daniel H. erstochen. Knapp eine Woche später luden die drei AfD-Landeschefs von Thüringen, Brandenburg und Sachsen zu einem «Schweigemarsch» ein. «Wir wollen gemeinsam um Daniel H. und alle Toten der Zwangsmultikulturalisierung Deutschlands trauern», hieß es in der Facebook-Einladung, einer Abrechnung mit der Flüchtlingspolitik der Bundesregierung, «die geradezu fanatisch eine Migrationsagenda gegen das geltende Recht und die Mehrheitsmeinung der Bevölkerung verfolgt.» Um nicht das «würdevolle Bild einer trauernden Gemeinschaft» zu stören, sollten an jenem 1. September 2018 keine Kleidungsstücke mit politischen Botschaften getragen werden. Die AfD-Einladung galt keinen «Extremisten und Gewalttätern», aber all denjenigen, die über «einen gesunden Menschenverstand verfügen».

Der Hinweis schien nötig, denn in den Tagen zuvor waren gewaltbereite Rechtsextremisten in «Trauermärschen» durch Chemnitz gezogen, die in ihrer Wut gegen die Flüchtlingspolitik vereint waren. Sie machten diese Politik auch unmittelbar für Daniel H.s Tod verantwortlich. Dabei kursierten im Netz verschiedene Versionen des Tathergangs. Beispielsweise berichtete der Blog *Politically Incorrect*, dass der 35-Jährige durch 25 Messerstiche «brutal abgeschlachtet» worden sei. In Videos war von einem Massaker an drei Deutschen die Rede. Sie sollen eine Frau vor einem sexuellen Übergriff geschützt haben. Der stellvertretende Landesvorsitzende der AfD Sachsen, Maximilian

Krah, verbreitete auf Twitter eine unbestätigte Information über zwei Todesopfer, die im Netz kursierte und zu der *Vice* damals recherchiert hatte. Auch Pegida-Gründer Lutz Bachmann verbreitete die Meldung auf Facebook. Die Polizei dementierte diese Gerüchte mehrfach, aber das schien diejenigen, die eh schon lange nichts mehr von «denen da oben» oder den «Mainstream-Medien» glaubten, nicht zu interessieren.

Es war nicht nur die Tat, es waren auch diese Gerüchte und die blanke Wut gegen Migranten, die Chemnitz in einen Ausnahmezustand versetzten und ganz Deutschland schockierten. Während ein irakischer und ein syrischer Asylbewerber als Tatverdächtige in Untersuchungshaft saßen, zogen wütende Mobs durch die Straßen, manche attackierten willkürlich Menschen mit vermeintlichem oder tatsächlichem Migrationshintergrund, jagten sie durch die Straßen, reckten den Arm zum Hitlergruß, griffen Gegendemonstranten, Journalisten und ein jüdisches Restaurant an, brüllten «frei, sozial, national!». Dabei hatte der Getötete selbst einen Migrationshintergrund und mit Rechten überhaupt nichts am Hut. Auf Facebook etwa hatte Daniel H. ein montiertes Bild der ZDF-Satiresendung *heute-show* gelikt, auf dem sich Gauland gerade noch so an Gras festhalten kann und Meuthen schon schreiend durch den Weltraum schwebt. Dazu der Spruch: «Die AfD rückt immer weiter nach rechts. Eigentlich schade, dass die Erde keine Scheibe ist.»

## Extremer Schulterschluss

Als Mitveranstalter des AfD-Schweigemarschs am 1. September trat Pegida auf. Und so kam es, dass der wegen Volksverhetzung verurteilte Pegida-Gründer Lutz Bachmann in der zweiten Reihe mitmarschierte, direkt hinter Höcke und den anderen AfD-Landeschefs. «Widerstand, Widerstand» oder «Wir sind das Volk» skandierten Teilnehmer des «Schweigemarschs», der von einem Lautsprecherwagen der AfD angeführt wurde, aber nicht weit kam. Nach kurzer Zeit ordnete die Polizei an, den Zug aufzulösen, dem sich auch die rechtsextreme Gruppierung Pro Chemnitz spontan angeschlossen hatte – ebenso NPD-Funktionäre und Neonazis aus der Kameradschafts- und Hooliganszene, die sich natürlich nicht an die neutrale Kleiderordnung gehalten hatten. Da gab es Rechtsextreme, die sich auf ihren Shirts mit der verurteilten Holocaustleugnerin Ursula Haverbeck solidarisierten oder deutlich die tätowierte «88» im Nacken zeigten – die szenetypische Zahlenkombination für «Heil Hitler».

Einen Tag nach dem ersten offenen Schulterschluss der AfD mit Rechtsextremisten zeigte sich Höcke in einem Statement auf Facebook zufrieden mit der Demonstration, auch wenn sie abgebrochen werden musste, weil Deutschland «ganz offensichtlich unter die Räuber gefallen» und nicht mehr in der Lage sei, «uns zu schützen». Höcke dankte «allen Landsleuten», die am Trauermarsch in Chemnitz teilgenommen hatten. Die vielen Neonazis, die sich seiner Demonstration angeschlossen hatten, klammerte Höcke aus. Kritischer sah es Kubitschek, der auf *Sezession* der AfD riet: «Keine Großdemonstrationen mehr unter der Fahne der AfD. Laßt das andere machen!» An der Gegenöffentlichkeit mitwirken könne man auch, «wenn man nicht den Hut aufhat und in der Zwickmühle steckt.»

Auch Parteichef Meuthen äußerte sich zu den Protesten in Chemnitz: Er sei stolz auf die vielen Menschen in Sachsen, weil sie der lebende Beweis dafür seien, dass es doch noch Bürger gebe, «die so etwas wie Mut, Stolz und den Antrieb haben, sich und das eigene Land zu verteidigen». Die AfD lehne aber «die von einigen, tatsächlich sehr wenigen Demonstranten ausgehende Gewalt gegen unschuldige Menschen mit vermutetem Migrationshintergrund» komplett ab.

Damals war noch nicht bekannt, dass auch Stephan Ernst beim Schweigemarsch der AfD mitmarschiert war. Der Rechtsextremist sollte neun Monate später, am 1. Juni 2019, den CDU-Politiker Walter Lübcke erschießen, weil dieser sich für Geflüchtete engagiert hatte. Jahrelang hatte eine Hetzjagd auf Lübcke im Internet stattgefunden. Im Mordprozess gestand Ernst, dass der Tag in Chemnitz ihn in seiner Idee bestärkt habe, Lübcke zu töten. Lübcke war der erste Politiker, der nach dem Zweiten Weltkrieg einem rechtsterroristischen Attentat zum Opfer fiel.

## Eine NPD mit bürgerlicher Fassade?

Im September 2018 gab die Patriotische Plattform bekannt, sich selbst auflösen zu wollen. Gegründet worden war der Verein bereits im März 2014, also etwa ein Jahr, bevor sich der Flügel um Höcke formierte. Einer der Initiatoren der Patriotischen Plattform war der damalige AfD-Politiker Dubravko Mandic, Burschenschafter und Rechtsanwalt aus Freiburg. Auf Facebook umriss er seine Partei mal mit den Worten: «Von der NPD unterscheiden wir uns vornehmlich durch unser bürgerliches Unterstützerumfeld, nicht so sehr durch Inhalte.» Als Sprecher trat der AfD-Hardliner und promovierte Islamwissenschaftler Hans-Thomas Tillschneider aus Sachsen-Anhalt auf. Die Aufgabe dieser parteiinternen Vereinigung lag darin, so stand es auf ihrer Facebook-Seite, «zusammen mit vielen anderen dafür zu sorgen, daß aus der AfD keine fade Scheinalternative wird, sondern daß sie sich zu einer echten patriotischen Alternative entwickelt».

Als Gründe für die Auflösung der Patriotischen Plattform galten einerseits die drohende Beobachtung durch den Verfassungsschutz und andererseits die Machtposition von Höckes Flügel, der erfolgreich die Standpunkte der Patriotischen Plattform vertrat und sie damit obsolet machte. Ihr Ziel hatte die Plattform inzwischen ohnehin erreicht. Ein Beitrag auf ihrer Facebook-Seite bestätigte die parteiinterne Radikalisierung. So hieß es am 21. September 2018: «Wir können alles, was wir sagen wollen, auch in der AfD sagen. Wir können alles, was wir tun wollen, auch in der AfD, in unseren Kreis- und Landesverbänden tun.»

## Die Beobachtung beginnt

Im Herbst 2018 trieb die Parteispitze die Sorge um, der Verfassungsschutz könnte bald die gesamte AfD ins Visier nehmen. Einzelne AfD-Landtagsabgeordnete aus Bayern und zwei Landesverbände der Jungen Alternative wurden bereits von den jeweiligen Landesbehörden als Verdachtsfall für eine rechtsextremistische Bestrebung eingestuft und beobachtet, weitere sollten folgen. Den JA-Landesverbänden in Niedersachsen und Bremen wurden eine Nähe zur bereits beobachteten Identitären Bewegung sowie zahlreiche rassistische und rechtsextreme Äußerungen vorgeworfen. Im August wurde der niedersächsische Landesvorsitzende der Jungen Alternative abgesetzt, weil er den Hitler-Attentäter von Stauffenberg in einem nicht öffentlich einsehbaren Facebook-Eintrag als Verräter bezeichnet hatte.

Anfang November 2018 gab Parteichef Meuthen in Berlin eine Pressekonferenz zum Thema «Die AfD, der Verfassungsschutz und die Meinungsfreiheit in Deutschland». Dort erklärte er, dass die AfD in den vergangenen Wochen mehrere Mitglieder, die sich gegen die freiheitlich-demokratische Grundordnung gestellt hätten, dazu bewegt habe, die Partei aus freien Stücken zu verlassen. Doch das funktionierte längst nicht bei allen. Gegen den baden-württembergischen Landtagsabgeordneten Wolfgang Gedeon, der wegen antisemitischer Äußerungen und Schriften in der Kritik stand, beschloss der Bundesvorstand im Oktober 2018 ein neues Ausschlussverfahren, nachdem das erste aus formalen Gründen gescheitert war. Erst im März 2020 sollte er aus der AfD ausgeschlossen werden.

## Die AfD will es selbst wissen

Weil die Parteispitze bei einer Beobachtung durch den Verfassungsschutz befürchtete, vor allem die im öffentlichen Dienst beschäftigten Wähler und Mitglieder zu verlieren, hatte sie eine Arbeitsgruppe Verfassungsschutz eingerichtet und ein Gutachten in Auftrag gegeben, das Anhaltspunkte für verfassungsfeindliche Bestrebungen ermitteln sollte. Aus möglichen Gründen für eine Beobachtung leitete das Gutachten insgesamt 31 Handlungsempfehlungen ab. So wurde Parteimitgliedern empfohlen, Pauschalurteile wie «Flüchtlinge sind kriminell» oder «Altparteien sind korrupt» zu vermeiden. Problematisch seien zudem alle Relativierungen des Nationalsozialismus, «extremistische Reizwörter» wie «Umvolkung» oder «das Schüren von Ängsten vor den Folgen von Masseneinwanderung». In Anbetracht dieses Gutachtens soll ein prominenter AfDler gesagt haben: «Dann können wir uns auch gleich auflösen.»

Obwohl der Verfassungsschutz bereits eine Beobachtung des Thüringer AfD-Landesverbands prüfte, warnte sein Vorsitzender Björn Höcke vor Panik. Im November 2018 bezeichnete er auf einem Landesparteitag, auf dem er mit rund 81 Prozent der Stimmen im Amt bestätigt wurde, die Angst vor der Überprüfung des Verfassungsschutzes als «politische Bettnässerei». Mit dieser Ansicht war Höcke im Rechtsaußenlager der AfD nicht allein. Einige Funktionäre verfassten sogar den «Stuttgarter Aufruf», dessen zentraler Satz lautete: «Wir widersetzen uns allen Denk- und Sprechverboten innerhalb der Partei und zeigen allen Vorständen die rote Karte, die sich an Machenschaften beteiligen, den Mitgliedern ihr Recht auf das freie Wort und eine eigenständige Analyse der politischen Zustände zu nehmen.» Treibende Kraft hinter dem Aufruf vom Oktober 2018 war die baden-württembergische Landtagsabgeordnete Christina Baum, die wohl selbst um ihr parteipolitisches Ableben fürchtete. 2015 hatte sie etwa die Einwanderungspolitik der Grünen als «schleichenden Genozid am deutschen Volk» bezeichnet. Innerhalb des Flügels hatte sie sich mit solchen Ansichten bewährt, im Südwesten Deutschlands agierte sie als dessen Obfrau.

Allen Handlungsempfehlungen zum Trotz geriet die AfD immer weiter ins Visier der Verfassungsschützer: Im Januar 2019 wurde die gesamte Partei als Prüffall eingestuft. Die Wähler zeigten sich davon jedoch unbeeindruckt. Kurz nach dem offenen Schulterschluss mit Rechtsextremisten in Chemnitz kam die AfD laut ARD-Deutschlandtrend sogar auf bundesweite Höchstwerte von 18 Prozent und war damit in einer Umfrage erstmals zweitstärkste Kraft hinter der Union. Ende Oktober 2018 zog die AfD bei den Landtagswahlen in Hessen mit einem zweistelligen Ergebnis ins letzte der 16 Landesparlamente ein. Damit waren die selbst ernannten Kämpfer gegen das politische Establishment endgültig in ebenjenem Establishment angekommen.

## Der Flügel wird flügge

In einer schwarzen Laufjacke atmet Höcke zu dramatischer Musik konzentriert ein und aus, um schon im nächsten Moment in einem schicken Mantel durch ein Dorf zu flanieren. Plötzlich ist das Bild für wenige Sekunden dunkel – dann taucht Andreas Kalbitz auf. Er ist nur kurz zu sehen, im Bild ist sogleich wieder Höcke, Kalbitz ist aber noch aus dem Off zu hören: «Ich schätze Björn Höcke als Freund, als Mensch, als Politiker, als unabhängigen Geist, als jemand, der viel Inspiration in diese Partei bringt und auch die AfD an ihre Gründungsideale erinnert.» Andere Mitstreiter lobpreisen Höcke weiter, während dieser geht, spricht, winkt. Mit bebender Stimme fordert Höcke von der Bühne seine Mitstreiter dazu auf, den «Mantel der Geschichte» zu ergreifen, ihn festzuhalten und nicht mehr loszulassen, «bis die Zukunft unserer Heimat, bis die Zukunft unseres Volkes, bis die Zukunft unserer Nation, bis die Zukunft unseres geliebten deutschen Vaterlandes gesichert ist.» Höcke streckt seine Arme in die Höhe. Kurz darauf ist das Bild wieder dunkel.

Szenenwechsel. Anderer Ort, andere Musik. Ab ins Grüne. Dorthin, wo Höcke Schafe füttert und in seiner schwarzen Laufjacke durch den deutschen Herbstwald joggt. Von nun an changiert das Bild zwischen der Privatperson und dem Politiker Höcke, der auch mal einem Bauarbeiter die Hand schüttelt. Dazu gibt es wieder Lob von Parteikollegen: «Er ist durch sein zutiefst bescheidenes und aufopferndes Wesen genau die Art von Volksvertreter, die wieder Vorbild sein kann.» Dann wird Höcke eingeblendet, hinter ihm eine Wand, an der eine riesige Deutschlandfahne hängt. Seine Anhänger rufen: «Höcke, Höcke, Höcke!» Schließlich endet der Einspieler mit tosendem Beifall. Er zeigt, wie Höcke gerne gesehen werden möchte: als einfühlsamer, bedachter und aufopfernder Retter des deutschen Volkes, der jeden seiner Schritte aus tiefster Zuneigung zum Vaterland geht.

Dieses als «Der Mensch Björn Höcke» betitelte Video sahen die rund 800 Gäste Anfang Juli 2019 beim Kyffhäusertreffen im thüringischen Leinefelde, bevor Höcke für seine Rede auf die Bühne schritt. Angesichts der im Herbst anstehenden Wahlen in Brandenburg, Sachsen und Thüringen lautete das Motto des Flügel-Festes: «Der Osten steht auf.» Eröffnet worden war das Treffen von einem Fahnenmarsch – erst die deutsche Nationalflagge, dann die Flaggen der 16 Bundesländer.

In seiner Rede sprach Höcke von der «Familie als Keimzelle unseres Volkes», von einer irrationalen Zuwanderungspolitik, die «uns finanziell hat bluten lassen, als hätten wir einen weiteren Krieg verloren». Er bezeichnete Deutschland als «Maulkorbdemokratie», die auf dem besten Weg sei, zu einer «Wohlfühldiktatur» zu werden. Von den Thüringern forderte Höcke, bei den Wahlen den «kryptokommunistischen Ministerpräsidenten Bodo Ramelow» in den Ruhestand zu schicken. Bewegt rief er: «Es lebe Thüringen, es lebe unser deutsches Vaterland, es lebe das wahre Europa. Der Osten steht auf. Holen wir uns unser Land zurück!»

Nicht nur sein Anführer, der gesamte Flügel liebte Pathos. Verdiente Parteifreunde wurden mit eigenen Orden, etwa der goldenen «Bismarck-Medaille» oder dem silbernen «Flügel-Abzeichen» geehrt. Der Flügel besaß eine eigene Website, ein Logo und einen Onlineshop, über den

Fanartikel gekauft werden konnten: Anstecker mit Flügel-Logo, Tassen, Taschen und Shirts mit Höckes Konterfei, dazu der Spruch: «Höcke hatte recht!»

Während Höcke mit seinen demagogischen Auftritten die Anhänger vor allem im Osten mitreißen konnte, galt Kalbitz als Strippenzieher im Hintergrund. In seiner Rede auf dem Kyffhäusertreffen rief er zum «Widerstand» gegen die etablierten Parteien und die Politik der Großen Koalition auf. Er bezeichnete den Flügel als «wesentliches Korrektiv der Partei», das unentbehrlich für einen «Paradigmenwechsel» sei. Kalbitz betonte: «Das deutsche Volk, das sind wir.» Der Vorwurf, er sei ein Vertreter der «Abteilung Attacke», sei ganz richtig, beteuerte Kalbitz, denn es gebe keine Zeit mehr, «um Zurückhaltung zu wahren, sonst werden wir dieses Land, so wie wir es kennen, verlieren!» Für diese brachialen Worte erntete Kalbitz viel Applaus.

Ende August 2019 kam durch Recherchen des ARD-Politmagazins *Kontraste* und der rbb-Sendung *Brandenburg aktuell* heraus, dass Kalbitz als 20-Jähriger an einem Sommerlager des neonazistischen Vereins Die Heimattreue Jugend teilgenommen hatte. Der Verein wurde von dem späteren AfD-Politiker Thomas Grebien mitbegründet und benannte sich Anfang der Nullerjahre in Heimattreue Deutsche Jugend um. Damals, im Juli 1993, hatte die Polizei das HDJ-Camp durchsucht und die Personalien der Teilnehmer aufgenommen. Auch diese hier: «Kalbfitz, Andreas, geb. 17. 11. 1972 in München». Bis auf den Tippfehler in seinem Nachnamen stimmen alle Daten mit denen von Kalbitz überein.

Auch wenn innerhalb des völkischen Flügels weitgehende Einigkeit herrschte, sorgte seine Existenz doch immer wieder für Unruhe in der Partei. Am stärksten entlud sich der neue Richtungsstreit zwischen radikalen und gemäßigteren Kräften in Nordrhein-Westfalen. Der Landesparteitag, der Anfang Juli 2019 stattfand, am gleichen Wochenende wie das Kyffhäusertreffen, sollte eigentlich über zwei Tage gehen, wurde aber bereits nach einem Tag beendet. Der als gemäßigt geltende Co-Vorsitzende der AfD in NRW warf den Anhängern des Flügels vor, den Landesverband sowie die Gesamtpartei zu unterwandern und zu spalten. Ein Großteil des zwölfköpfigen Landesvorstands trat auf dem Parteitag zurück.

Der innerparteiliche Streit ließ sich auch an der Teilnehmerliste des Kyffhäusertreffens ablesen. Während sogar Ellen Kositza, Publizistin, Ehefrau von Götz Kubitschek und Nicht-AfD-Mitglied, über die Frauenfrage in der AfD sprach – womit erstmals eine Frau auf dem Kyffhäusertreffen als Rednerin auftreten durfte, blieb Parteichef Jörg Meuthen der Veranstaltung fern. Dabei war er in den Jahren zuvor immer dabei gewesen. Nun aber fürchtete Meuthen eine weitere rechtsextreme Volte seiner Partei – an deren Tür bereits der Verfassungsschutz klopfte. Ein paar Monate zuvor hatte er zum Auftakt des Landesparteitags in Baden-Württemberg von «einigen komplett rücksichtslosen Radikalen» in den eigenen Reihen gesprochen – der Flügel verstand das als Kampfansage. Allerdings dürfte Meuthen gewusst haben, dass er ohne die Gunst ebendieser Radikalen nicht sicher auf seinem Chefsessel saß.

Auch Alice Weidel fehlte beim Kyffhäusertreffen im

Sommer 2019. Dabei hatte sie eine Art Nichtangriffspakt mit dem Flügel geschlossen. Nachdem Weidel einst eine treibende Kraft hinter dem Parteiausschlussverfahren gegen Höcke gewesen war, hatten beide nun vereinbart, einander nicht mehr öffentlich anzugreifen. Vermittelt hatte diese Einigung wohl Götz Kubitschek. Weidel wisse längst, «dass die Partei Björn Höcke und sein Netzwerk nicht abschütteln kann, ohne Schaden zu nehmen», sagte Kubitschek dem *Spiegel,* der zuerst über den Nichtangriffspakt berichtete. Und so war Weidel nicht zugegen, als Höcke den Parteivorstand, der zu diesem Zeitpunkt maßgeblich mit gemäßigteren Mitgliedern besetzt war, in seiner Rede erstmals gezielt angriff. Er rief seinen Anhängern zu: «Ich kann euch garantieren, dass dieser Bundesvorstand in dieser Zusammensetzung nicht wiedergewählt wird.»

Einer dieser Anhänger, der Berliner AfD-Abgeordnete Thorsten Weiß, der an diesem Tag, wie die *taz* berichtete, mit der goldenen «Bismarck-Medaille» ausgezeichnet wurde, huldigte Höcke beim Kyffhäusertreffen mit den Worten: «Du bist unser Anführer, dem wir bereit sind, gerne zu folgen.» Etwas weniger euphorisch wirkte Co-Chef Gauland, der im Gegensatz zu Meuthen vor Ort war. In seiner Rede rief er den Flügel zur Mäßigung auf. Die AfD besitze zwar «Mut zur Wahrheit», sie sei aber nicht gegründet worden, um «einen Raum zu schaffen, in dem jeder alles sagen kann». Vielleicht merkte Gauland allmählich selbst, wie stark der bürgerliche Lack von der Partei abgeblättert war. Vielleicht war Gauland aber auch nur bewusst, dass der Verfassungsschutz bei dieser Veranstaltung genau hinhören würde. Einige Monate zuvor, im Frühjahr 2019, war der Flügel als Verdachtsfall eingestuft worden, womit er fortan mit nachrichtendienstlichen Mitteln überwacht werden durfte.

Höckes heroische Inszenierung beim Kyffhäusertreffen provozierte die gemäßigteren Kräfte. Sie antworteten mit dem «Appell der 100». In dem von teils hochrangigen AfD-Funktionären – wie den beiden Vizechefs Georg Pazderski und Kay Gottschalk – unterzeichneten Aufruf wurde der «exzessiv zur Schau gestellte Personenkult um Björn Höcke» angeprangert. Als Thüringer Landeschef sei er «nicht demokratisch legitimiert, für die AfD als Gesamtpartei zu sprechen». Weiter hieß es, wenn Höcke als «Anführer» des Flügels den Anspruch erhebe, für die ganze AfD zu sprechen, verstärke sich der Eindruck, dass es ihm in erster Linie um seinen Flügel und nicht um die AfD gehe. «Die AfD ist und wird keine Björn-Höcke-Partei!» Auch Meuthen äußerte sich erstmals kritisch: Der Personenkult um Höcke passe nicht zur AfD. Selbst Gauland, der stets seine schützende Hand über Höcke gehalten hatte, sagte nachträglich, er halte dessen Rede und auch den Fahneneinzug auf dem Kyffhäusertreffen für «unangebracht».

## Kräftemessen in Cottbus

Kurz nach dem Kyffhäusertreffen veranstaltete die AfD ein Volksfest in Cottbus, um damit den Wahlkampf für die drei Landtagswahlen im Osten einzuleiten – im Sommer 2019 lag die AfD dort in Umfragen bei über 20 Prozent, in Brandenburg war sie sogar stärkste Kraft. Entsprechend selbstbewusst präsentierten sich die AfD und ihre Anhänger an diesem Tag in Cottbus. Da gab es einen AfD-Mann, der fleißig schwarz-rot-goldene Flaggen verteilte, Vertreter des rechtsextremen Vereins Zukunft Heimat, die Würstchen brieten, oder ein Paar, das mit einem meterhohen Plakat durch die Menge watete, auf dem stand: «Deutsche, wehrt & vermehrt euch!» Sogar eine Hüpfburg für Kinder stand spielbereit da, doch mangelte es an ebenjenen Kindern, zu deren Zeugung die AfD immer wieder aufrief.

Höcke war als Hauptredner angesetzt, doch zunächst einmal bemühten sich die anderen Redner um die Gunst der Zuhörer. Andreas Kalbitz solidarisierte sich mit den Kumpeln aus der vom Ausstieg aus der Braunkohle betroffenen Lausitz: «Wir treten nicht als Protestpartei an. Wir treten als sachpolitische Lösungspartei an, in allen Bereichen.» Ein Erfolg der AfD im Herbst würde die Wende vollenden – damit stellte sich die Partei in die Tradition der DDR-Opposition, um den Anschein zu erwecken, als würde sie, dreißig Jahre später, deren freiheitliche Ideale nun endlich verwirklichen. «Wende 2.0» nannte die AfD das.

Neben den drei Landesvorsitzenden aus Thüringen, Brandenburg und Sachsen war auch der Parteichef als Redner geladen. «Wir lassen uns nicht spalten!», rief Meuthen von einer kleinen kastenförmigen Bühne und setzte dann zu einer Lobeshymne auf den Osten an – dort würde «staatlich kontrolliertes Denken» nicht funktionieren. Ihm hörten etwa 700 Menschen zu – eher älter, eher männlich, sonst nicht weiter auffällig, der normale AfD-Wähler eben. Aber es war auch noch anderes Publikum erschienen: Hooligans des Fußballklubs Energie Cottbus und Neonazis, von denen einer sein Hakenkreuz-Tattoo auf dem Arm notdürftig mit Filzstift übermalt hatte. Viel Applaus hatten diese Kader für Meuthen nicht übrig. Ihr Mann sollte erst später kommen. Doch zunächst mussten sie vorliebnehmen mit Sachsens AfD-Chef Jörg Urban, der in monotonem Duktus den Kampf der «Altparteien» gegen die AfD anprangerte und Meinungsfreiheit statt «Lügenpresse» forderte, was gut ankam im Publikum. «Lügenpresse, Lügenpresse!», riefen einige Zuhörer im Chor.

Höcke war nirgends zu sehen, als seine Parteikollegen

bei wechselhaftem Wetter sprachen. Auch als die Bühne nur noch für ihn bereitet war, passierte erst einmal nichts. Nach über einer Viertelstunde Warten fuhr eine schwarze Limousine vor – just in dem Augenblick, als die Sonne zwischen den Wolken hervorbrach. Höcke entstieg ihr staatsmännisch. Seine Fans schwenkten euphorisch die zuvor verteilten Deutschlandfahnen und riefen: «Höcke, Höcke, Höcke!»

In seiner Rede adressierte Höcke, der aus dem Westen stammt, den Wendeschmerz der Ostdeutschen. «Es fühlt sich schon wieder an wie in der DDR», klagte Höcke. «Und dafür haben wir nicht die friedliche Revolution gemacht, liebe Freunde. Das wollen wir nie wieder erleben, denn wir werden uns in keine neue DDR führen lassen!» Höcke sprach so klar und deutlich, dass seine Worte auch wirklich bei jedem AfD-Sympathisanten ankamen. Als speziellen Gag hatte der Thüringer AfD-Chef auch noch eine Flasche «Fürst von Metternich»-Sekt dabei, «für den brandenburgischen Innenminister!». Denn dieser hätte angekündigt, die Veranstaltung geheimdienstlich überwachen zu wollen. Höcke, nun ganz ehemaliger Geschichtslehrer, gab daraufhin erst einen kleinen Exkurs zu Metternich, einem der Väter der Karlsbader Beschlüsse, die Anfang des 19. Jahrhunderts gegen Freiheitsbewegungen in Deutschland und Europa gefasst worden waren, und reichte dann den Sekt in die Menge, verbunden mit der Aufforderung, dass einer der anwesenden Verfassungsschützer die Flasche dem Innenminister bringen solle. «Wer heute für Rechtsstaatlichkeit ist, für Demokratie, für Meinungsfreiheit, für Versammlungsfreiheit, der gilt ja auch schon wieder als Demagoge – so wiederholen sich die Zeiten», rief Höcke. Und das Publikum skandierte immer wieder: «Höcke, Höcke, Höcke!»

Die Sektflasche landete allerdings nicht beim Innenminister, sondern bei der *taz*. Die rief zu einer Versteigerung der von Höcke handsignierten Sektflasche auf – zugunsten des Flüchtlingsrats Brandenburg. So sollte mit dem ersteigerten Geld Geflüchteten geholfen werden, die gegen ihre Abschiebung klagten und daher hohe Anwalts-, Reise- und Übersetzungskosten hätten. Insgesamt spielte Höcke mit seinem Sekt letztlich ungewollt 7066,19 Euro für Geflüchtete ein.

Bezogen auf seine Anhänger war der Auftritt in Cottbus für Höcke aber ein Erfolg. So wie er sich mit erhobenen Armen feiern ließ, schien er sich im Messiasmodus seiner Sache schon sehr sicher. Und das konnte er an diesem Tag auch sein, denn Meuthen ließ ihm nicht nur den Platz als Hauptredner, sondern reiste auch noch vor Höckes Rede ab. Er war also schon weg, als Höcke und die beiden anderen Landeschefs sich feiern ließen. Der jüngste Machtkampf in der AfD zwischen dem radikalen Flügel um Höcke und den gemäßigteren Funktionären um Meuthen zeigte sich auch bei diesem Wahlkampfauftakt. Ostdeutschland wurde immer mehr zum Kraftzentrum der AfD, und Höcke dominierte es klar und deutlich. Bezeichnend für den schleichenden Machtwechsel war am Tag darauf Meuthens Niederlage in seinem eigenen Kreisverband Ortenau. Der schickte als Delegierte nun Politiker zum AfD-Bundesparteitag im November, die Höcke nahestanden. Meuthens Kritik am Auftreten von Höcke auf dem Kyffhäusertreffen galt als einer der Gründe dafür, dass Meuthen nicht selbst gewählt wurde. Der Flügel beeinflusste also auch immer mehr Landesverbände im Westen, wodurch die gesamte AfD unaufhörlich weiter nach rechts driftete.

## Sein Kampf mit dem ZDF

Die Landtagswahlen in Sachsen, Brandenburg und Thüringen im Herbst 2019 brachten der AfD starke Ergebnisse mit über 20 Prozent ein, aber nicht die erhofften Wahlsiege. Trotzdem fühlte sich der Flügel, der maßgeblich für diese Erfolge verantwortlich zeichnete, im Aufwind. Am Wahlabend in Thüringen sagte Gauland dem Fernsehsender Phoenix: «Herr Höcke rückt die Partei nicht nach rechts. Herr Höcke ist die Mitte der Partei.» Auch Götz Kubitschek als parteiloser Einflüsterer von Höckes Flügel schien zufrieden zu sein. Auf seinem Blog schrieb er: «Ja, es ist tatsächlich fast alles vorhanden für eine politische Wende in Deutschland: Wähler, Unmut, Konturen eines Programms, Mandatsträger auf allen Ebenen, eine ins Tausend gehende Mitarbeiterschaft, ein sich ausdifferenzierendes Vorfeld, Theorie, Bücher und Zeitschriften, Initiativen, Stiftungen, Begriffe, vorzeigbare Gesichter.» All das könne nicht mehr einfach so zertrümmert werden.

Gestärkt von so viel Zuspruch ging Höcke Mitte September 2019 zu einem Interview mit dem ZDF. Zu Beginn des Gesprächs hatte der Interviewer dem AfD-Politiker kurze Videos gezeigt, in denen Parteikollegen mit Auszügen aus Höckes Buch «Nie zweimal in denselben Fluss» konfrontiert wurden und erraten sollten, ob diese Zitate von Höcke oder aus Adolf Hitlers «Mein Kampf» stammen. Der AfD-Bundestagsabgeordnete Jens Maier, der sich selbst einmal als «kleiner Höcke» bezeichnet hatte und im Januar 2019 von Höcke persönlich zum Flügel-Obmann in Sachsen ernannt wurde, sagte lachend, nachdem ihm ein Auszug vorgelesen wurde: «Wenn, eher aus ‹Mein Kampf›, würde ich sagen, aber nicht von Herrn Höcke.» Ein zweites Zitat von Höcke konnten die Parteikollegen auch nicht zuordnen, es lautete so: «Die Sehnsucht der Deutschen nach einer geschichtlichen Figur, welche einst die Wunden im Volk wieder heilt, die Zerrissenheit überwindet und die Dinge in Ordnung bringt, ist tief in unserer Seele verankert.»

Für Höcke waren die Reaktionen seiner Parteikollegen vor allem ein Indiz dafür, dass die meisten sein Buch nicht gelesen hatten. Dabei würde er sich mehr Politiker wünschen, die den Mut hätten, «sich originell zu äußern und vielleicht auch eine Sprache verwenden, die manchmal vielleicht etwas zu sehr ins Poetische geht». Außerdem würde es keine allgemeingültige Definition dessen geben, was NS-Sprache sei, sagte er vor laufender Kamera. Höcke und sein Pressesprecher behaupteten, im Vorfeld nicht auf diese Art von Fragen vorbereitet gewesen zu sein. Als der ZDF-Journalist sich weigerte, das Gespräch neu zu starten, drohte Höcke mit «massiven Konsequenzen» und kündigte an, dass es zwischen ihnen beiden kein Interview mehr geben würde. «Wir wissen nicht, was kommt», orakelte Höcke am Ende, «vielleicht werde ich auch mal eine interessante persönliche, politische Person in diesem Lande. Könnte doch sein.»

## In der Bundestagslimousine zum *Schäfchen*

An einem Wochenende im September 2019 lud Götz Kubitschek AfD-Funktionäre als Redner zu einer seiner «Akademien» ein, bei der junge Rechte in Schnellroda geschult werden – etwa Aktivisten der Identitären, stramm rechte Burschenschafter, Funktionäre der Jungen Alternative oder neurechte Publizisten. Die Veranstaltung fand aber nicht auf Kubitscheks Grundstück statt, sondern im Gasthof *Zum Schäfchen*. Neben dem AfD-Europaabgeordneten Maximilian Krah reiste auch erstmals Alice Weidel als Rednerin an. Ihr Thema: «Politik in Berlin». Um noch mehr Bundestagsflair nach Schnellroda zu bringen, wurde sie nach Informationen von *Zeit Online* in einer Limousine des Bundestags chauffiert und betrat den Gasthof über einen Hintereingang.

In ihrer Rede mahnte Weidel, sich nicht in die Radikalisierungsfalle locken zu lassen, «aus der heraus wir die wahlentscheidende Mitte der Gesellschaft nicht mehr erreichen können». Um das flügelaffine Publikum bei Laune zu halten, behauptete sie: «Die damaligen Faschisten sind die heutigen Antifaschisten.» Denn es sei eine «unausrottbare linke Leidenschaft, Andersdenkende aus dem Diskurs und aus der Gesellschaft auszugrenzen». Vielleicht hätte auch Weidel ein Blick in Höckes Buch gutgetan, bevor sie gegen Linke austeilte. Denn gerade Höcke wollte Andersdenkende in Deutschland gleich komplett aussortieren.

# Geistige Brandstifter und geistlose Attentäter

Am 9. Oktober 2019, dem höchsten jüdischen Feiertag, Jom Kippur, fuhr der Rechtsextremist Stephan Balliet in einem Mietauto voller selbst gebauter Waffen und Sprengsätze zu einer Synagoge in Halle an der Saale. Er wollte ein Massaker anrichten und es mit seiner Helmkamera aus der Ego-Shooter-Perspektive über die Streamingplattform Twitch in die Welt senden. Schon seine Anschlagspläne hatte Balliet in einem Manifest im Internet bekannt gegeben – das Pamphlet las sich wie eine Anleitung zu einem Ballerspiel: «Töte so viele Anti-Weiße wie möglich, bevorzugt Juden. Bonus: Sterbe nicht.» Es gelang Balliet jedoch nicht, die Synagoge zu stürmen, er scheiterte an der massiven Holztür. Daraufhin erschoss er eine 40-jährige Passantin und einen 20-Jährigen in einem nahen türkischen Imbiss.

Noch am selben Tag wurde Balliet gefasst und später zu einer lebenslangen Freiheitsstrafe mit anschließender Sicherungsverwahrung verurteilt. Reue zeigte er keine. In seinen Aussagen vor den Ermittlern bedauerte er lediglich, die Falschen erwischt zu haben, weil seine Mordopfer Deutsche gewesen seien. Vor Gericht versuchte sich Balliet zu rechtfertigen, indem er rassistisch über Geflüchtete und Menschen mit Migrationshintergrund hetzte. Den Sicherheitsbehörden war Balliet bis zu seiner Tat nicht bekannt. Doch sein Manifest und das Video deuteten darauf hin, dass er tief in der internationalen rassistischen Netzcommunity verwurzelt war.

Weiter erklärte Balliet, dass der Terroranschlag in Christchurch der Auslöser für seine Tat gewesen sei. Er habe alle Informationen über den neuseeländischen Attentäter aufgesogen, die er im Netz bekommen konnte, sagte Balliet in einer der Vernehmungen, über die der *Spiegel* ausführlich berichtete. Am 15. März 2019 hatte der neuseeländische Rechtsterrorist Brenton Tarrant in Christchurch in zwei Moscheen ein Blutbad angerichtet, das er live im Internet übertrug. Er tötete 51 Menschen.

Auch Tarrant hatte ein Manifest verfasst, es hieß «Der große Austausch». Damit bezog er sich auf eine der zentralen Erzählungen der Neuen Rechten, sie geht auf den französischen Autor Renaud Camus zurück. Die Identitären in Deutschland erklärten dieses Konzept auf ihrer Website so: Ganz Europa befinde sich in einer demografischen Krise. Durch sinkende Geburtenraten bei gleichzeitigem Wachstum islamischer Parallelgesellschaften und Masseneinwanderung würden «unsere Völker» in «wenigen Jahrzehnten völlig verschwunden» sein, sofern «keine politischen Gegenmaßnahmen eingeleitet» werden würden. Tarrant sah offenbar in den Identitären Gesinnungsgenossen, er spendete ihnen 2018 1500 Euro. Das Geld ging nach Österreich. Nachdem sich ihr Chef Martin Sellner für die «unglaubliche Spende» bedankt hatte, antwortete der spätere Terrorist: «Es ist noch ein langer Weg bis zum Sieg, aber jeden Tag werden unsere Leute stärker.» Am Ende sprach Sellner noch eine Einladung aus: «Wenn du je nach Wien kommst, müssen wir auf einen Kaffee oder ein Bier gehen.»

Nach dem Anschlag von Halle schrieben Politiker verschiedener Parteien der AfD eine Mitverantwortung für rechtsextreme Gewalt zu. Parteichef Jörg Meuthen wies die Vorwürfe zurück. Die Anschuldigungen seien «absurd und infam», sagte er im ZDF-*Morgenmagazin*. Außerdem beteuerte Meuthen in einer Pressemitteilung, dass die AfD eine «durch und durch pro-israelische und pro-jüdische» Partei sei, die sich «mit Nachdruck für jüdisches Leben in Deutschland einsetzt, das für uns Bestandteil unserer Identität ist».

Ein bisschen anders sah es sein Parteikollege Stephan Brandner, der zu Höckes Flügel zählte. Als Vorsitzender des Rechtsausschusses im Bundestag teilte er nach dem Anschlag den Tweet eines Nutzers namens «Hartes Geld». Dieser warf darin die Frage auf: «Warum lungern Politiker mit Kerzen in Moscheen und Synagogen rum?» Schließlich seien ja eine «Deutsche, die gern Volksmusik hörte», und ein «Bio-Deutscher» Opfer des «Amokläufers von Halle» geworden. In einem eigenen Tweet schrieb Brandner zu einem Foto des jüdischen Publizisten Michel Friedman: «Jede Sendeminute dieses deutschen Michel treibt uns neue Anhänger in Scharen zu – weiter so!» Dazu die Hashtags: *«#PaoloPinkel, #Koksnase, #Zwangsfunk»*. Einen Monat später wurde Brandner als Ausschussvorsitzender abgewählt – als erster Vorsitzender in der 70-jährigen Geschichte des Deutschen Bundestags.

## Einblicke von innen

An einem kalten und windigen Tag im November 2019 veranstaltete der Flügel ein Fest auf Rügen. Es fand im Hotel *Arkona* in Binz statt. Vor dem Hotel demonstrierten Hunderte gegen die AfD. Hinein durften sie ebenso wenig wie die Presse, der Flügel wollte lieber unter sich bleiben. Wer es aber doch hineingeschafft hatte, erlebte Andreas Kalbitz, die unausgesprochene Nummer zwei des Flügels, im Angriffsmodus. Gleich zu Beginn seiner Rede bezeichnete er die Demonstranten vor dem Hotel als «Degenerationsausschlag». Dieser Ausschlag werde sich aber wieder «nivellieren», da sei er «völlig zuversichtlich». Applaus. Sowieso viel Applaus für Kalbitz. Der erzählte in dieser intimen Runde auch, dass er mal im Bundestag mit Claudia Roth «zu zweit im Aufzug» gefahren sei. Kalbitz legte eine Kunstpause ein, nickte selbstsicher. «Da hätte ich Geschichte schreiben können.» Geraune im Publikum. Gelächter. Großer Spaß. «Aber so was würde ich ja nicht machen.» Diese Aussagen fielen knapp ein halbes Jahr nach dem Mord an Walter Lübcke. Eine Frau im Saal quietschte vor Vergnügen.

Natürlich ließ Kalbitz in seiner Rede auch den nahenden Bundesparteitag nicht aus, der für die AfD einmal mehr richtungsweisend werden sollte. «Im Moment führt er in manchen Bereichen zur Hyperventilation. Weil da einige um ihre Pöstchen fürchten.» Kalbitz beschwor das große Ganze: «Entscheidend ist, dass dieses politische Schlachtschiff fährt. Und entscheidend ist, dass, wenn der Kapitän weggeschossen wird, ein nächster ans Steuer geht. Der Kapitän ist nicht wichtig. Das Schiff ist wichtig.» In Anbetracht der Entscheidungen, die am Bundesparteitag eine Woche später fallen sollten, behielt Kalbitz mit seinen Worten recht.

Wie schon beim Wahlkampfauftakt in Cottbus war Höcke der Star des Festes. Er war es auch, der von den Veranstaltungsflyern lächelte: «Nur die Vielfalt macht unsere Partei groß, nur die Einigkeit macht uns stark!» Erneut hatte Höcke seine Anreise offenbar so geplant, dass er die Reden der anderen verpasste – auch die gemeinsame Mittagspause ließ er ausfallen, in der es Kabeljau oder Rinderroulade gab, Kaffee oder Bier, als Gesprächsthemen den Niedergang Deutschlands oder einer ganz bestimmten Region. Aus den Boxen dudelte Blasmusik. In der Essensschlange redeten ein paar Flügelisten über den hoffentlich bald eintrudelnden Höcke. «Der Führer kommt zu spät», bemerkte einer. Alle um ihn herum lachten.

Als Höcke endlich da war, redete er wie in einem Proseminar, zitierte diverse Soziologen, wollte das «philosophisch-historisch-politische Tiefenbewusstsein» seiner Zuhörer erweitern. So kompliziert wie das klang, kam es auch an: nicht gut. Lange erklärte Höcke eine Theorie des englischen Publizisten David Goodhart, nach der die Weltbevölkerung in zwei Meta-Klassen zerfalle, die globalisierten «Anywheres» und die dagebliebenen «Somewheres». Die Anywheres würden «Latto macchiate» [sic!] in Sankt Moritz schlürfen, bevor sie nach London und New York weiterjetteten. Die Somewheres dagegen würden zumeist auf dem Land leben, sie könnten oder wollten nicht weg. Laut Goodhart würden diese beiden Lebensentwürfe ganze Gesellschaften spalten. Höcke betonte, dass Goodhart ja links sei. Der Applaus: höflich. «Wir sind mit und nach David Goodhart die Somewheres», schlussfolgerte Höcke. Und diese Somewheres, «die Vergessenen, die Geschmähten, die Verlachten, die Verachteten der Gesellschaft», würden in Deutschland 80 Prozent der Bevölkerung ausmachen. Genau darin sehe er das Potenzial der AfD.

Bizarr wurde es, als Höcke referierte, warum er kein Faschist sein könne, wie böse Zungen immer wieder behaupteten: Er sei schließlich ein «großer Freund eines der südlichsten deutschen Kulturräume – nämlich Südtirols».

Am Ende des Flügel-Fests wurde die deutsche Nationalhymne gespielt. Burschenschaftlich kostümierte junge Männer trugen die Fahnen des modernen Deutschlands und des deutschen Kaiserreichs aus dem Saal, die sie zu Beginn der Veranstaltung zu Marschmusik hereingetragen hatten. Einer aus dem Publikum rief: «Fahne hoch! Die Fahne hoch!» Einige lachten oder sprachen es dem Mann nach, ein anderer rief: «Aber textsicher sind sie alle!» Hö, hö, hö. «Die Fahne hoch!» war der Titel, unter dem die Parteihymne der NSDAP, das Horst-Wessel-Lied, zum ersten Mal abgedruckt wurde. So ging es her, wenn der Flügel unter sich weilte.

## Höckes Abrechnung

Fast zwei Jahre waren seit dem letzten Parteitag vergangen, bei dem ein neuer Bundesvorstand mit den beiden Sprechern Meuthen und Gauland gewählt worden war. Ende November 2019 wollte der Flügel auf dem Parteitag in Braunschweig mit den Funktionären aus dem Vorstand abrechnen, die im Sommer den «Appell der 100» verfasst und darin Höckes pathetische Inszenierung beim Kyffhäusertreffen angeprangert hatten. Tatsächlich wurden Kandidaten wie Georg Pazderski und Kay Gottschalk abgestraft, beide hatten den Appell unterzeichnet. Sie verloren auf dem Parteitag ihre Posten als Vizechefs.

Gauland trat nicht mehr für das Amt des Bundessprechers an, er wurde stattdessen zum ersten Ehrenvorsitzenden der Partei gewählt. Als einer der beiden Chefs setzte sich Tino Chrupalla durch. Der gelernte Malermeister aus Sachsen hatte zwar keine Ambitionen, ein Kapitän zu sein, wie es Kalbitz in seiner Rede in Binz bildlich dargestellt hatte, aber er war für den Flügel, das Schiff, gut steuerbar. Einen Stellvertreterposten bekam mit dem Thüringer Stephan Brandner ein weiterer politischer Freund von Höcke. Auch Alice Weidel, die zwei Monate vorher bei Kubitscheks «Akademie» einen Vortrag gehalten hatte, bekam einen Stellvertreterposten – sowie die Bundestagsabgeordnete Beatrix von Storch, die ebenfalls radikal auftrat, aber nicht dem Flügel angehörte.

Meuthen konnte sich in seinem Amt als Parteichef halten, er bekam den zweiten Posten als Bundessprecher neben Chrupalla. Dabei hatte er sich noch im Februar auf einem Landesparteitag im baden-württembergischen Heidenheim von radikalen Kräften distanziert: «Wer hier seine gruppenbezogene Menschenfeindlichkeit ausleben möchte, dem sage ich ganz klar: Sucht euch ein anderes Spielfeld für eure Neurosen!» Meuthen sprach von Intrigen und innerparteilichen Kleinkriegen, die enden müssten. Viele Parteimitglieder, vor allem aus dem Südwesten, empfanden Meuthens Worte als Versuch, unliebsame Meinungen zu zensieren. Sowieso fuhr Meuthen einen anderen Kurs, seit der Verfassungsschutz die AfD ins Visier genommen hatte. Er hielt die radikalen Kräfte öffentlich auf Abstand, nahm immer mehr die Rolle des liberalen Feigenblatts an, die er im Sommer 2016 auf dem Kyffhäusertreffen des Flügels noch so vehement von sich gewiesen hatte.

Dennoch gelang es ihm, wie der Parteitag in Braunschweig zeigte, von beiden Lagern als Parteichef akzeptiert zu werden. In seiner Bewerbungsrede bezeichnete er sich als «konservativ, nicht reaktionär» und als «patriotisch, nicht nationalistisch». Meuthen warnte, dass er sein Gesicht nicht für eine Partei hergeben werde, «die schleichend in die Tolerierung extremistischer Positionen abrutscht». Für eine Rechtsaußenpartei stünde er nicht zur Verfügung – dabei sah zu diesem Zeitpunkt ein großer Teil der Bevölkerung in der AfD bereits genau das.

# Das Debakel von Thüringen

Im Herbst 2019 wählte Thüringen einen neuen Landtag. Da keine der üblichen Koalitionen eine Mehrheit der Parlamentssitze hinter sich vereinen konnte, deutete sich sofort eine schwierige Regierungsbildung an, die sich zu einer handfesten politischen Krise ausweiten sollte. Am Ende fragte sich ganz Deutschland, wer wann was gewusst hatte und wer warum und wie abgestimmt hat, bei einem Debakel, das als regionale Regierungskrise tagelang die bundesweiten Schlagzeilen beherrschen sollte. In den Hauptrollen traten neben Björn Höcke Thomas Kemmerich und Mike Mohring auf, die Landesvorsitzenden der FDP und der CDU. Höcke wollte die anderen Parteien gegeneinander ausspielen. In einem Schreiben, das er an Kemmerich und Mohring geschickt hatte, warb er für eine «Koalition der bürgerlichen Parteien» und machte deutlich, dass er bereit sei, «über neue Formen der Zusammenarbeit ins Gespräch zu kommen». Tatsächlich sollten Höckes «taktische Spiele», wie er diese Gesprächsangebote auf dem Flügel-Fest in Binz bezeichnete, bei der Wahl des Ministerpräsidenten am 5. Februar 2020 aufgehen.

Ministerpräsident Bodo Ramelow bekam in den ersten zwei Wahlgängen nicht genug Stimmen, um im Amt zu bleiben. Seine Partei, die Linke, hatte die Wahl zwar mit 31 Prozent gewonnen, ihr fehlten aber die passenden Mitstreiter. Im dritten Wahlgang schickte die CDU keinen eigenen Kandidaten ins Rennen. Gegen Ramelow traten deshalb Kemmerich von der FDP und ein parteiloser Kandidat an, den die AfD aufgestellt hatte. Die meisten Abgeordneten von CDU und FDP stimmten für Kemmerich. Die Abgeordneten der AfD votierten anders als in den vorherigen Wahlgängen nicht für ihren eigenen Mann, sondern ebenfalls für Kemmerich, womit sie als Königsmacher auftraten. Der FDP-Mann gewann mit 45 zu 44 Stimmen gegen Ramelow, Deutschland wurde von einem politischen Beben erschüttert.

Nach der Wahl gratulierte Höcke dem neuen Ministerpräsidenten per Handschlag. Susanne Hennig-Wellsow, Landesvorsitzende der Linken, warf dagegen einen Blumenstrauß, der eigentlich für Ramelow gedacht war, vor Kemmerichs Füße. In seiner Antrittsrede, die untermalt war von Zwischenrufen aus dem Lager der Linken, sagte er, dass die Brandmauern gegenüber den Extremen stehen bleiben würden. Mit ihm hätte man einen erbitterten Gegner von allem gewählt, «das nur einen Hauch von Radikalismus, rechts wie links, und Faschismus aufweist». Nach diesen Worten schwenkte die Kamera von Phoenix zu den AfD-Sitzen. Manche klatschten, Höcke aber nicht. Womöglich hatte er sich die von ihm angeregten «neuen Formen der Zusammenarbeit» anders vorstellt.

## Einmal Star und zurück

Von einem «Dammbruch» und einem «Pakt mit Faschisten» war nach der Wahl die Rede, manche – wie die Politikwissenschaftler Daniel Ziblatt und Michael Koß in einem Gastbeitrag für *Zeit Online* – erinnerte dieses Ereignis an den Aufstieg der NSDAP, die «nach 1924 zusehends erfolgreich auf ähnliche parlamentarische Strategien» setzte, «erst in anderen Ländern, dann im Reich». Mit ihren ersten Erfolgen auf Länderebene hatten die Nazis im bürgerlichen Lager Akzeptanz sammeln können. Ausgerechnet in

Thüringen konnte die NSDAP 1930 erstmals in eine Regierung eintreten – darauf hatte Ex-Ministerpräsident Bodo Ramelow mit einem Zitat von Hitler auf seinem Twitter-Account hingewiesen. Dazu postete Ramelow wie viele andere im Netz zwei Fotos: Eines von der Gratulation Höckes an Kemmerich, ein anderes zeigte die Verneigung Hitlers vor Reichspräsident von Hindenburg am sogenannten Tag von Potsdam.

Natürlich kommentierte auch Götz Kubitschek «Höckes Schachzug», bei dessen Planung er sicherlich beteiligt war. Über Kemmerich schrieb Kubitschek: «Er ist die Figur, die König Ramelow matt setzte, mehr nicht, und er hat sich – so ist das bei Figuren – nicht selbst geführt.» So «konstruktiv-destruktiv» wie Höcke hätte noch keiner von der AfD agiert, lobpreiste Kubitschek. «In Thüringen jemanden so auf einen Stuhl setzen, daß es in Berlin einem anderen Stuhl die Beine abschlägt: Das taktische Arsenal der AfD ist um eine feine Variante reicher.» Damit bezog Kubitschek sich wohl auf die damalige CDU-Vorsitzende Annegret Kramp-Karrenbauer, die nach der Wahl beklagte, die Thüringer CDU habe «ausdrücklich gegen die Empfehlungen, Forderungen und Bitten der Bundespartei» gehandelt. Die Werteunion gratulierte gar Kemmerich zu seinem Sieg. Fünf Tage nach dem Wahldebakel in Thüringen kündigte Kramp-Karrenbauer an, nicht als Kanzlerkandidatin anzutreten und den Parteivorsitz der Union in absehbarer Zeit abgeben zu wollen. Auch der Thüringer CDU-Landeschef Mike Mohring musste Konsequenzen ziehen und verabschiedete sich vom Landes- und Fraktionsvorsitz.

Hochrangige Politiker bis hin zu Kanzlerin Angela Merkel, die den Vorgang als «unverzeihlich» bezeichnete, forderten, die Wahl rückgängig zu machen. Und so kam es dann auch: Einen Tag nach der Wahl gab Kemmerich bekannt, sein Amt niederzulegen. Die AfD hätte «mit einem perfiden Trick versucht, die Demokratie zu beschädigen», sagte er nach einem Krisentreffen mit FDP-Chef Christian Lindner, der extra nach Thüringen gereist war. Gegen die Aussage von Merkel erhob die AfD Klage beim Bundesverfassungsgericht – und sollte zwei Jahre später recht bekommen. Merkel habe als Kanzlerin, so die Urteilsbegründung, ihre Pflicht zur Neutralität verletzt. Solche Aussagen hätte Merkel zwar als Parteipolitikerin im Meinungskampf äußern können, aber nicht als Bundeskanzlerin.

## Der smarte Dämokrat

Am 8. Februar 2020 erschien eine Ausgabe des *Spiegels* mit Höckes großformatigem Gesicht vor schwarzem Grund: «Der Dämokrat». Das Magazin schrieb davon, dass Höckes Ansehen in der Partei mit diesem Schachzug gestiegen sei: «Plötzlich gilt er, dem immer nachgesagt wurde, zu radikal zu agieren, als realpolitisch smart. Und zugleich bescheiden. Für den Erfolg habe er sogar seine eigenen Machtansprüche hintangestellt.»

Selbst Höckes parteiinterne Kritiker sprachen ihm Lob aus. Der damalige Berliner Landeschef Georg Pazderski, der auf dem Bundesparteitag Ende November 2019 keinen Vorstandsposten mehr bekommen hatte, schickte einen «Glückwunsch nach Thüringen für dieses unmissverständliche Zeichen». Höckes Standing wuchs also innerhalb der Partei, manche Fans schossen aber auch über das Ziel hinaus.

Kurz vor Kemmerichs Wahl hatten Mitglieder der Jungen Alternative Altmark in Sachsen-Anhalt ein Foto auf ihre Facebook-Seite gestellt, das sie zusammen mit Höcke und Kalbitz zeigte. Unter diesem Foto bezeichnete sich der

Parteinachwuchs als «bekennende Höckejugend» – eine klare Anlehnung an die Hitlerjugend im Nationalsozialismus. Nach massiver Kritik von Parteikollegen tauschte die AfD-Jugendgruppe die «Höckejugend» durch das Wort «zensiert» aus. Später wurde der komplette Beitrag gelöscht.

## Petrys Abrechnung

Am 13. Februar bezog die einstige Parteichefin der AfD, die inzwischen parteilose Frauke Petry, im Bundestag Stellung zur Regierungskrise in Thüringen. Mit erregter Stimme warf sie allen anwesenden Parteien links von der AfD eine Mitschuld an dem Wahlausgang vor. Petry kritisierte vor allem die Linke dafür, wie sie im Nachhinein mit der Wahl umgegangen sei. Sie sprach von einem «medialen Shitstorm von Links und Grün». Auch die CDU bekam ihr Fett weg, weil sie im Vorfeld einen bürgerlichen Ministerpräsidenten verhindert habe, indem sie keinen eigenen Kandidaten ins Rennen geschickt hatte. Damit hätte die CDU «eine Zuspitzung der Ränder» erst ermöglicht. Alle diejenigen, die jetzt «eilfertig und reflexartig» von Weimarer Verhältnissen reden würden, «machen einen dramatischen Fehler».

Noch dramatischer, meinte Petry in ihrer Rede, sei das, was daraus folge: Mit Kemmerichs Rücktritt würden die Parteien am Ende das «Potenzial einer bürgerlichen Regierung» vereiteln und damit letztlich Björn Höcke helfen, an die AfD-Spitze vorzudringen. «Und glauben Sie ja nicht, dass das gut wäre», rief Petry mit einer sich schon fast überschlagenden Stimme, womit sie gleichzeitig eine Abrechnung mit ihrer ehemaligen Partei einläutete: «Während die AfD aktuell führungslos ist und keine Strategie hat und stagniert [...], wird das unter Björn Höcke nicht mehr passieren.» Höckes Berater hätten eine Vision. «Und Gott gnade diesem Land, was dann passiert.» Bei diesen Worten schwenkte die Kamera von Phoenix zu dem neuen Co-Parteichef Chrupalla und dem neuen Ehrenvorsitzenden Gauland, die Blicke wechselten und lachten.

## Attentat von Hanau

Am späten Mittwochabend des 19. Februar 2020 stieg der 43-jährige Tobias Rathjen in Hanau in sein Auto, um seinen tödlichen Plan in die Tat umzusetzen. Er erschoss neun Menschen mit Migrationshintergrund, in Bars, in einem Kiosk, auf der Straße und in einem Auto. Dann tötete er seine bettlägerige Mutter und schließlich sich selbst.

Genau wie Stephan Balliet, der noch nicht einmal ein halbes Jahr zuvor versucht hatte, ein Blutbad in einer Synagoge in Halle anzurichten, bastelte sich auch Tobias Rathjen aus Hanau eine Welt aus rechten Verschwörungsmythen aus dem Internet zusammen. In seinem Manifest, das Rathjen unter dem Titel «Botschaft an das gesamte deutsche Volk» hinterließ, behauptete er, die Menschheit werde «von einer ganz kleinen Elite für dumm verkauft, welche über ein Geheimwissen verfügt». Lange schon war Rathjen davon überzeugt, von einem Geheimdienst überwacht zu werden und einen Krieg gegen Migranten zu führen. «Dieser Krieg ist als Doppelschlag zu verstehen, gegen die Geheimorganisation und gegen die Degeneration unseres Volkes! Menschen kommen und gehen. Das, was bleibt, ist das Volk!»

In seinem Manifest machte Rathjen keinen Hehl aus seinen rassistischen Ansichten. Er listete mehr als zwanzig Länder auf, deren «Völker komplett vernichtet werden müssen», von Algerien über die Türkei und Israel bis zu den Philippinen. «Danach muss die Fein-Säuberung kommen, diese betrifft die restlichen afrikanischen Staaten, Süd- und Mittelamerika, die Karibik und natürlich das eigene Volk.» Die Deutschen dagegen «hätten die Menschheit als Ganzes emporgehoben». Allerdings seien nicht alle Bundesbürger «reinrassig und wertvoll», er könne sich «eine Halbierung der Bevölkerungszahl» vorstellen.

Auch wenn Gauland den Attentäter als «völlig geistig Verwirrten» darstellte, hatte Höcke doch ähnliche Vorstellungen über unliebsame «Volksteile» in seinem Buch verbreitet. Auch über die Bevölkerungszahl nach einem solchen Prozess machte sich Höcke Gedanken, die er im Dezember 2023 bei einem Bürgerstammtisch in Gera vorstellen sollte.

Kurz nach dem Attentat in Hanau twitterte Parteichef Meuthen: «Das ist weder rechter noch linker Terror, das ist die wahnhafte Tat eines Irren.» Ganz anders klang ein offener Brief, den Meuthen gemeinsam mit Tino Chrupalla laut *Spiegel* vier Tage nach der Tat an Parteimitglieder verschickte: «Die Tat von Hanau ist ein rassistisches Verbrechen.» Sie sei «wie der Mord an Walter Lübcke und die Morde von Halle eine Schande für Deutschland». Die Partei müsse sich fragen, «warum es unseren politischen Gegnern gelingt, uns überhaupt mit solch einem Verbrechen in Verbindung zu bringen». Eine Antwort gaben die Parteichefs allerdings nicht. Stattdessen distanzierte sich Meuthen, so berichtete es damals der *Spiegel*, in einer Telefonkonferenz des Bundesvorstands im Nachhinein von dem Brief, der innerhalb der AfD für viel Unmut gesorgt hatte.

Tatsächlich gab es einige AfD-Politiker, die das Attentat für ihre politische Agenda instrumentalisiert hatten. «Ist das wirklich noch das 2017 von der Merkel-CDU beschworene ‹Deutschland, in dem wir gut und gerne leben?›», twitterte etwa der Berliner Fraktionsvorsitzende Georg Pazderski. Ein bayerischer AfD-Kreisverband schrieb auf Facebook, Deutschland sei auf dem Weg zum «Multikulti-Drecksloch». Und die AfD Mainz-Bingen kommentierte einen Artikel über Hanau auf Facebook mit dem Satz: «Wenn die Regierung versagt.»

## Zwei Lager, zwei Lehren

Während der Rechtsaußenflügel weiter das Credo vertrat, vor – wie es in AfD-Kreisen oft heißt – «staatlichen Repressalien» nicht einzuknicken, agierten gemäßigtere Funktionäre eher vorsichtig. Sie sorgten sich weiter vor einer Beobachtung durch den Verfassungsschutz. Als Höcke auf der 200. Kundgebung von Pegida im Februar 2020 etwa von den «verbrauchten Parteien» sprach, die «unser Deutschland» auflösen würden wie «ein Stück Seife unter einem lauwarmen Wasserstrahl», äußerte sich Meuthen dazu zurückhaltend. Im Interview mit *Berlin direkt* sagte er, dass dieser Auftritt Höckes für das Ansehen der Partei «nicht dienlich» gewesen sei.

Auch die Bürgerschaftswahl in Hamburg am 23. Februar 2020, bei der die AfD mit 5,3 Prozent verhältnismäßig schlecht abschnitt, sorgte für unterschiedliche Interpretationen innerhalb der Partei. Pazderski schrieb noch in der Wahlnacht, die AfD müsse zwei Lehren aus dem Wahlabend ziehen: Sie müsse ihr «bürgerlich-konservatives Image schärfen» und «eine noch klarere Grenze nach Rechtsaußen ziehen». Das Höcke-Lager sah es genau andersherum. Auf Kubitscheks *Sezession im Netz* zog sein Verlagslektor Benedikt Kaiser, der früher in neonazistischen

Organisationen aktiv gewesen war und später Mitarbeiter des AfD-Abgeordneten Jürgen Pohl werden sollte, eine andere Lehre: Überall dort, wo die AfD bemüht «bürgerlich» und «liberalkonservativ» agieren würde, nähere sie sich den vier bis fünf Prozent der «verblichenen Lucke-AfD» an. Überall dort hingegen, wo die AfD «solidarisch-patriotische Ansätze» vertreten würde, «also vermeintlich (!) linke, soziale Programmatik (Solidarität, soziale Sicherheit, Kritik der Ellbogengesellschaft usw.) mit rechten Themen (Migration, innere Sicherheit, Kritik des linksliberalen Einheitsbreis usw.) synthetisiert», habe sie die 20-Prozent-Marke überschritten. Dort wachse sie «quantitativ wie qualitativ». Höcke teilte diesen Beitrag in sozialen Netzwerken.

## Kein Handschlag für Höcke

Einen Monat nach dem Rücktritt Kemmerichs wurde am 4. März 2020 die Wahl des Ministerpräsidenten in Thüringen wiederholt. Dieses Mal traten Ramelow und Höcke an. Auch wenn Ramelow sich in den ersten beiden Wahlgängen nicht durchsetzen konnte, kam er doch auf beinahe doppelt so viele Stimmen wie Höcke. Im dritten Wahlgang zog die AfD Höckes Kandidatur zurück, sodass Ramelow erneut zum Ministerpräsidenten gewählt wurde. Auch diesmal wollte Höcke dem Wahlsieger gratulieren, doch anders als Kemmerich verweigerte Ramelow den Handschlag. In seiner Antrittsrede erzählte er, dass in den letzten vier Wochen nicht nur die Familie Kemmerich, sondern auch seine eigene unter Polizeischutz gestanden habe. Er rief in Richtung der AfD-Fraktion: «Sie sind die Brandstifter in diesem Saal!» Er sei erst dann bereit, Höcke die Hand zu geben, wenn die AfD die Demokratie verteidige und nicht mit Füßen trete. Höcke grinste nur höhnisch.

# Die Stunde der Opportunisten

Im Osten feierte die AfD, dominiert vom Flügel, ihre großen Erfolge. Im Westen zeigte sich die Partei dagegen oft gespalten, so auch in Baden-Württemberg, der politischen Heimat von Jörg Meuthen und Alice Weidel. Dort traf sich im Februar 2020 ein zutiefst zerstrittener Landesverband zu einem Sonderparteitag in Böblingen, um einen neuen Vorstand zu wählen. Der letzte war kurz zuvor geschlossen zurückgetreten, zerrüttet vom Machtkampf zwischen den Landesvorsitzenden Bernd Gögel aus dem gemäßigteren Lager und Dirk Spaniel, der dem Flügel zugerechnet wurde. Weidel, die sich inzwischen mit dem Flügel arrangiert hatte, um ihre Position in der AfD nicht zu gefährden, lobte Höcke auf dem Parteitag in den höchsten Tönen: «Ich muss sagen, dass Herr Höcke einen sehr guten Job in Thüringen gemacht hat.» Sie bezeichnete die AfD mit Blick auf die Ministerpräsidentenwahl in Erfurt gar als «politischen Fels», an dem die etablierten Parteien «wie Nussschalen» zerschellen würden. Es könnten genau diese Worte gewesen sein, die für ihren Wahlsieg in Böblingen entscheidend waren. Vor Journalisten betonte die frisch gekürte Landesvorsitzende: «Der Flügel ist einfach eine sehr, sehr wichtige Strömung in unserer Partei.»

Anfang März 2020 lud ebendieser Flügel zu einem Treffen ins *Schäfchen*, also jenen Gasthof in Schnellroda, in dem ein halbes Jahr zuvor Alice Weidel auf einer von Kubitscheks «Akademien» geredet hatte. Wie auch die anderen Flügel-Feste wurde dieses erste Treffen des Flügels in Sachsen-Anhalt unter Ausschluss der Öffentlichkeit abgehalten, was rund 200 Demonstranten nicht davon abhielt, bei miesem Wetter vor der Gaststätte zu protestieren. Außerdem sorgte ein großes Transparent für Aufregung, das von Anwohnern oben am alten Wasserturm von Schnellroda befestigt wurde: «Schnellroda bleibt bunt!» Als Kubitschek davon erfuhr, ließ er prompt ein Video von sich vor dem plakatierten Turm aufnehmen, in dem er versuchte, das Transparent als «Willkommensgruß» für das Flügel-Treffen umzudeuten.

Eingeladen zu diesem Fest hatte der Hardliner Hans-Thomas Tillschneider. «Wir sind die Gemeinschaft der diszipliniertesten Soldaten dieser Partei, liebe Freunde, wir sind die Preußen in der AfD!», rief er im *Schäfchen*. Auch Höcke hielt eine Rede, in der er parteiinterne Kritiker mit einem Wortspiel zu Auschwitz angriff. Wörtlich sagte er: «Die, die nicht in der Lage sind, das Wichtigste zu leben, was wir zu leisten haben, nämlich die Einheit, dass die allmählich auch mal ausgeschwitzt werden sollten.» Für diese Worte erntete Höcke noch mehr Applaus als Tillschneider. Das Publikum skandierte: «Höcke, Höcke, Höcke!»

Noch am Morgen vor dem Flügel-Treffen hatte Kubitschek in einem Blogeintrag seinen Freund vor Kritikern verteidigt: Höcke nehme sich innerparteilich stets zurück, erziele starke Ergebnisse, baue Parteistrukturen aus und beanspruche dabei noch nicht einmal eine Rolle auf Bundesebene. «Natürlich sind mir, sind uns Verbalradikalismen oder Gewaltfantasien nicht nur aus parteistrategischen, sondern tatsächlich aus grundsätzlichen Erwägungen zuwider.» Trotzdem klatschten die Anwesenden in Schnellroda bei Verbalradikalismen à la «ausschwitzen» am heftigsten.

Eine Woche später passierte etwas, womit viele schon lange gerechnet hatten: Der Flügel wurde vom Verfassungsschutz zum Beobachtungsfall erklärt. In einer Pressekonferenz nannte ihn Behördenchef Thomas Haldenwang eine «erwiesen extremistische Bestrebung gegen die freiheitlich-demokratische Grundordnung». Ein 258 Seiten langes Gutachten belegte diese Einstufung mit etlichen Beispielen. Laut Haldenwang hätte der Flügel mit Höcke und Kalbitz an der Spitze einen «signifikanten Bedeutungszuwachs» innerhalb der AfD erlangt – etwa 20 Prozent der rund 35 000 AfD-Mitglieder würden dem Flügel angehören, auch wenn keine formale Mitgliedschaft existiere. Wenig später beschloss die Mehrheit des Bundesvorstands, darunter neben Jörg Meuthen auch Alice Weidel, dass sich der Flügel bis Ende April auflösen solle. Auch hier agierte Weidel, die beim letzten Parteitag in Braunschweig zur stellvertretenden Bundessprecherin gewählt wurde, opportun. Statt bei ihren lobenden Worten vom Landesparteitag in Böblingen zu bleiben, passte sie sich der Mehrheit an. Nur ein Vorstandsmitglied stimmte gegen den Beschluss: Andreas Kalbitz. Er ahnte da sicher noch nicht, dass ihn nur wenige Wochen später das nächste bedeutende Votum dieses Gremiums treffen würde.

Erstaunlich schnell ließen sich Höcke und Kalbitz auf die «Auflösung» des Flügels ein, auch wenn sie das Wort in einem schriftlichen Statement in Anführungszeichen setzten. «Grundsätzlich kann nicht aufgelöst werden, was formal nicht existiert», hieß es in dem Abschiedsschreiben der beiden Frontmänner.

Vier Tage vor der offiziellen Auflösung veröffentlichte Höcke auf seiner Facebook-Seite ein Abschiedsvideo, für das er extra ins Kyffhäusergebirge im Norden Thüringens gefahren war, an jenen Ort also, an dem 2015 das erste große Treffen des Flügels stattgefunden hatte. Mit wehmütigem Blick, in beigem Trenchcoat und weißem Hemd richtete Höcke hier letzte Worte im Namen des Flügels an seine «Freunde». Immer wieder wurden im Video Szenen von verschiedenen Anlässen eingeblendet, die zeigen sollten, wie erfolgreich der Flügel war und wie umjubelt sein Anführer. Während sich Höcke auf den eingeblendeten Fotos feiern ließ, bezeichnete er aus dem Off die parteiinterne Gruppierung als «einzigartige Erfolgsgeschichte, die zwar jetzt formal abgeschlossen wird, die aber in gewisser Weise weitergeschrieben wird, weil der Geist des Flügels natürlich in der Partei bleiben wird.» Das Ende des Flügels sei das «ultimative Zeichen», um ihren «Willen zur Einheit der Partei zu untermauern».

Tatsächlich sollte die «Erfolgsgeschichte», von der Höcke sprach, an dieser Stelle nicht enden. Nach Meinung führender Verfassungsschützer war das formelle Ende des Flügels dann auch eine «Scheinauflösung», denn diejenigen, die sich der Gruppierung zugehörig fühlten, würden nach wie vor in der AfD bleiben.

## Meuthen legt sich mit dem Flügel an

Parteichef Meuthen, der den Antrag zur Auflösung des Flügels eingebracht hatte, sah in dem Vorstandsbeschluss einen wichtigen Schritt. Gegenüber der *FAZ* redete er ungewohnt martialisch über das weitere Vorgehen gegenüber dem Flügel: «Die haben ihre Homepage, die haben ihre Treffen, ihr Logo. Wir zerschlagen Strukturen, was es dieser Gruppierung viel schwerer macht, gemeinsam zuzuschlagen.» Wenig später befürwortete er im Interview mit dem rechten Blog *Tichys Einblick* gar eine Abspaltung des Flügels vom «bürgerlich-konservativen Teil der AfD». «An eine AfD ohne Flügel würde die Union scharenweise sich als konservativ verstehende Wähler verlieren.» Für eine Partei, die seit Jahren um innere Einigkeit kämpfte, glich dieser Vorschlag einer politischen Zäsur.

Mit einer rechtskonservativ statt völkisch ausgerichteten AfD rechnete sich Meuthen wohl bessere Chancen für sich und die westdeutschen Landesverbände aus. 2021 standen nicht nur wichtige Landtagswahlen im Westen an, sondern auch die Bundestagswahl. In einem «strategischen Konzept der AfD für 2019–2025», das *Zeit Online* vorlag, hieß es, die Wähler seien der Ansicht, «dass sich die AfD nicht ausreichend vom rechten politischen Rand abgrenzt». Das hindere die Partei daran, ihr bundesweites Wählerpotenzial von 19 Prozent auszuschöpfen. Womöglich bewogen Meuthen also strategische Gedanken zu diesem öffentlichen Vorschlag einer Abspaltung, der in der Partei für viel Unmut sorgte.

Der Ehrenvorsitzende Gauland sagte gegenüber der *taz*: «Ich weiß nicht, was ihn da geritten hat.» Er solle seine Überlegungen «so schnell wie möglich zurückholen». Höcke bezeichnete Meuthens Vorschlag auf Facebook als «töricht und verantwortungslos». Und auf *Sezession* zitierte Jan Moldenhauer von der AfD in Sachsen-Anhalt genüsslich aus Meuthens Rede beim Kyffhäusertreffen 2017: «Der Flügel ist ein integraler Bestandteil unserer Partei und das wird er auch in Zukunft immer bleiben. Und ich sage auch deutlich: Wer das anders sieht, wer hier in ‹Ausschließeritis› verfällt, wer nicht erkennt, dass der Flügel ein wichtiger Bestandteil der Seele unserer Partei ist, wäre auch in der Position eines Bundessprechers fehl am Platze.» Tatsächlich hatte sich der Flügel bereits so tief in die Strukturen der AfD eingenistet, dass er nicht einfach entfernt werden konnte, ohne dass die Partei auseinanderfliegen würde. Am Ende musste Meuthen auf Druck seiner Parteikollegen öffentlich eingestehen, einen «großen Fehler» gemacht zu haben.

## Kalbitz' Fall

Dann geschah etwas, womit wohl kaum jemand gerechnet hatte: Meuthen, der gerade erst einen Rückschlag von Seiten des Flügels hatte hinnehmen müssen, legte sich mit einem der mächtigsten AfD-Männer des Ostens an. Mitte Mai 2020 sorgte er im Bundesvorstand dafür, dass Kalbitz mit sofortiger Wirkung aus der Partei ausgeschlossen wurde. Gegen den Ausschluss stimmten etwa Co-Parteichef Tino Chrupalla und die stellvertretende Bundessprecherin Alice Weidel. Kalbitz wurde vorgeworfen, bei seinem Parteieintritt zwei Mitgliedschaften verschwiegen zu haben, die er laut Satzung hätte angeben müssen: die bei den Republikanern und die in der neonazistischen Heimattreuen Deutschen Jugend. Eine knappe Mehrheit von sieben zu fünf Stimmen bei einer Enthaltung reichte für den Rauswurf aus.

Diesen radikalen Schritt hatte eine Änderung der AfD-Bundessatzung am 1. Dezember 2019 möglich gemacht. Einen Tag nach Meuthens Wiederwahl sprachen sich die Delegierten mehrheitlich dafür aus, dass in solchen Fällen die Annullierung der Parteimitgliedschaft künftig auch vom Bundesvorstand beschlossen werden kann. Bisher war dazu nur der zuständige Landesvorstand berechtigt. Kalbitz war in der Brandenburger AfD beheimatet, einem Landesverband, in dem er den Ton angab und der ihn folglich nie rausgeworfen hätte.

Die neue Satzung legte Meuthen also eine politische

Waffe gegen den Flügel-Hardliner in die Hände. Er schien gewillt, sie einzusetzen, auch um einer Beobachtung der Gesamtpartei durch den Verfassungsschutz zu entgehen. Meuthen waren die Vertreter des Flügels, mit deren Stimmen er sich ins Amt hatte wählen lassen und mit denen er lange paktiert hatte, wohl zu mächtig geworden. Das empfanden auch andere AfD-Funktionäre so, besonders jene aus dem Westen. Sie drängten den Parteichef dazu, endlich etwas gegen die Radikalen in der AfD zu unternehmen. So setzte Meuthen erst die Auflösung des Flügels durch und sorgte knapp zwei Monate später für Kalbitz' Rauswurf.

Waren die Radikalen der Aufforderung, den Flügel formell aufzulösen, fast schon friedlich nachgekommen, so war Meuthens zweiter Schlag wohl einer zu viel. Es war abzusehen, dass der überraschende Parteiausschluss von Kalbitz einen gewaltigen Machtkampf zwischen beiden Lagern auslösen würde. Die Zeit der propagierten Geschlossenheit innerhalb der Partei, die es so ohnehin nie gegeben hatte, war endgültig vorbei. Während Höcke in einer Videobotschaft wegen der Causa Kalbitz von «Verrat» sprach und Gauland von einer «falschen und für die Partei gefährlichen Entscheidung», warf Kubitschek dem Parteichef vor, die Partei absichtlich «angezündet» zu haben: «Was Meuthen tat, wird in der AfD zu einem Flächenbrand werden.»

Die Brandenburger AfD-Fraktion setzte nicht nur mit Worten, sondern auch mit Taten ein deutliches Zeichen: Sie änderte ihre Geschäftsordnung, damit Kalbitz die Fraktion auch als parteiloser Abgeordneter nicht verlassen musste. Daraufhin wurde er sogar wieder zum Fraktionsvorsitzenden gewählt. Auch dieser Schritt trug dazu bei, dass Mitte Juni 2020 der Verfassungsschutz den Landesverband als Verdachtsfall einstufte. «In der Brandenburger AfD ist der Flügel längst der ganze Vogel», sagte damals Brandenburgs Innenminister. Auch Höckes Thüringer Landesverband wurde im März als Verdachtsfall eingestuft. Ein Jahr zuvor, im Januar 2019, hatte bereits die Jugendorganisation der AfD dieses Urteil über sich ergehen lassen müssen. Diese Reihenfolge – erst die Jugend, dann die ganze Partei – passte gut zu den Worten von Markus Frohnmaier. Als früherer Vorsitzender der Jungen Alternative hatte er mal im *Spiegel* orakelt: «Ein Blick in die JA ist ein Blick in die Zukunft der AfD.»

Kalbitz ließ sich den Rauswurf durch den Bundesvorstand nicht gefallen und wandte sich mit Eilanträgen an das Bundesschiedsgericht der AfD und das Landgericht Berlin. Letzteres reagierte am schnellsten und entschied Mitte Juni, dass es nicht rechtens gewesen sei, dass der Bundesvorstand bei seiner Entscheidung das Parteischiedsgericht umgangen habe. So war Kalbitz etwa einen Monat nach seinem Rauswurf wieder Mitglied der Partei. Höcke kommentierte das zivilgerichtliche Urteil auf seinem Facebook-Profil mit einem Foto von sich und Kalbitz: «Willkommen zurück!» Im dazugehörigen Text folgte ein verbaler Angriff gegen Meuthen: «Zum dritten Mal in unserer sehr jungen Parteigeschichte will einer unserer Bundessprecher Teile der Partei mundtot machen oder sogar aus der Partei drängen. […] Das muß ein Ende haben.»

Um die Parteimitglieder in dieser bisher schärfsten Auseinandersetzung der Parteigeschichte auf die eigene Seite zu lotsen, wurde vom Höcke-Lager eine neue Plattform ins Leben gerufen, die Alternative Basis. Auf der dazugehörigen Internetseite war nachzulesen, worum es ging: «Berichte, Fundstücke, Zitate, Zahlen rund um Spaltung und Einigkeit unserer Partei, quer durch alle Ebenen, über oben und unten, vor allem aber über oben – die Basis muß nämlich wissen, ob sie die richtige Wahl getroffen hat ...»

Als das Bundesschiedsgericht ankündigte, über den bei ihm gestellten Eilantrag – unabhängig vom Berliner Landgericht – entscheiden zu wollen, prophezeiten die ehemaligen Flügelisten, die nun unter dem Deckmantel der Alternativen Basis operierten, nichts Gutes: «Wir werden uns als Partei weiterhin bis auf die Knochen blamieren. Nun droht ein langer Rechtsstreit. Am Ende werden innerparteiliche Gräben noch tiefer werden, die Außenwirkung ist natürlich katastrophal, die Umfragewerte werden weiter in den Keller purzeln. Die Saat der Spalter innerhalb und außerhalb der Partei geht auf.»

So kam es, dass Kalbitz sich nicht lange über seinen Erfolg beim Landgericht Berlin freuen konnte. Nur wenige Tage danach lehnte das Bundesschiedsgericht der AfD seinen Eilantrag ab, womit der Status seiner Mitgliedschaft zunächst als unklar galt. Dann bestätigte das Bundesschiedsgericht Ende Juli 2020 den Parteiausschluss von Kalbitz im Hauptsacheverfahren. Etwa einen Monat später legte Kalbitz auch seinen Fraktionsvorsitz in Brandenburg nieder, wegen eines «Missgeschicks», wie er es nannte. Kalbitz hatte seinem Vertreter als Fraktionsführer, dem Parlamentarischen Geschäftsführer Dennis Hohloch, bei einer Begrüßung mit der Faust in den Bauch geschlagen. Hohloch musste mit einem Milzriss stationär behandelt werden.

Im Lager um Parteichef Jörg Meuthen stieß Kalbitz' Rücktritt als Fraktionsvorsitzender auf Freude. «Ich bin erleichtert», sagte Georg Pazderski, «dass sich das Buch Kalbitz nun endgültig schließt.» Auch Meuthen selbst erklärte, die Entscheidung von Kalbitz, endgültig zurückzutreten, sei «im Lichte der Geschehnisse unvermeidbar und überfällig».

4

# Der bodenständige Malermeister Chrupalla

## oder: Eine Partei ergibt sich den Radikalen

## «Corona hin, Covid her»

Anfang Januar 2020 erreichten Meldungen über ein neuartiges Coronavirus Europa, das erstmals in der chinesischen Millionenmetropole Wuhan aufgetreten war und sich weltweit rasch verbreitete. Im März sprach die Weltgesundheitsorganisation bereits von einer Pandemie. Angela Merkel wandte sich, zum ersten Mal in ihrer Kanzlerschaft, in einer TV-Ansprache an die Menschen: «Es ist ernst. Nehmen Sie es auch ernst. Seit der Deutschen Einheit, nein, seit dem Zweiten Weltkrieg gab es keine Herausforderung an unser Land mehr, bei der es so sehr auf unser gemeinsames solidarisches Handeln ankommt.» Merkel forderte nicht weniger als einen nationalen Kraftakt. Sie bezeichnete ihn nicht explizit als «alternativlos», wie einstmals die Finanzhilfen für Griechenland, und doch schwang diese Haltung mit, schließlich deutete sich eine epische Krise an.

Vier Tage nach Merkels TV-Ansprache trat der erste Lockdown in Kraft. Millionen Menschen gingen in Kurzarbeit oder ins Homeoffice, vielen brach ihr Einkommen komplett weg. Die Bundesregierung legte Milliardenprogramme auf, unterstützte sowohl Unternehmen als auch Privatpersonen. Auch wenn diese Hilfen im internationalen Vergleich nahezu beispiellos waren, konnten Turbulenzen nicht verhindert werden. Nicht nur die Wirtschaft brach ein, auch das Gefühl der Sicherheit erodierte. Der AfD bot diese Situation eine Steilvorlage. Zunächst aber machte die Partei nichts daraus. Sie verfing sich immer wieder in Widersprüchen.

Anfang März griff Fraktionschefin Alice Weidel im Bundestag die Regierung an – weil ihr die Maßnahmen gegen die Pandemie nicht weit genug gingen. Weidel sprach von einem «fahrlässigen Spiel mit dem Leben und der Gesundheit unserer Bürger». Nach allem, was man wisse, gehe von dem Virus «eine höhere Ansteckungsgefahr und ein größeres Mortalitätsrisiko aus als von der gewöhnlichen Grippe». Andere AfD-Politiker sahen in Corona aber genau das: eine gewöhnliche Grippe. Und so fiel die Partei bald damit auf, wie wenig ernst sie die Gefahr nahm. In Sachsen musste der Landtag auf Druck der AfD in voller Besetzung zusammenkommen, statt in einem verkleinerten Notparlament. Parteivize Stephan Brandner twitterte ein Foto von einem Infostand, an dem er umringt von Parteifreunden seinen Daumen in die Höhe streckte – zu einem Zeitpunkt, als größere Menschenansammlungen schon längst vermieden werden sollten. Dazu schrieb er: «Corona hin, Covid her».

Auch wenn viele in der Partei die Gefahr relativierten, stimmte die AfD-Fraktion im Bund zu dieser Zeit einzelnen Maßnahmen gegen die Pandemie zu, sagte Parteitreffen ab, passte sich der Regierungslinie teilweise an. Wie wenig sie dabei eine klare Strategie verfolgte, zeigte sich etwa, als die Fraktion sich Ende März bei der Abstimmung für ein Coronahilfspaket enthielt. Immer wieder verstieß sie gegen die Maskenpflicht im Bundestag – dabei hatte die AfD-Fraktion in ihrem Positionspapier zur Coronakrise noch im April «das konsequente Tragen von Mund- und Nasenschutzmasken zum Schutz anderer in geschlossenen öffentlichen Räumen» als angemessen bezeichnet.

In dieser konfusen Situation versuchte sich Alexander Gauland mal wieder als Mittler. Ende März erklärte er im Bundestag, warum die AfD die Entscheidungen der Bundesregierung mittrage, solange sie auf die Zeit der Pandemie befristet seien: «Zusammenstehen ist jetzt erste Bürgerpflicht.» Doch mit diesem Credo erreichte selbst die graue Eminenz nicht alle in der Partei. Das große Hin und Her kostete die AfD viel Zustimmung. In der Sonntagsfrage fiel sie im Verlauf des Jahres 2020 zeitweise auf einstellige Werte. Der Sturz in die Bedeutungslosigkeit schien möglich.

Wie schlecht die AfD zunächst mit der Pandemie zurechtkam, belegen nicht nur Umfragen, sondern auch Auswertungen in sozialen Medien. Der Kommunikationswissenschaftler Johannes Hillje stellte fest, dass sich die Interaktionsrate der AfD zwischen Mitte März und Anfang April 2020 fast halbiert habe – im Vergleich zu zwei zufällig ausgewählten vorherigen Zeiträumen. Von den schwächsten fünf Facebook-Posts in diesem Zeitraum würden vier von Corona handeln. Mit ihren Botschaften schien die AfD selbst eigene Anhänger kaum zu überzeugen. «Das stärkste Kommunikationsmittel der AfD verliert an Durchschlagskraft», urteilte Hillje gegenüber dem *Tagesspiegel.* Da die Regierungspolitik zu Beginn der Pandemie hohe Zustimmung erfuhr, hätte die «Wutmaschine der AfD» nicht mehr funktioniert. Doch der Kommunikationswissenschaftler ermittelte auch, dass das Thema Migration weiterhin emotionalisiere. Einer der erfolgreichsten Posts der AfD sei einer gewesen, der unterstellte, Flüchtlinge würden sich nicht an die Kontaktsperre halten.

Tatsächlich verknüpften AfD-Politiker Migration zusehends mit Corona. Mitte März schlug der Bundestagsabgeordnete Christian Wirth vor, die frei gewordenen Kapazitäten im Flugverkehr für Massenabschiebungen zu verwenden. Die Flugzeuge könnten «für eine schnelle und effektive Rückführung der rund 250 000 ausreisepflichtigen Migranten in Deutschland» genutzt werden. Und Parteichef Jörg Meuthen forderte im gleichen Monat in einem

Interview mit der *Jungen Freiheit* eine Einreisesperre für Asylbewerber. In der «nationalen Notstandssituation» müsse so etwas möglich sein. Gleichzeitig gab Meuthen aber auch der Bundesregierung recht, hielt die Einschränkung von Freiheitsrechten für «notwendig und richtig».

Mit seinen Worten machte sich Meuthen nicht nur Freunde in der AfD – auf parteiinterne Harmonie schien der Bundessprecher aber auch nicht mehr aus zu sein. Die Auflösung von Höckes Flügel auf Betreiben Meuthens im April 2020 fiel genau in die Coronazeit. Der Kampf um den richtigen Umgang mit dem Virus fand in der AfD also parallel zum Machtkampf zwischen den Gemäßigteren um Meuthen und dem Rechtsaußenlager um Höcke statt. Für die höchst zerstrittene Partei kam die neue Protestbewegung gegen die Coronamaßnahmen, die sich vor allem im Süden Deutschlands formierte, daher wie gerufen.

## Wirr ist das Volk

Schon im Frühjahr 2020 begannen vereinzelt Proteste gegen die Anti-Corona-Maßnahmen. In Stuttgart meldete der Unternehmer Michael Ballweg «Mahnwachen für das Grundgesetz» an, aus denen die Initiative «Querdenken» entstand. Anfang April twitterte Ballweg ein Comic von Ben Garrison, einem beliebten Zeichner der Alt-Right, einer Ideologie am extremen Rand der politischen Rechten in den USA. Bill Gates war darauf als Adolf Hitler zu sehen, hinter ihm waren Spritzen zu einem Hakenkreuz ausgelegt. Ballweg schrieb dazu: «Sehr erschreckend, was Bill Gates für Vorstellungen hat.»

Ballweg verstand «Querdenken» als eine «friedliche, überparteiliche Bewegung», die allen offenstand, die sich für eine freie Meinungsäußerung einsetzten. Ohne klare

Abgrenzung dauerte es nicht lange, bis sich zu den von ihm organisierten Demonstrationen eine wilde Melange aus Verschwörungsgläubigen, «Reichsbürgern», Impfkritikern, linken Esoterikern und rechtsextremen Aktivisten zusammenfand. Sie alle einte vor allem die Wut «auf die da oben». Ableger von «Querdenken» bildeten sich in weiteren Städten, sogar ein Shop mit Shirts, Softshelljacken und Turnbeuteln ging ins Netz. Sowieso verdienten sich einige reichweitenstarke Akteure durch Spendenaufrufe oder Merchandising ein goldenes Näschen an der Wut ihrer Follower. Überall im Land gingen Menschen gegen die Coronamaßnahmen auf die Straße. Es bildete sich ein Biotop heraus, das der *Spiegel* als «Allianz aus Unbedarftheit, Esoterik und organisiertem Rechtsextremismus» bezeichnete.

Vermutlich lag es für die AfD allzu nahe, in dieser Situation auf das neue politische Pferd zu setzen. Sie tat es mit einiger Verspätung, dafür aber umso vehementer. Am 1. Mai 2020 demonstrierten Coronaskeptiker in verschiedenen Städten. «Demokratie statt Corona-Wahn» hieß eine Kundgebung in Cottbus. Mit dabei war Andreas Kalbitz, jener mächtige Strippenzieher des offiziell aufgelösten Flügels, über dessen Parteiausschluss sich die AfD im Coronajahr 2020 eine der schwersten Auseinandersetzungen ihrer Parteigeschichte lieferte. Sowohl der Flügel als auch Kalbitz brauchten aber offenbar keine formelle Rolle, um in die AfD hineinzuwirken. Fast schien es, als würde der Protest gegen Corona die zerstrittene Partei nicht nur einen, sondern ihr eine gemeinsame Stoßrichtung vorgeben, einen roten Faden, an dem sie sich wieder aus ihrem Umfragetief hochziehen konnte. Ausgerechnet ein Virus, das so viele Menschen tötete, hauchte der AfD neues Leben ein.

Am letzten Samstag im August 2020 hatte «Querdenken» in ganz Deutschland für einen Protest in Berlin mobilisiert, Reisebusse wurden gechartert. Ein Demonstrationsverbot war in letzter Minute vom Berliner Verwaltungsgericht aufgehoben worden, der Weg also frei. Im Gegensatz dazu war die eine Woche zuvor angesetzte Demo zum Gedenken an das rassistische Attentat in Hanau aus Infektionsschutzgründen abgesagt worden.

Auch die Führungsriege der AfD rief an diesem Tag zum Protest auf. «Am 29.August in Berlin – couragiert und demokratisch», twitterte Parteichef Tino Chrupalla. Die Fraktionsvorsitzende Alice Weidel bezeichnete die Veranstaltung als «mutig und absolut begrüßenswert». Zuvor hatte Björn Höcke in einem Video zur Teilnahme aufgerufen. Auch der rechte Verleger Götz Kubitschek schrieb auf seinem Blog *Sezession im Netz* von einer «Ansteckung durch Widerständigkeit» und empfahl, sich «einer der unzähligen Reisegruppen anzuschließen». Sowieso hatte es aus der rechten Szene viel Mobilisierung gegeben, manche schienen wirklich an einen Umsturz zu glauben. Auch die NPD erkannte früh das Potenzial dieser Demonstrationen und frohlockte: «Noch nie war ein Systemwechsel so greifbar wie derzeit.» Das rechte *Compact*-Magazin schrieb von einer «Revolution der Herzen» und fragte wenige Tage vor der Demo: «Stürzen Querdenker die Corona-Diktatur?»

Vor dem Brandenburger Tor stand an jenem Samstagmittag Christoph Berndt, AfD-Landtagsabgeordneter aus Brandenburg, Laborarzt und Chef des rechtsgerichteten Vereins Zukunft Heimat. Zufrieden schaute er durch seine randlose Brille auf die Demonstrierenden, die über den Pariser Platz zogen. «Eine richtige Volksversammlung ist das hier!» Berndt erklärte weiter, an diesem Tag nicht als Politiker, sondern als Privatperson anwesend zu sein. Seiner Ansicht nach gab es zu diesem Zeitpunkt keinerlei medizinische Notwendigkeit, die Grundrechte einzuschränken.

Auch Martin Sellner, Chef der österreichischen Identitären, war angereist, «wegen der Heuchelei der Regierung», wie er am Brandenburger Tor sagte. Und weil die Demo «eine patriotisch-nationale Ausrichtung» hätte. Es war das erste Mal, dass er sich den «Querdenkern» anschloss, doch schon früher hatte er deren Potenzial gesehen. In einem Beitrag für Kubitscheks *Sezession* hatte Sellner drei Monate zuvor geschrieben: «Neurechte Kreise könnten sich dank jahrelanger Erfahrung in politischer Organisation tätig in Protesten hervortun und dabei Qualität, Weltanschauung und Strategie einbringen.» Bei der Großdemonstration am 29. August erklärte er aber, den Protest nicht vereinnahmen zu wollen. Dann lief Sellner weiter zur Siegessäule, wo er mit anderen Identitären Transparente ausrollte. «Wir sind das Volk», war darauf zu lesen. Die Menge jubelte.

Am Abend stürmten Hunderte Menschen die Absperrungen vor dem Reichstagsgebäude und besetzten die Treppe. Einige liefen bis zum Eingangsportal, wo sie von gerade mal einer Handvoll Polizisten aufgehalten wurden. In der Menge befand sich etwa der Holocaustleugner Nikolai Nerling, der AfD-Politiker Andreas Geitz aus dem nordrhein-westfälischen Hagen und der baden-württembergische AfD-Landtagsabgeordnete Stefan Räpple. Viele schwenkten Reichsflaggen, skandierten «Widerstand, Widerstand!» Der Protest hatte eine neue Stufe erreicht. Und die AfD war mittendrin.

# Krawall im Wunderland

Ende September 2020 strahlte ProSieben die zweistündige Dokumentation «Rechts. Deutsch. Radikal» aus, in der ein vermeintlich vertrauliches Treffen zwischen einem hochrangigen AfD-Funktionär und der YouTuberin Lisa Licentia in einer Berliner Bar gezeigt wurde. Licentia wollte aus der rechten Szene aussteigen und diente als Lockvogel. Aus rechtlichen Gründen wurde in der Doku der Name des AfD-Funktionärs nicht genannt. Doch *Zeit Online* konnte ihn mithilfe eines Datenleaks und mehrerer Informanten eindeutig als den ehemaligen Pressesprecher Christian Lüth identifizieren. Vor versteckten Kameras erklärte Lüth, dass es der AfD umso besser gehe, je schlechter Deutschland dran sei. Auf Licentias Bemerkung, dass seine Worte so klingen würden, als wünschte er sich mehr Migranten, erwiderte Lüth: «Ja. Weil dann geht es der AfD besser. Wir können die nachher immer noch alle erschießen. Das ist überhaupt kein Thema. Oder vergasen, oder wie du willst. Mir egal!»

Einen Tag nach der Ausstrahlung der Doku twitterte Co-Parteichef Chrupalla: «Es macht mich und die gesamte Partei fassungslos, dass solche Worte gefallen sein sollen.» Allerdings wurde Chrupalla nach Informationen von *Zeit Online* bereits direkt nach dem Gespräch in der Berliner Bar von einer Informantin kontaktiert. Lüth habe in der Bar unter anderem über «Migranten» hergezogen, schrieb die Hinweisgeberin dem Co-Parteichef auf WhatsApp. Sie selbst hatte zuvor Chatnachrichten von Lüth bekommen, die zu dessen Beurlaubung als Pressesprecher geführt hatten. In den Nachrichten hatte sich Lüth als «Faschist» bezeichnet und auf seine «arische» Abstammung verwiesen. Auch wenn er nach den Enthüllungen vom Fraktionsvorstand der AfD fristlos entlassen wurde, warf der Fall Lüth kein gutes Licht auf die Partei. Ihre Anhänger schien aber auch dieser Skandal nicht zu stören. Mit solch einem Rückhalt hatte der Parteichef Chrupalla leichtes Spiel.

## Vom Malermeister zum Parteichef

Tino Chrupalla wurde 1975 im sächsischen Weißwasser geboren und wuchs in der DDR auf. Nach der Mittleren Reife machte er eine Ausbildung zum Maler und Lackierer, gründete später einen eigenen Malerfachbetrieb. Anfang der Neunzigerjahre wurde Chrupalla, als bekennender Fan von Helmut Kohl, Mitglied der Jungen Union. 2015 trat er in die AfD ein, zuvor war er bei Pegida-Demonstrationen mitgelaufen. Überraschend gewann Chrupalla bei der Bundestagswahl 2017 das Direktmandat seines Görlitzer Wahlkreises. Dabei setzte er sich gegen Michael Kretschmer von der CDU durch, der später Ministerpräsident von Sachsen werden sollte. Die *Sächsische Zeitung* kürte Chrupalla daraufhin zu einem der fünfzehn «Menschen des Jahres 2017», nannte ihn gar den «Eroberer». Der Görlitzer Landrat Bernd Lange kommentierte Chrupallas Wahlsieg mit Blick auf die politische Stimmung in der Region hingegen so: «Man hätte einen Besenstiel hinstellen können, der wäre auch gewählt worden.»

Im November 2019 wurde Chrupalla, zusammen mit Jörg Meuthen, Bundessprecher der AfD. Er war der Wunschkandidat sowohl von Höckes Flügel als auch von Alexander Gauland, der seinen Posten als Parteichef abgeben wollte. Gauland wollte einen Nachfolger, der als Mittler zwischen den verschiedenen Parteiströmungen zu agieren wusste. Seine Wahl fiel auf Chrupalla, den Handwerker aus dem Osten, auch um Meuthen, dem Akademiker aus dem Westen, eine volksnahe Stimme zur Seite zu stellen. Chrupalla sollte sowohl für den völkischen Flügel als auch für die Gemäßigteren aus der Partei eine annehmbare Alternative darstellen. So inszenierte sich Tino Chrupalla auch gerne selbst: als bodenständiger Mittler und rechtskonservativer Everybody's Darling.

In seiner Bewerbungsrede zum Parteivorsitz hatte Chrupalla gesagt: «Ich bin kein Mann der vielen Worte, ich bin ein Mann der Tat.» Mit drastischer Sprache würde man häufig das Gegenteil bewirken, vor allem bei den Frauen, «die uns den Rücken stärken», behauptete Chrupalla, bevor er auf Sächsisch noch einen draufsetzte: «Viele Frauen fühlen im Grunde ihres Herzens konservativ, weil sie eine lebenswerte Zukunft für ihre Kinder und Enkel wollen.»

Vom Parteitag wurde Chrupalla ins ZDF-Studio zugeschaltet. Der Moderator Theo Koll nahm Bezug auf seinen Satz zur drastischen Sprache und fragte, warum Chrupalla dann schon selbst mal von «Umvolkung» gesprochen hätte. Erst leugnete der neue Co-Chef, diesen Ausdruck je gebraucht zu haben, dann knickte er ein, als Koll beharrte, die Aussage wäre mit einem Video zu beweisen. «Ich halte den Begriff Umvolkung nicht für rechtsextrem oder gar, gar, äh, gar, also in dieser Form halte ich ihn nicht für rechtsextrem.»

Anschließend zeigte Koll einen Videoausschnitt von einer AfD-Veranstaltung, auf der sich im März 2018 ein Teilnehmer über die vermeintlichen Folgen von Migration aufregte: «Das ist ja nichts anderes als Völkermord. Weil, wenn's danach uns Deutsche nicht mehr gibt, sondern irgendein Mischvolk, dann sind wir Deutsche weg. Das letzte

Mal gab's so was 45. Die Jungs sind am Galgen geendet in Nürnberg. Das müsste man doch mal ansprechen.» Die Leute im Raum klatschten. Chrupalla übernahm das Mikrofon. Anstatt dem offensichtlichen Nazifreund zu widersprechen, der gerade die Kriegsverbrecher der Nürnberger Prozesse verherrlicht hatte, sagte er: «Das ist ja genau der Punkt. Das sind ja auch Themen, die Pegida zum Anfang, wir erinnern uns, wo wir belacht wurden, wo auch Pegida belacht wurde, wo wir von der Islamisierung des Abendlandes sprachen. Und wir sehen ja mittlerweile, das ist Realität. Und ich finde, da gebe ich Ihnen zum Teil recht, in einem atemberaubenden Tempo.»

## Brüten in Kalkar

Im November 2020 trafen sich mitten in der zweiten Coronawelle rund 600 Delegierte der AfD in Kalkar am Niederrhein. War die Kritik der Partei an den Schutzmaßnahmen anfangs noch zurückhaltend gewesen, so war sie in den Monaten vor diesem Treffen immer heftiger geworden. Und so hielt die AfD als einzige Partei einen Präsenzparteitag ab – auf dem Gelände des ehemaligen «Schnellen Brüters» Kalkar, eines 1985 vollendeten, aber nie in Betrieb genommenen Atomkraftwerks. Stattdessen wurde die Anlage zum *Wunderland Kalkar* umgebaut, einem Freizeitpark mit Messezentrum. Die AfD hatte sogar versucht, gegen die Maskenpflicht während des Parteitags zu klagen, allerdings vergebens. Und so musste auch sie sich an strenge Hygieneauflagen halten.

Das große inhaltliche Thema des Parteitags sollte die Verabschiedung eines Rentenkonzepts sein – es wäre das erste seit der Parteigründung vor mittlerweile sieben Jahren. Während die Wirtschaftsliberalen um Meuthen für weniger Staat plädierten und die gesetzliche Rente am liebsten ganz abschaffen wollten, forderte das Lager um Höcke mehr staatliche Sozialleistungen – aber nur für deutsche Staatsbürger. Schließlich einigte man sich auf einen Kompromiss. Zwar konnte sich Höcke mit seiner Forderung nach einer «Staatsbürgerrente» nur für Deutsche nicht durchsetzen, doch bekannte sich die AfD schließlich in ihrem sozialpolitischen Leitantrag «zur Solidarität und gegenseitigen Hilfe innerhalb unseres Volkes». Zudem solle jede Frau künftig im Schnitt 2,1 Kinder bekommen, denn das sei die «einzige Möglichkeit zur Stabilisierung und zum Erhalt unserer Sozialsysteme, aber auch zur Bewahrung unserer Kultur und zum Fortbestand unseres Volkes».

Auch wenn die AfD ihre Positionierung in Bezug auf die Pandemie inzwischen gefunden zu haben schien und selbst in ihrem Leitantrag zur Sozialpolitik «die panikartigen Corona-Maßnahmen der Bundesregierung» kritisierte, steckte sie weiter in einer Krise. In den bundesweiten Umfragen schwankte sie zwischen neun und zwölf Prozent, die Mitgliederzahl stagnierte. Parteichef Jörg Meuthen glaubte, die Schuldigen für diese Krise ausgemacht zu haben. Und so war er in Kalkar ordentlich auf Krawall gebürstet. Die Zeit, in der die AfD von einem Wahlerfolg zum nächsten eile, sei vorbei, so Meuthen. Vielmehr könne jetzt alles kaputtgehen. «Lassen wir ruhig die im Regen stehen, die nur allzu gerne herumkrakeelen und rumprollen», sagte er in Bezug auf die Radikalen in den eigenen Reihen, die sich «wie pubertierende Schuljungen» benehmen würden, «um vor allem der eigenen überschaubaren Blase zeigen zu wollen, was für tolle Kerle sie doch sind.» Die AfD werde nicht mehr Erfolg erzielen, indem sie immer aggressiver, derber und enthemmter auftrete.

In der Woche vor dem Parteitag hatten AfD-Abgeordnete gezielt Störer in den Bundestag geschleust – parallel zur Abstimmung über das neue Infektionsschutzgesetz im Bundestag. So verschaffte sich etwa eine Frau über eine Anmeldung im Büro des AfD-Politikers Petr Bystron Zutritt, die Wirtschaftsminister Peter Altmaier mit Fragen bedrängte, ihn dabei filmte und als «Arschloch» beschimpfte und ihn einen «aufgeblasenen, kleinen Wanna-be-König» nannte.

Meuthen kritisierte außerdem das Gerede in der Partei von einer «Corona-Diktatur», Vergleiche mit dem Ermächtigungsgesetz von 1933 in Bezug auf das Infektionsschutzgesetz und fehlende Distanz zu der «Querdenker»-Bewegung. Denn dort würden sich neben ganz normalen besorgten Bürgern «auch nicht ganz wenige Zeitgenossen» engagieren, «deren skurrile, zum Teil auch offen systemfeindliche Positionen und Ansichten den Verdacht nahelegen, dass bei ihnen tragischerweise noch nicht einmal das Geradeausdenken richtig funktioniert, geschweige denn echtes Querdenken». So könne und dürfe es keinesfalls weitergehen, mahnte Meuthen. «Entweder wir kriegen hier die Kurve, und zwar sehr entschlossen und sehr bald, oder wir werden als Partei in keineswegs ferner Zukunft in ganz, ganz schwere See geraten und gegebenenfalls scheitern.» Seine Rede glich einem Frontalangriff gegen jene Radikalen in der Partei, mit denen er jahrelang paktiert hatte.

Immer wieder zeigten die TV-Kameras den Fraktionschef und Ehrenvorsitzenden Alexander Gauland. Auch wenn sein Gesicht halb verdeckt war von einer Maske mit Dackelmuster, wie er es sonst auf seiner Krawatte trug, war Gauland anzusehen, wie wenig begeistert er von Meuthens Rede war. Das lag womöglich auch daran, dass er selbst vor einem Monat gegenüber dem Deutschlandfunk von einer

«Corona-Diktatur» gesprochen hatte. Auf dem Parteitag in Kalkar bezeichnete Gauland in einem Interview mit dem Fernsehsender Phoenix Meuthens Rede später als «spalterisch» und «undifferenziert». Außerdem hätte er mit seinen Worten «zu viel Verbeugung vor dem Verfassungsschutz» gemacht.

Vielleicht spielte die drohende Einstufung der Partei als rechtsextremer Verdachtsfall auch bei der Besetzung von drei Vorstandsposten eine Rolle, die in Kalkar neu vergeben wurden. Denn es setzten sich Kandidaten durch, die parteiintern als gemäßigt galten, wie etwa die hessische Bundestagsabgeordnete Joana Cotar, die den Beisitzerposten von Andreas Kalbitz bekam. Sie gewann die Wahl gegen den Europaparlamentarier Maximilian Krah, der dem Flügel nahestand und von Chrupalla unterstützt wurde. In ihrer Rede hatte die in Rumänien geborene Cotar erklärt, dass sie «Deutschland retten» wolle. Denn die deutsche Minderheit in Rumänien wisse, wie man «deutsche Kultur bewahrt». Außerdem wandte sie sich gegen «das betreute Denken des öffentlich-rechtlichen Rundfunks», womit sie auch im Rechtsaußenlager gepunktet haben dürfte. Cotar sagte, die AfD müsse konfrontativ sein im Umgang mit dem politischen Gegner, aber für die Wähler insgesamt «sympathischer werden».

Wie viel Sympathie Meuthen in den eigenen Reihen verspielt hatte, zeigte ein Antrag, der «das spalterische Gebaren» des Parteichefs missbilligen sollte. Zwar wurde dieser Antrag, den der Rechtsaußen Dubravko Mandic eingebracht hatte, nach fast zweistündiger Debatte nicht zur Abstimmung gestellt, aber er demonstrierte doch sehr wohl die Zerrissenheit der Partei: Rund 53 Prozent der Delegierten in Kalkar votierten für «Nichtbefassung», knapp 47 Prozent waren dafür. In etwa so sahen auch die Kräfteverhältnisse aus zwischen gemäßigteren Funktionären um Meuthen und den Anhängern des offiziell aufgelösten völkischen Flügels um Höcke.

Die Radikalen ließen es sich nicht nehmen, gegen Meuthen auszuteilen. Seitdem dieser im Frühjahr nicht nur gegen den Flügel, sondern auch gegen Kalbitz vorgegangen war, hatte sich einiges aufgestaut. «Sie haben den integrativen Kurs verlassen», sagte der Berliner AfD-Abgeordnete Thorsten Weiß, der von Höcke ein Jahr zuvor mit der goldenen «Bismarck-Medaille» für seine Dienste im Namen des Flügels ausgezeichnet worden war. «Herr Doktor Meuthen, Ihre Zeit in der AfD ist vorbei», rief der Thüringer Bundestagsabgeordnete Jürgen Pohl, der auch zum Flügel zählte. Auf Facebook hatte Pohl unter der Überschrift «Wir sind Spalter!» eine Fotomontage mit den Köpfen der acht Mitglieder des Bundesvorstands veröffentlicht, die für die Annullierung der Mitgliedschaft von Kalbitz gestimmt oder sich enthalten hatten. Auch Stephan Brandner kritisierte Meuthen für dessen Kurs, der nur den «Altparteien» helfen würde. «Jörg, komm zurück in unsere Familie, dann nehmen wir dich auch gerne wieder auf.» Hardliner Hans-Thomas Tillschneider brüllte ins Saalmikrofon: «Wenn das Führung ist, lieber Herr Meuthen, dann sind Sie ein Führer ins Nichts.»

Anders als Meuthen zeigte Tino Chrupalla am Rande des Parteitags Verständnis für die «Querdenker». In einem Interview mit Phoenix sagte der Co-Chef, dass er sie zum «eigentlichen Bürgertum» zähle. Der AfD sei wichtig, den Bezug zu den Leuten auf der Straße nicht zu verlieren. Solche Worte hätten auch aus dem Mund von Björn Höcke kommen können. Der Flügel hatte mit Chrupalla ein neues Sprachrohr gefunden.

## Meuthen kapituliert

Im Mai 2021 wählte die Parteibasis Tino Chrupalla und Alice Weidel zum Spitzenteam für die Bundestagswahl im Herbst 2021. Eigentlich wollte Meuthen beide Lager in einem Spitzenduo abbilden, um die zerrissene Partei bis zur Bundestagswahl etwas zusammenzuflicken. Die parteiintern als gemäßigt geltende Joana Cotar sollte demnach eine Zweckgemeinschaft mit Chrupalla eingehen, um ein Gegengewicht zum Rechtsaußenlager herzustellen. Als dieser den Kompromiss ablehnte, schickte Meuthen ein eigenes Team – Joana Cotar und Joachim Wundrak – ins Rennen. In den Monaten zuvor hatte er sich dafür eingesetzt, dass diese Wahl nicht von Delegierten auf einem Parteitag getroffen wird, sondern mittels einer Abstimmung durch die Mitglieder, deren Mehrheit die eher gemäßigten, westdeutschen Landesverbände stellten – in der vergeblichen Hoffnung, die Wahl würde so nach seinen Vorstellungen ausgehen.

Auch wenn Meuthen seine Kampfansage an die radikalen Kräfte auf dem Parteitag in Kalkar politisch überlebt hatte, schien er seither deutlich geschwächt. Als im April das Programm für die Bundestagswahl beschlossen wurde, konnten sich die radikalen Kräfte um Höcke in zentralen Punkten gegen das gemäßigte Lager um Meuthen durchsetzen. So fanden die «Ablehnung jeglichen Familiennachzuges für Flüchtlinge» ebenso Platz im AfD-Wahlprogramm wie Höckes Dexit-Forderung, also ein angestrebter Austritt Deutschlands aus der EU.

Viele Experten deuteten den Wahlausgang um das Spitzenduo als Richtungsentscheidung, doch Chrupalla sah das anders. In einem Interview mit dem Deutschlandfunk begründete er seine Ansicht damit, dass er als Bundessprecher und Weidel als Fraktionsvorsitzende in den vergangenen Jahren bewiesen hätten, «dass wir alle Strömungen in dieser Partei vereinen können». Sowieso gebe es für ihn «kein rechtsextremes Lager» in seiner Partei, sondern lediglich eine «nationale Strömung». Also alles ganz normal. So lautete dann auch der Wahlslogan der AfD: «Deutschland. Aber normal.» Die Partei wollte sich offenbar zahmer geben. Was sie unter «normal» verstand, sollte ein kurzer Kampagnenfilm erklären: «Es gibt da eine Partei, die kümmert sich nicht um Gender-Sternchen. Sorry! Der geht es um die normalsten Dinge der Welt: sichere Grenzen, stabiles Geld, Recht und Ordnung, Wohlstand für alle. [...]» Bemerkenswert an diesem Film war ebenfalls, dass er ein Foto enthielt, auf dem Meuthen nur am Rand stand. In der Mitte strahlte Tino Chrupalla.

## Noch ganz dichter?

Kurz vor der Bundestagswahl wurde Chrupalla von den Kindernachrichten des ZDF interviewt. Es ging unter anderem um die Forderung der AfD nach mehr deutschem Kulturgut in Schulen. Was das eigentlich bedeuten würde, wollte der junge Reporter vom AfD-Spitzenkandidaten wissen. Chrupalla antwortete ganz staatsmännisch: «Dass wieder mehr deutsche Volkslieder gelehrt werden, dass deutsche Gedichte gelehrt werden, dass wir unsere deutschen Dichter und Denker wieder mehr in den Schulen würdigen.» Was denn sein Lieblingsgedicht sei, fragte der Kinderreporter. «Mein Lieblingsgedicht ist, öhm, da müsste ich jetzt mal überlegen, da fällt mir jetzt gar keins ein.» Ein peinlicher Fauxpas. Dabei hatte Chrupalla seit ein paar Monaten extra einen Trainer für Interviews an seiner Seite, wie der *Spiegel* berichtete. Der sollte ihm helfen, den «Schwiegermuttertyp», den Chrupalla in sich selbst sah, noch mehr nach außen zu tragen.

Tatsächlich forderte die AfD in ihrem Wahlprogramm zur Bundestagswahl, dass deutsches Kulturgut bereits ab der Grundschule im Unterricht vermittelt werden müsse – für «Heimatliebe und Traditionsbewusstsein». Doch der AfD ging es nicht nur um deutsche Dichter und Denker, sie plädierte auch für einen Austritt Deutschlands aus der Europäischen Union. Stattdessen halte sie «die Gründung einer neuen europäischen Wirtschafts- und Interessengemeinschaft für notwendig». Um Deutschland noch mehr abzuschotten, wurden im Wahlprogramm Grenzkontrollen gefordert, einhergehend mit «physischen Barrieren» wie Grenzzäunen an deutschen Staatsgrenzen. Zudem wurde eine «Abschiebeoffensive» propagiert, die Zahl der «sicheren Herkunftsstaaten» sollte ausgeweitet werden. Das alles sei nötig, um die kulturelle deutsche Identität zu wahren. Auch Corona ließ die AfD nicht aus. So forderte sie das sofortige Ende der Lockdown-Maßnahmen und lehnte die Maskenpflicht generell ab. Es sollte den Bürgern überlassen bleiben, in welchem Maße sie sich schützen möchten.

Den eigenen Mitgliedern und Kandidaten für den Bundestagswahlkampf wurde so viel Eigenständigkeit nicht zugetraut. Aus diesem Grund erarbeitete der Bundesverband der AfD einen Leitfaden, der auf 75 Seiten erklärte, wie erfolgreich Wahlkampf betrieben wird. Da gab es etwa Tipps fürs Fotoshooting: «Gehen Sie drei bis fünf Tage vor dem Fotoshooting zum Friseur Ihres Vertrauens.» Außerdem wurde empfohlen «ein wenig, aber nicht zu viel Sonne» abzubekommen. Um es für jeden verständlich zu machen, war im Leitfaden ein Mann mit kreideweißem sowie mit knallrotem Gesicht abgebildet – so also bitte nicht. Dem Personal an Wahlkampfständen wurde ans Herz gelegt, «nicht mit fettigen Haaren zu erscheinen». Für soziale Medien galten folgende Regeln: «Erst denken, dann tippen.» Oder: «Niemals mit Alkohol Soziale Netzwerke bedienen.» Für Instagram und TikTok wurden «intime Inhalte mitten aus dem Leben» empfohlen, denn die «lassen Sie besonders positiv und menschlich rüberkommen». Für «die gute Rede» sollte die oberste Regel sein, dass auch «der klassische Leser der *Bild*-Zeitung» dem Gesagten folgen könne.

Bei der Bundestagswahl im September erreichte die AfD schließlich ein knapp zweistelliges Ergebnis, mit 10,4 Prozent der Zweitstimmen landete sie auf Platz fünf – damit lag sie unter ihrem Ergebnis von 2017, als 12,6 Prozent der Wähler für die Partei gestimmt hatten. In Sachsen und Thüringen wurde sie allerdings mit etwa 24 Prozent der Stimmen stärkste Kraft – also genau in den Bundesländern, deren Landesverbände wegen rechtsextremistischer Tendenzen vom Verfassungsschutz beobachtet wurden. Ohnehin erreichte die AfD in Ostdeutschland doppelt so hohe Stimmanteile wie im Westen. Mit diesen Wahlergebnissen fühlte sich vor allem Höckes Flügel in seinem radikalen Kurs bestätigt. Für Parteichef Jörg Meuthen, der ein Jahr zuvor noch davon gesprochen hatte, genau diesen Flügel zerschlagen zu wollen, wurde die Luft in der Partei immer dünner. Zusätzlich geriet Meuthen wegen einer Spendenaffäre unter Druck. Bereits 2016 soll Meuthen bei seiner Kandidatur für die Landtagswahl in Baden-Württemberg illegale Wahlkampfhilfen aus der Schweiz im Wert von knapp 90 000 Euro angenommen haben. Auch wenn er 2020 vor Gericht beteuert hatte, damals «vieles nicht mitgekriegt» zu haben und sich auf seine Unerfahrenheit berief, musste die AfD eine dreimal so hohe Sanktionszahlung an die Bundestagsverwaltung leisten. Hinzu kamen neue Vorwürfe von Ex-Chefin Frauke Petry: Sie hatte Meuthen vorgeworfen, Spendengelder eines Immobilienmilliardärs vorbei an den offiziellen Parteigremien in fragwürdige Kanäle gelenkt zu haben. Petry zufolge sollte damit vor allem der Facebook-Auftritt der AfD zur Bundestagswahl 2017 ausgebaut werden.

Geschwächt von dieser Spendenaffäre und zermürbt vom Widerstand des Höcke-Lagers kündigte Meuthen zwei Wochen nach der Bundestagswahl 2021 seinen Rückzug von der Parteispitze an. Bei den nächsten Vorstandswahlen wolle er nicht mehr kandidieren. Gegenüber der dpa wies Meuthen das Narrativ vom «permanenten Rechtsruck» in der AfD zwar zurück, allerdings habe er die Gefahr gesehen, sich in einem neuen Vorstand inmitten von Kandidaten wiederzufinden, die für eine Richtung stünden, die er selbst nicht vertreten könne. Der Parteichef wusste, im Gegensatz zum zweiten Chef Chrupalla, ohnehin kaum noch Mehrheiten hinter sich zu vereinen. Mit seinem angekündigten Rückzug von der Parteispitze kam Meuthen seiner drohenden Entmachtung zuvor. Doch beim Rückzug von der Parteispitze sollte es nicht bleiben.

## Und raus ist er

Im Dezember 2021 zitierte der Bayerische Rundfunk aus einem internen Telegram-Chat von bayerischen AfD-Funktionären, der dem Sender zugespielt worden war. In der Gruppe wähnte sich etwa ein oberbayerischer Kreisvorsitzender in einem von «Verbrechern» regierten Deutschland, in dem «ohne Umsturz und Revolution» nichts mehr zu holen sei. Eine bayerische Landtagsabgeordnete gab ihm recht: «Denke, dass wir ohne Bürgerkrieg aus dieser Nummer nicht mehr rauskommen werden.» Der Kreisvorsitzende legte später im Chat noch mal nach: «Wir brauchen die totale Revolution. Anzünden müsste man diese ganze Politik.» Aber nicht nur Umsturzfantasien, sondern auch ausländerfeindliche Nachrichten wurden in der Chatgruppe ausgetauscht. So hatte etwa 2018 ein AfD-Europaparlamentarier vorgeschlagen, einen Schweinekopf vor einer Moschee abzulegen. Und zu den Coronamaßnahmen schrieb im März 2021 ein Bundestagsabgeordneter, dass er für die AfD die Chance auf einen «Schulterschluss mit 30 bis 50 Prozent Impfskeptikern oder 40 Millionen Menschen da draußen» sehe. Ein anderer AfD-Politiker schrieb von «Impfapartheid». Die Impfungen gegen das Coronavirus seien ein «Genozid an den reichen Europäern und Nordamerikanern, die sich die Impfung leisten können».

Vielleicht brachte die Veröffentlichung dieses Chats das Fass zum Überlaufen. Ende Januar 2022 gab Jörg Meuthen seinen Austritt aus der AfD bekannt. Nur wenige Monate nach seiner Ankündigung, nicht wieder als Parteichef anzutreten, kam es also zum vollständigen Bruch zwischen Partei und Chef. In einem Interview mit dem ARD-Hauptstadtstudio begründete er seinen Austritt damit, dass Teile der Partei «nicht auf dem Boden der freiheitlich-demokratischen Grundordnung» stünden. Er sehe da «ganz klar totalitäre Anklänge». Gerade in der Coronapolitik habe die Partei – für die Meuthen gut sechs Jahre als Bundessprecher fungiert hatte – etwas Sektenartiges entwickelt. Allenfalls als ostdeutsche Regionalpartei sehe er noch eine Zukunft für die AfD. Über seine Kontrahenten äußerte sich Meuthen so: «Chrupalla, Weidel, Gauland, Höcke, Brandner nicht zu vergessen, die werden sich richtig freuen, dass der Meuthen nun endlich weg ist. Haben sie lange dran gearbeitet.» Bezogen auf Höcke sehe er ganz klar «nationalsozialistische Anleihen». Meuthen sprach selbst von einer Niederlage im Machtkampf mit Höckes Flügel. Als Parteichef sei er mit seinem Einsatz für einen anderen Weg gescheitert. «Das Herz der Partei schlägt heute sehr weit rechts und es schlägt eigentlich permanent hoch.»

Die Sache mit dem Herzen dürfte aber nicht der einzige Grund gewesen sein, zumal dieses Herz schon länger in dieser Frequenz schlug. Meuthen war zunehmend isoliert in der AfD, er wäre wohl nicht als Bundessprecher wiedergewählt worden. Auch seine Rückkehr in seinen Beruf als Hochschullehrer stand auf dem Spiel, sollte das Kölner Verwaltungsgericht im März die Einstufung der Gesamtpartei als Verdachtsfall bestätigen. Aber so leicht ließ sich die Vergangenheit nicht abschütteln: Mitte Februar entzog ihm das Europäische Parlament, dem Meuthen seit 2017 angehörte, auf Antrag der Staatsanwaltschaft Berlin die parlamentarische Immunität. Damit war der Weg frei für strafrechtliche Ermittlungen gegen ihn in der alten Spendenaffäre.

Nun stand Tino Chrupalla alleine an der Parteispitze, und er gab sich in der ZDF-Sendung *heute journal update* ganz staatstragend: Der Abschied Meuthens sei «wichtig und richtig». Er selbst werde die Partei jetzt «zusammenführen» und «zusammenhalten». Auch Höcke «respektiere» Meuthens Entscheidung, wie er auf Twitter verlauten ließ, um zynisch hinterherzuschicken: Er «wünsche ihm privat und beruflich die Zufriedenheit, die er in der Partei nicht finden konnte».

# Friede mit Russland

Am 24. Februar 2022 verkündete Wladimir Putin in einer nächtlichen Fernsehansprache seine «militärische Sonderoperation» in der Ukraine. Kurz darauf rollten russische Panzer ins Nachbarland. Raketen flogen auf Kiew und Charkiw, erste Tote wurden gemeldet, es herrschte Krieg in Europa. In Deutschland saß der Schock besonders tief, hatten mehrere Bundesregierungen doch viele Jahre Putin durch Handel einzuhegen versucht und damit zu Russlands wirtschaftlichem Aufstieg beigetragen.

Als der Bundestag drei Tage später zu einer Sondersitzung zusammenkam, blieb von diesem Tag vor allem die von Kanzler Olaf Scholz verkündete «Zeitenwende» hängen. Bemerkenswert war aber auch der Auftritt von AfD-Chef Tino Chrupalla, der seine Redezeit dazu nutzte, sich bei Russland zu bedanken. Zwar bezog er seinen Dank auf die deutsche Wiedervereinigung, trotzdem verfehlten seine Worte nicht ihre Wirkung, zumal er den Westen hart anging und Scholz beschuldigte, den Kalten Krieg zu «reaktivieren».

Schon seit seinem Einzug in den Bundestag im Herbst 2017 hatte Chrupalla die nach der völkerrechtswidrigen Annexion der Krim verhängten Sanktionen gegen Russland kritisiert. In dem Positionspapier, auf das sich die AfD-Fraktion, angeführt von Chrupalla und Weidel, einigte, wurde zwar der Angriffskrieg Russlands als völkerrechtswidrig verurteilt, aber trotzdem eine Inbetriebnahme von Nord Stream 2 gefordert, Wirtschaftssanktionen gegen Russland wurden abgelehnt. Auch von der Souveränität der Ukraine war keine Rede. Dafür hieß es in dem Papier, dass die AfD um die «zivilen Opfer beider Seiten» trauere. Im *ARD-Morgenmagazin* sagte Weidel, dass Russland den Krieg nur deswegen begonnen habe, weil das Land gekränkt worden sei. Die Ukraine hingegen bezeichnete sie als «das Problem» im Konflikt.

Sowieso stilisierte sich die AfD mit Beginn des russischen Angriffskriegs zur Friedenspartei. Im April 2022 postete etwa Höcke ein Bild in den sozialen Netzwerken: Neben seinem Gesicht war eine Friedenstaube mit Lorbeerzweig im Schnabel abgebildet, dazu ein Slogan aus der linken Friedensbewegung der Achtzigerjahre: «Frieden schaffen ohne Waffen!» In dem Begleittext auf Facebook schrieb Höcke von einem «aus amerikanischen Eigeninteressen provozierten Krieg» – eine klassische Desinformationstaktik, um Russland als Opfer darzustellen. Dieser Krieg in der Ukraine sei zwar «schrecklich», aber er sei «nicht unser Krieg». Außerdem befürchtete Höcke die Ausweitung des Konflikts auf ganz Europa: «Kein Patriot, der seine Heimat liebt, kann sich das wünschen.»

Zwar gruppierte sich ein größerer Teil der Partei um Chrupalla, der in seiner Kritik an Moskau eher zurückhaltend blieb, aber manche Parteigänger distanzierten sich auch von Russland. Rüdiger Lucassen etwa, Ex-Oberst aus NRW und verteidigungspolitischer Sprecher im Bundestag, verfasste interne «Sprechempfehlungen zum Ukrainekrieg». In dem Papier, das der *taz* vorlag, verurteilte Lucassen den «russischen Überfall auf die Ukraine aufs Schärfste», die nationale Souveränität der Ukraine sei nicht verhandelbar.

Die Differenzen über die Positionierung zum Krieg waren Teil eines erneuten Machtkampfes innerhalb der AfD. Vor allem eine Gruppe um die Bundestagsabgeordneten

Lucassen, Joachim Wundrak und Joana Cotar versuchte, Chrupalla zu schwächen, um zu verhindern, dass er beim nächsten Parteitag wiedergewählt wird. Doch der machte unbeirrt weiter, gab den friedensbewegten Russlandversteher. Ein Dreivierteljahr nach dem russischen Überfall – in der Zwischenzeit waren die Massaker der russischen Soldaten in Butscha und anderen ukrainischen Orten bekannt geworden – warf sich Chrupalla bei *Markus Lanz* zur besten Sendezeit für Putin in die Bresche. Der russische Präsident sei «kein Kriegsverbrecher», erklärte er, unbeeindruckt vom gewaltsamen Tod unzähliger Zivilisten in der Ukraine. Außerdem sprach sich Chrupalla gegen weitere Waffenlieferungen an die Ukraine aus. Damit würde der Konflikt «nicht befriedet oder beendet» werden, sondern «verlängert».

Das Verhältnis zu Russland hatte in der AfD schon immer eine besondere Rolle gespielt, allerdings waren die Reihen in der turbulenten Gründungsphase noch nicht geschlossen. Unter Bernd Lucke hatte der Umgang mit dem großen Nachbarn im Osten in die Streitigkeiten rund um den Parteikurs hineingewirkt. Als Lucke mit anderen AfD-Abgeordneten 2014 im EU-Parlament einer russlandkritischen Resolution zustimmte, war Alexander Gauland so verärgert, dass er sogar überlegte, seine Spitzenkandidatur für die Landtagswahl in Brandenburg niederzulegen.

Gauland fiel ohnehin früh durch besonders große Zustimmung zur Politik des Kreml auf. Ende 2015 besuchte er den ultranationalistischen Ideologen Alexander Dugin in St. Petersburg. Doch schien Gaulands Position damals weniger skandalös als Chrupallas Reinwaschung Putins Jahre später bei Lanz. Schließlich drückten auch die CDU und die SPD etwa die Nord-Stream-Pipelines gegen alle Kritik aus Osteuropa und Übersee durch, obwohl vielen bereits dämmerte, dass Putin sie eines Tages als politische Waffen einsetzen könnte.

Natürlich existieren ideologische Anknüpfungspunkte zwischen der AfD und dem Kreml, wozu vor allem der Hass gegen eine liberale, offene Gesellschaft sowie der Wunsch gehören, die politischen Eliten Europas zu stürzen und anschließend eine neue Ordnung zu errichten, die auf autoritären Idealen basiert.

Spätestens seit der Annexion der Krim im Jahr 2014 hatte die russische Regierung Schwierigkeiten, den Anschein politischer Normalität zu wahren. Mithilfe rechtspopulistischer Parteien im Westen konnte sie ihre Ansichten verbreiten und westeuropäische Staaten destabilisieren – putinfreundliche AfD-Kader kamen da gerade recht. Sie fungierten als «Wahlbeobachter», ließen sich im russischen Staatsfernsehen interviewen, auch auf der Krim. Zur Präsidentenwahl 2018 waren mehrere AfD-Bundestagsabgeordnete nach Moskau gereist, um zu versichern, dass es dort «keine Unregelmäßigkeiten» gegeben habe.

Im Dezember 2020 ging es auch für Parteichef Chrupalla mit einer kleinen AfD-Delegation nach Moskau, wo er vom russischen Außenminister Sergej Lawrow empfangen wurde – davon berichtete ausführlich der *Spiegel*. Bei einem knapp dreistündigen Arbeitsessen in «sehr herzlicher Atmosphäre» sei über den Fall Nawalny, die Lage in Belarus, der Ukraine, in Bergkarabach, im Nahen Osten, über Nord Stream 2 oder Sanktionen gegen Russland und ihre Auswirkungen auf die deutsche und vor allem ostdeutsche Wirtschaft geredet worden.

Etwa ein halbes Jahr später tauchte Chrupalla wieder in Moskau auf, diesmal als Gast des russischen Verteidigungsministeriums. Dort verglich er in einer Rede die Propaganda, mit der die Nazis nach dem Überfall auf die

Sowjetunion deren Bevölkerung «zu demoralisieren» versuchten, mit der Entnazifizierung durch die Alliierten im Nachkriegsdeutschland. «Die ‹Reeducation› hatte nachhaltige Auswirkungen auf unsere nationale Identität und Kultur», sagte Chrupalla, womit er die Wiederbegründung der Demokratie in Westdeutschland nach 1945 in die Nähe totalitärer Propaganda rückte.

## «Unter absoluter Kontrolle»

Auch Fraktionsvorsitzende Alice Weidel besuchte im März 2021 die russische Hauptstadt, vor ihr taten dies diverse weitere AfD-Funktionäre wie etwa Markus Frohnmaier, der sowohl Pressesprecher von Weidel als auch von der damaligen Parteichefin Frauke Petry gewesen war und im Juli 2022 zum Co-Landesvorsitzenden der AfD in Baden-Württemberg gewählt wurde. 2014 hatte Frohnmaier die Annexion der Krim durch Russland auf seiner Facebook-Seite begrüßt: «Ich beglückwünsche die Bürger der Krim zum Erringen der Unabhängigkeit von der Ukraine.» Noch immer sind im Internet Videos von Frohnmaier zu finden, in denen er für den russischen Auslandssender Russia Today die Werbetrommel für Putin rührt und erklärt, dass die Krim zu Russland gehöre. Im Vergleich zu seinen robusten Auftritten in Deutschland wirkt er auf diesen Aufnahmen bisweilen wie ein nervöser Schüler. Nach gemeinsamen Recherchen von *Spiegel*, ZDF, der britischen BBC und der italienischen Tageszeitung *La Repubblica* kursierte in der russischen Präsidialadministration ein Strategiepapier, das etwa die Unterstützung der Bundestagskandidatur Frohnmaiers im Jahr 2017 als ein konkretes Projekt nannte – die Begründung: «Er wird ein unter absoluter Kontrolle stehender Abgeordneter im Bundestag sein.»

Im September 2022 reisten drei Landtagsabgeordnete der AfD in die von Russland besetzten Gebiete in der Ostukraine. Einer von ihnen, Hans-Thomas Tillschneider, Landtagsabgeordneter und Vorsitzender der AfD in Sachsen-Anhalt, schrieb zur Reise auf Twitter: «Angesichts verzerrter und parteiischer Berichterstattung über den Ukraine-Konflikt wollen wir uns ein eigenes Bild von der Lage machen und die humanitäre Situation begutachten.» Der damalige ukrainische Botschafter Andrij Melnyk warf daraufhin den AfD-Politikern vor, mit ihrer Reise in den Donbass den russischen «Vernichtungskrieg zu unterstützen». Tillschneiders Fraktionskollege Daniel Wald, der auch bei der Reise dabei war, sprach hingegen von einer «harmlosen Delegationsreise nach Russland und in die Ostukraine». Auf welcher Seite Tillschneider stand, zeigte er schon am ersten Tag der russischen Invasion. Eine *Tagesschau*-Meldung mit dem Titel «Russland greift an» kommentierte er auf Twitter mit den Worten: «Falsch! Russland wehrt sich.» Ein Tweet, den er allerdings schnell wieder löschte.

Im August 2023 sollte dann Tillschneider, der auch als bildungs- und kulturpolitischer Sprecher seiner Landtagsfraktion fungierte, die Moskauer Sicherheitskonferenz besuchen. Auf der Onlineplattform TikTok veröffentlichte er ein kurzes Video, in dem er bei Dunkelheit vor der Moskauer Skyline steht und zu kitschiger Musik von Russland schwärmt. Es sei ihm ein «Bedürfnis», seinen Followern «die Schönheit Moskaus zu zeigen», die Stadt sei so «geschmackvoll erleuchtet». Tillschneider betonte, wie angenehm das Leben in Russland sei. «Alles ist sehr sauber. Die Menschen wirken ruhig und zufrieden. Es geht den Leuten gut. Das ist Russland im Jahr 2023, wie es wirklich ist.»

Drei Monate zuvor hatte Tino Chrupalla mit anderen

Gästen, darunter sein Parteikollege Alexander Gauland, der Linken-Bundestagsabgeordnete Klaus Ernst und Altkanzler Gerhard Schröder, an einem Empfang der russischen Botschaft teilgenommen – zum Tag des Sieges der Sowjetunion über Nazideutschland. Chrupalla, der eine Krawatte in den Farben der russischen Trikolore trug, überreichte dem Botschafter ein Geschenk. Nach eigenen Angaben auf Twitter handelte es sich dabei um «eine Tasse mit preußischem Adler. Für Frieden und Aussöhnung!» Der 9. Mai sei bis vor Kurzem ein Gedenktag gewesen, «an dem deutsche Politiker aller im Bundestag vertretenen Parteien selbstverständlich teilnahmen», erklärte Chrupalla ganz selbstbewusst im Anschluss an die Veranstaltung der Nachrichtenagentur dpa. «Diesen Dialog sollte man in Krisenzeiten nicht abreißen lassen.»

Sowieso machte Chrupalla den Eindruck, als würde er sich auf seinem Chefsessel sehr wohlfühlen, auch wenn viele seinem Führungsstil skeptisch gegenüberstanden. Gerade nach dem jüngsten Machtkampf, der in Meuthens Abgang gegipfelt hatte, zweifelten Funktionäre aus den Westverbänden, ob Chrupalla die tiefen Gräben in der Partei wirklich zuschütten könne. Anders sah sein Standing im Osten aus. Dort galt Chrupalla als verlässlich und fleißig – und für Höcke und seine Getreuen als gut steuerbar. Zumindest hatte er sich niemals öffentlich gegen Höcke positioniert, auch wenn er nie offiziell Teil des Flügels gewesen war.

# Von Höckes Gnaden

Im Januar 2022 stellte die AfD einen Kandidaten für das Amt des Bundespräsidenten auf, der zu diesem Zeitpunkt noch Mitglied der CDU und Vorsitzender der Werteunion war: den Fondsmanager Max Otte. In der Kontroverse um seine Nominierung durch die AfD erklärte Otte, seinen Posten in der Werteunion ruhen zu lassen und auch «alle anderen parteipolitischen Aktivitäten» auszusetzen. Parteichef Chrupalla hatte Otte gegen den Willen von Co-Chef Jörg Meuthen, der kurz darauf aus der Partei austrat, und von weiteren Bundesvorständen praktisch fast im Alleingang durchgesetzt. Zu diesem Zweck hatte er auch an die Basis geschrieben: Ottes Kandidatur biete der AfD die «besondere Gelegenheit», über die eigene Partei hinaus ein Signal zu setzen. Zudem erhoffte sich Chrupalla durch Ottes Kandidatur Stimmengewinne im konservativen Lager.

Max Otte hatte sich schon lange von der CDU entfremdet. Bereits 2017 bekannte er gegenüber der *Wirtschaftswoche*, bei der Bundestagswahl die AfD wählen zu wollen. Von Mitte 2018 bis Anfang 2021 war er Vorsitzender des Kuratoriums der AfD-nahen Desiderius-Erasmus-Stiftung gewesen, die sich sogar schon mal nach ganz rechts außen hin geöffnet hatte: 2019 wurde Erik Lehnert, Geschäftsführer von Götz Kubitscheks Institut für Staatspolitik, in den Vorstand der Stiftung berufen – und im Mai 2020 schon wieder abgewählt. Grund dafür soll der Verfassungsschutz gewesen sein, der im Frühjahr 2020 Kubitscheks Institut als Verdachtsfall eingestuft hatte. In der Stiftung löste Lehnerts Abwahl einen Machtkampf zwischen gemäßigten und radikalen Kräften aus. So wie in der AfD die Radikalen den Gemäßigten immer wieder vorwarfen, eine CDU 2.0 anzustreben, kritisierte etwa der AfD-Politiker Jan Moldenhauer, der von 2019 bis 2021 Vorstandsmitglied der Desiderius-Erasmus-Stiftung gewesen war, in einem Interview mit dem neurechten Magazin *Freilich* den aktuellen Kurs der Stiftung, der einer «Konrad-Adenauer-Stiftung 2.0» gleiche. Lehnert indes hielt es auf *Sezession* wie Kubitschek: Während dieser nach dem Rauswurf von Andreas Kalbitz den Beitrag «Wie man eine Partei anzündet» verfasste, lautete der Titel von Lehnerts Artikel «Wie man eine Stiftung anzündet».

In Schnellroda wurde die Stiftung auch schon vor Lehnerts Abwahl heftig kritisiert. In einem Blogeintrag, der den Titel «Werteunion oder AfD?» trägt, schrieb Kubitschek im Juni 2019: «In der Desiderius-Erasmus-Stiftung lenken Leute die Geschicke, die entweder jahrzehntelang innerhalb der CDU als konservatives Feigenblatt dienten (exemplarisch: Erika Steinbach) oder noch immer Mitglied sind (exemplarisch: Max Otte).» Für die AfD sei laut Kubitschek eine Zusammenarbeit mit solchen Leuten hinderlich. Weiter schrieb er: «Wer heute noch in der Union Mitglied ist und diese Partei für reformierbar hält, ist zu echt alternativen Schritten nicht in der Lage und für eine alternative Politik nicht zu gebrauchen.» In der Werteunion würden sich diejenigen sammeln, denen der Mut zur Alternative fehle – die sich also nicht trauten, in die AfD einzutreten.

Auch wenn Otte für Kubitschek als Mitglied einer «Altpartei» zu angepasst wirkte, fiel er doch immer wieder mit zweifelhaften Aussagen auf. Nach den Ausschreitungen in Chemnitz im August 2018 schrieb er etwa auf Twitter: «Werden die medial völlig verzerrt dargestellten Vorfälle von Chemnitz zum neuen Reichstagsbrand, zum Auftakt der offiziellen Verfolgung politisch Andersdenkender?» Als nach dem Mord an Walter Lübcke vor einer erhöhten Gefahr rechten Terrors gewarnt wurde, twitterte Otte: «Endlich hat der Mainstream eine neue NSU-Affäre und kann hetzen. Es sieht alles so aus, dass der Mörder ein minderbemittelter Einzeltäter war, aber die Medien hetzen schon jetzt gegen die ‹rechte Szene›, was auch immer das ist.» Einen Tag später löschte Otte den Tweet und bezeichnete ihn als Fehler. Die Werteunion distanzierte sich trotzdem von Otte und forderte ihn zum Austritt auf. Die CDU entzog ihm nach Bekanntwerden seiner Kandidatur für die AfD alle Mitgliedsrechte.

Wie weit sich Otte Anfang 2022 der AfD schon angenähert hatte, zeigten auch neuere Enthüllungen. So hatte er ein Jahr zuvor 20 000 Euro an Chrupallas Görlitzer Kreisverband gespendet – um damit, wie er sagte, «bürgerliche Kräfte» zu unterstützen. Außerdem hatte Otte 2021 einen Vortrag vor Höckes Landtagsfraktion gehalten. Angeblich «zu den makroökonomischen Folgen der Corona-Politik für die deutsche Wirtschaft», wie der Parlamentarische Geschäftsführer der Thüringer AfD erklärte. Mit seiner Bundespräsidentschaftskandidatur für die AfD setzte Otte seinem Flirt mit dem politischen Gegner schließlich die Krone auf, auch wenn er diese Krone nach der Wahl erwartungsgemäß nicht tragen durfte. Von den mehr als 1400 Stimmen der Bundesversammlung bekam Otte gerade mal 140, also nicht mal so viele Stimmen, wie die AfD stimmberechtigte Wahlleute in die Bundesversammlung entsandt hatte. Im August 2022 sollte die nächste Schlappe für Otte folgen: Er wurde wegen parteischädigenden Verhaltens aus der CDU ausgeschlossen.

Auch für die AfD hatte ihre parteiinterne Radikalisierung Konsequenzen. Anfang März 2022 bestätigte das Verwaltungsgericht Köln, dass der Verfassungsschutz sie als Gesamtpartei als Verdachtsfall einstufen darf. Zuvor war die AfD vor Gericht gezogen, um genau das zu verhindern. Nachdem das Urteil verkündet wurde, sagte Chrupalla: «Uns hat das Urteil des Gerichts überrascht.» Er wolle nun prüfen, inwieweit man dagegen vorgehen könne. Zudem kündigte er an: «Wir werden jetzt in interne Revision auch bei uns gehen.» Es sind Worte, die dem Höcke-Lager nicht gut gefallen haben dürften, wie der nächste Parteitag zeigen sollte.

## Des einen Leid ist des anderen Freud

Vielleicht war es konsequent, dass die AfD am 8. Mai 2022, dem Gedenktag der Befreiung vom Nationalsozialismus, in Schleswig-Holstein eine historische Wahlniederlage einzustecken hatte: Zum ersten Mal seit ihrer Gründung vor neun Jahren musste die Partei ihren Platz in einem Landesparlament wieder räumen. Allerdings war die AfD in Schleswig-Holstein nie besonders erfolgreich gewesen. 2017 war sie bei der Landtagswahl gerade mal auf 5,9 Prozent gekommen. Als Begründung für das magere Ergebnis sagte Parteichef Tino Chrupalla nach der Wahl: «Die Menschen sind hier relativ zufrieden.»

Auch in anderen westlichen Bundesländern standen die Zeichen für die AfD im Jahr 2022 nicht besonders gut. Ihre zunehmende Radikalisierung und die Parteiaustritte gemäßigter Kräfte, wie zuletzt der von Jörg Meuthen, setzten den Westverbänden zu: Im Saarland schaffte es der zerstrittene Landesverband Ende März gerade so in den Landtag. Auch in Nordrhein-Westfalen gelang der Wiedereinzug mit 5,4 Prozent Mitte Mai denkbar knapp. Im Osten aber, wo die AfD mit ihrem radikalen Kurs Wahlergebnisse von mehr als 20 Prozent einheimste, dürften die Niederlagen im Westen als Absage an gemäßigte Positionen interpretiert worden sein. Insgesamt wurde vermutet, dass diese Entwicklung den Rechtsaußen beim anstehenden Parteitag Flügel verleihen würde. Im Juni 2022 stand die Neuwahl des gesamten Vorstands an. Einen Tag vor der Landtagswahl in Schleswig-Holstein hatte Höcke angekündigt, dass er eine Bewerbung für den Bundesvorstand nicht ausschließen würde.

Und so betrat zu Beginn des Parteitags im Sächsischen Riesa ein selbstsicherer Björn Höcke die Bühne. Seine Worte klangen fast schon wie die eines Parteichefs – oder eines künftigen Alleinherrschers. Höcke stellte einen Antrag zur Tagesordnung vor, mit dem er erreichen wollte, dass die Partei künftig auch von einer Person geführt werden könne statt wie bisher von einer Doppelspitze. Und so kam es dann auch: Gut 69 Prozent der Delegierten stimmten für eine mögliche künftige Solospitze. Gegenwärtig sei es nach Höcke aber noch zu früh, erst mal wolle er einen «neutral geführten» Bundesvorstand sehen.

Schon vor dem Parteitag war es Höcke, der den Ton gesetzt hatte. Er präsentierte Anträge, die ihn selbst und sein Lager mächtiger machen sollten – was denn auch geschah: Nach Riesa waren die Gemäßigten, die zuvor zumindest im Bundesvorstand eine Mehrheit gestellt hatten, nicht mehr im neuen Vorstand vertreten. Damit folgten die Delegierten größtenteils Chrupallas Kandidatenliste, die er «Team Zukunft» getauft und wohl mit Höcke gut abgesprochen hatte. Denn die Liste beinhaltete keine Kandidaten, die sich nicht mit Höcke und seinem Lager arrangieren konnten.

Mit Christina Baum wurde sogar eine bekennende Flügel-Anhängerin als Beisitzerin gewählt, die sich schon mal auf Facebook als «Lobbyist der ‹Biodeutschen›» bezeichnet hatte – was sie damit begründete, dass «das hellhäutige, hier seit Jahrhunderten ansässige Volk, fast keine Interessenvertreter» mehr hätte. Ins Bundesschiedsgericht zogen weitere Vertraute von Höcke, die künftig ihren Einfluss auch bei Parteiausschlüssen geltend machen konnten. Selbst die Junge Alternative schaffte es mit Carlo Clemens als Beisitzer erstmals in den Bundesvorstand.

Zum neuen Vorstand schrieb Götz Kubitschek auf *Sezession*: «Niemand aus dem alten Bundesvorstand, der unter Meuthen Karriere machen wollte und sich an den Säuberungen gegen die eigene Basis beteiligte, wurde erneut gewählt. Meuthens Abgang sollte die letzte Häutung gewesen sein.» Auch Höcke gab sich auf Facebook ganz siegessicher: «Der neue Bundesvorstand gibt viel Hoffnung, daß die Zeit der Flügelkämpfe vorbei ist.»

Als Bundessprecher wurden die beiden Fraktionsvorsitzenden Tino Chrupalla und Alice Weidel gewählt. Während Weidel gut 67 Prozent der Stimmen hinter sich vereinen konnte, wurde Chrupalla mit rund 53 Prozent wiedergewählt – ohne den Rückhalt des Höcke-Lagers hätte er keine Chancen gehabt. Nach der Wahl gab sich Chrupalla aber optimistisch: «Heute beginnt der Aufbruch. Ich schaue nicht mehr zurück, was gewesen ist, was war, die Ära Meuthen ist mit dem heutigen Tag auch beendet.» Doch die erhoffte Einigkeit gab es auf dem Parteitag nicht, vielleicht auch, weil wieder Höcke die Bühne betrat. Dort thematisierte er den «sogenannten Verfassungsschutz». Wer Extremist sei, bestimme die Partei in Zukunft selbst, sagte er unter donnerndem Applaus und setzte sich mit dem Antrag durch, das «Zentrum Automobil» von der Unvereinbarkeitsliste der Partei zu streichen, ein extrem rechter Verein aus Stuttgart. Höckes Rede war nicht nur ein Plädoyer gegen die Schnappatmung in der Partei wegen der Einstufungen des Verfassungsschutzes, sondern auch eines für die Zusammenarbeit mit radikalen Organisationen aus dem erweiterten Dunstkreis der Partei: «Wir brauchen dieses Vorfeld. Ohne dieses Vorfeld sind wir nichts und werden nicht durchbrechen.» Seine Botschaft: Rote Linien dürfe es für die Partei nicht mehr geben.

Das sollte künftig also auch für das «Zentrum Automobil» gelten – einen Verein, der inzwischen nur noch «Zentrum» heißt und sich selbst als «alternative Gewerkschaft» für Arbeitnehmer der Automobilindustrie bezeichnet. Gegründet wurde der Verein von Oliver Hilburger, der fast 20 Jahre lang Gitarrist der Neonaziband Noie Werte gewesen war. Eines der NSU-Bekennervideos war mit der Musik der Band unterlegt worden. So wundert es auch nicht, dass der Verein nach Informationen der Wochenzeitung *Kontext* Kontakte zur neonazistischen Kleinstpartei Der III. Weg oder zur NPD unterhalten soll. Auch in den Kreisen der Neuen Rechten war Hilburger unterwegs: Im Februar 2018 sprach er auf einer Pegida-Demo, und im November 2019 hielt er einen Vortrag auf einer *Compact*-Konferenz. In einem Podcast des neurechten Kampagnennetzwerks «Ein Prozent», der sich «Lagebesprechung» nennt und während der Pandemie ins Leben gerufen wurde, um «einen Beitrag zur seriösen Information unserer Mitbürger» zu leisten, wurde für eine Folge Hilburger zum Gespräch eingeladen. Während in einer anderen Folge Björn Höcke über «Politik in der Corona-Krise» referierte, ließ sich Hilburger über das «Chaos in der Auto-Industrie» aus. Auch daran zeigte sich, wie vernetzt die Szene untereinander war – und wie einfach die Wandlung vom Neonazi zum «alternativen Gewerkschafter» funktioniert.

Für Weidel war die Aufhebung des Unvereinbarkeitsbeschlusses eine Niederlage. Sie war es gewesen, die den

Verein mit einem Vorstandsbeschluss im Oktober 2021 auf die Unvereinbarkeitsliste setzen ließ – sowohl auf Landesebene in Baden-Württemberg als auch auf Bundesebene. Zu dieser Entscheidung stand sie auch weiterhin. In einem Interview mit der ARD am Rande des Parteitags sagte sie, dass das «Zentrum Automobil» ein «hochtoxischer Verein» sei, viele Delegierte hätten das einfach nicht verstanden – «und da werden wir entsprechend noch mal nachziehen». Damit stellte sie sich klar und vor allem öffentlich gegen Höcke – was aber auch mit den Geschehnissen zu tun haben könnte, die sich kurz vor dem Parteitag abgespielt haben sollen. Wie der *Spiegel* berichtete, hatte Weidel erfahren, dass der Flügel-Anhänger Dirk Spaniel, ihr Erzfeind im Landesverband Baden-Württemberg, plane, gegen sie um den Parteivorsitz zu kandidieren – und Höcke keine Anstalten gemacht habe, ihn zurückzuhalten. Auch wenn Spaniel letztlich doch nicht kandidierte, musste es sich für Weidel wie ein Verstoß gegen den Nichtangriffspakt angefühlt haben, der den Frieden zwischen ihr und Höcke sichern sollte.

Aber selbst für Höcke lief auf diesem Parteitag nicht alles nach Plan. Sein Antrag «Kommission zur Vorbereitung einer Parteistrukturreform» wurde in Riesa nicht weiter behandelt. Die Kommission, die Höcke hatte aufstellen wollen, sollte den AfD-Bundesvorstand strategisch beraten. Der Leiter der Kommission, so hieß es in dem Antrag, sollte vom neu gewählten Vorstand benannt werden. In einem Interview, das am Rande des Parteitags geführt wurde, gab Höcke an, die Partei effizienter gestalten zu wollen – ein Dienst, den er gerne persönlich leisten würde.

Zu dem angestrebten Leitungsposten sollte es zumindest vorerst nicht kommen. Auch der von Höcke eingebrachten Resolution «Europa neu denken» war kein

Erfolg beschieden. In dem Papier wurde eine Auflösung der EU gefordert. Die einzige wirkliche Zusammenarbeit sollte es beim Grenzschutz geben, von der «Festung Europa» war die Rede, inklusive «wirksamer physischer Barrieren». Europa sei «zu einem Projekt abgehobener Eliten» geworden. Auch der von Höcke oft genutzte Begriff der «Globalisten» fand den Weg in die Resolution. Doch die kam nicht bei allen gut an. Selbst die frisch gekürte Parteichefin Alice Weidel sprach von «unspezifischen Sätzen», die «wulstig» klängen und damit «streckenweise unseriös» seien. Ein Delegierter nannte den Antrag «sprachlich gruselig und inhaltlich toxisch». Besonders scharf kritisierten vor allem Delegierte aus dem Westen, dass die Resolution eine Annäherung an Russland fordern und dabei nur von einem «Ukraine-Konflikt» sprechen würde. Nach einem zweistündigen Streit über die Europa-Resolution wurde der Parteitag vorzeitig beendet – davor wurde aber noch schnell die Nationalhymne gesungen.

Dass die beiden Anträge nicht durchgewunken wurden, sorgte für Unmut im Höcke-Lager. In internen Chats, die dem MDR zugespielt wurden, schrieb etwa Hans-Thomas Tillschneider, stellvertretender Landesvorsitzender der AfD Sachsen-Anhalt, entrüstet: «Björn Höcke wurde die Strategiekommission versprochen, für den Fall, dass er nicht für den BuVo kandidiert.» Mit «BuVo» war der Bundesvorstand gemeint. In einem Podcast-Gespräch mit Kubitschek warf Tillschneider Teilen des Bundesvorstands, wie den Vorsitzenden Chrupalla und Weidel, vor, einen «Krieg gegen die eigene Partei» initiiert zu haben – was auch schon ihren Vorgängern Lucke, Petry und Meuthen angelastet wurde. Ähnlich schrieb Kubitschek auf *Sezession*: «Die AfD duldet keinen internen Krieg gegen die eigene Partei mehr. Wer in ihr Mitglied sein und sich an ihrer für Deutschland so dringenden Aufgabe beteiligen möchte, darf nicht mehr ausgrenzend, diffamierend, ‹säubernd› wirken, sondern muß integrieren, muß auswiegen, was ausgewogen werden kann.» Diese Worte sollten wohl als Warnung an die neuen Parteichefs zu verstehen sein: Wenn sie diesen «Krieg» nicht einstellen könnten, würden sie so enden wie ihre Vorgänger.

Auch wenn der Parteitag in Riesa in Schuldzuweisungen endete, bedeutete er eine Zäsur. Das Rechtsaußenlager um Höcke hatte neun Jahre nach der Gründung der Partei die AfD-Spitze weitgehend unter seine Kontrolle gebracht. Nun gab es einen «homogenen Bundesvorstand», wie es der alte und neue Parteivize Stephan Brandner in seiner Bewerbungsrede gefordert hatte. Auf dieser Basis konnte die ganze Partei in die gewünschte Zukunft ohne rote Linien manövriert werden.

# 5

# Die wandelbare Unternehmensberaterin Weidel

## oder: Eine Partei paktiert offen mit Rechtsextremen

# Im Milieu der «Reichsbürger»

Im Frühjahr 2022 kam der Verfassungsschutz einem rechten «Reichsbürger»-Netzwerk auf die Spur. Die bunte Truppe unterteilte sich in einen politischen Flügel, der «Rat» genannt wurde, und in einen militärischen Flügel, dem auch ehemalige Bundeswehrsoldaten angehörten und dessen Aufgabe der bewaffnete Umsturz am «Tag X» war. Einzelne Beteiligte sollen einen Angriff auf den Bundestag und die Geiselnahme von Bundestagsabgeordneten erwogen haben. Um zu verhindern, dass die rechten Revolutionäre ihre Pläne umsetzen, rückten im Dezember 2022 Tausende Polizisten zu einer bundesweiten Razzia aus. 93 Waffen wurden sichergestellt, 25 Menschen festgenommen – darunter die Berliner Richterin und ehemalige AfD-Bundestagsabgeordnete Birgit Malsack-Winkemann, die nach ihrer verpassten Wiederwahl im Jahr zuvor weiterhin, so wie üblich, Zugang zum Bundestag hatte. Laut *Zeit Online* soll sie sich zuletzt bei ihren Mitverschwörern dafür starkgemacht haben, möglichst bald aktiv zu werden.

Malsack-Winkemann wurde in der AfD lange dem gemäßigteren Lager zugerechnet, soll sich aber nach Aussagen von Parteikollegen irgendwann dem rechten Flügel zugewandt haben. Fraktionschefin Alice Weidel lobte sie bei einem Bürgerdialog im Frühjahr 2019 als «tolle Politikerin». Bis zur Razzia war Malsack-Winkemann auf der AfD-Website als Beisitzerin des Bundesschiedsgerichts aufgeführt. Von 2017 bis 2021 saß sie für die AfD im Bundestag, wo sie für Aufsehen sorgte, etwa als sie behauptete, dem Gesundheitssystem entstünden Milliardenkosten, weil Flüchtlinge keine Beipackzettel lesen könnten. Während der Coronapandemie erklärte sie allen Ernstes, ein 13-jähriges Mädchen sei gestorben, weil es eine Maske getragen habe.

Um sich auf die geplante Machtübernahme vorzubereiten, soll die Gruppierung ein «Schattenkabinett» aufgestellt haben. Malsack-Winkemann war für das Justizressort vorgesehen. Heinrich XIII. Prinz Reuß, ein hessischer Unternehmer und glühender Anhänger der Monarchie, sollte neues Staatsoberhaupt werden. 2019 sprach er auf der Technologie- und Wirtschaftskonferenz «Worldwebforum» in Zürich, wo er aus seinen Überzeugungen keinen Hehl machte: Die Finanzindustrie habe die Monarchie zerstört, Rothschilds, Freimaurer und obskure Finanzmächte hätten die großen Kriege und Revolutionen der Geschichte angezettelt, um eine neue Weltordnung zu etablieren. Außerdem sei die heutige Bundesrepublik kein souveräner Staat und das Grundgesetz keine Verfassung, sondern von den Alliierten verfasst worden, um die Deutschen zu beherrschen – darüber hatte die Schweizer Wochenzeitung *WOZ* ausführlich nach der «Reichsbürger»-Razzia berichtet.

In der öffentlichen Debatte bewegte sich die Bewertung der wirren Revolutionäre zwischen weit voneinander entfernten Polen. Sahen die einen in der Truppe um Prinz Reuß und Malsack-Winkemann gefährliche Verschwörer, nahmen andere sie gerade wegen ihrer Führungsfiguren nicht ernst. Und so versuchte auch die AfD, der Angelegenheit gleich einen neuen Dreh zu geben – und im harten staatlichen Vorgehen den eigentlichen Skandal auszumachen. Zwei Tage nach der Razzia stellte Höcke bei Facebook ein neues Titelbild online. Neben einem Porträt von sich selbst mit nachdenklicher Miene und grauem Schopf stand in Großbuchstaben: «Putscht eigentlich eine Regierung, die einen Putsch inszeniert?» Ähnlich twitterte der parteiintern als gemäßigt geltende Georg Pazderski: Die «Razzia gegen die Greise der Reichsbürger» sei «toll inszeniert» gewesen, um «die Bluttat von Illerkirchberg aus den Schlagzeilen zu verdrängen». Gemeint war eine tödliche Messerattacke auf ein 14-jähriges Mädchen, mutmaßlich verübt von einem Geflüchteten aus Eritrea. Auch die neue Parteichefin Alice Weidel blies ins gleiche Horn: Sie bagatellisierte die gewaltsamen Umsturzpläne als «angestrebten Rollator-Putsch». Damit hatte Weidel ihrer Partei einmal mehr so passgenau wie geschickt nach dem Mund gesprochen. Weidel, die alle Häutungen der AfD überlebt hatte, bewies in ihrer politischen Karriere immer wieder erstaunliche Anpassungsfähigkeit.

## Die ehrgeizige Lille

Alice Weidel wurde 1979 in Gütersloh geboren und wuchs als jüngstes von drei Geschwistern in Ostwestfalen auf. Nach dem Abitur studierte sie Volks- und Betriebswirtschaftslehre an der Universität Bayreuth, wo sie ihr Studium 2004 als eine der Jahrgangsbesten abschloss. Danach arbeitete sie für etwa ein Jahr als Analystin für die Investmentbank Goldman Sachs, schrieb eine Doktorarbeit über das chinesische Rentensystem, wofür sie in China forschte und Mandarin lernte, wurde mit *magna cum laude* promoviert, arbeitete bei Allianz Global Investors in Frankfurt am Main und machte sich später als Unternehmensberaterin selbstständig.

Etwa ein halbes Jahr nach Gründung der AfD trat Weidel im Oktober 2013 der Partei bei. Neun Jahre später war sie Partei- und Fraktionsvorsitzende, die der AfD sowohl durch ihre Vita als auch durch ihre gerne getragene Perlenkette eine Aura der Bürgerlichkeit verlieh. Schon Freunden in ihrem Heimatort sei nach Informationen des *Spiegels* ihr Ehrgeiz aufgefallen. Ihr Vater, ein erfolgreicher Handelsvertreter, wollte von Lille, so ihr Spitzname, Leistung sehen. Politisch scheinen sich Vater und Tochter gut zu verstehen: Gerhard Weidel ist im AfD-Kreisverband Bodensee aktiv, er war auch mal dessen Vorsitzender.

Zwei Wochen vor der Bundestagswahl im September 2017 veröffentlichte die *Welt am Sonntag* eine E-Mail, die Weidel im Februar 2013, kurz nach Gründung der AfD, versandt haben soll. Zu diesem Zeitpunkt war sie noch nicht Parteimitglied, hatte sich aber bereits für den AfD-Vorläufer Wahlalternative 2013 engagiert, zu dem sie über ihren Doktorvater gefunden hatte. In dieser Mail an einen früheren Vertrauten hieß es wörtlich: «Der Grund, warum wir von kulturfremden Voelkern wie Arabern, Sinti und Roma etc ueberschwemmt werden, ist die systematische Zerstoerung der buergerlichen Gesellschaft als moegliches Gegengewicht von Verfassungsfeinden, von denen wir regiert werden. Diese Schweine sind nichts anderes als Marionetten der Siegermaechte des 2. WK und haben die Aufgabe, das dt Volk klein zu halten indem molekulare Buergerkriege in den Ballungszentren durch Ueberfremdung induziert werden sollen.» Das klingt ganz nach dem Vokabular der «Reichsbürger», was auch Weidels Sympathien für Malsack-Winkemann erklären würde. Weiter schrieb sie: «Dass D gar nicht souveraen ist, duerfte doch fuer den ekelhaften Fatalismus in der Tagespolitik z. B unsere Enteignung durch die Eurorettung, korrumpierte Judikative (Bundesverfassungsgericht) erhellend sein.» Am Ende der Mail stand: «Liebe Gruesse, Lille».

Zuerst bestritt Weidel, diese Mail geschrieben zu haben. Als die *Welt* aber erklärte, dass ihr eine eidesstattliche Versicherung des Empfängers vorliege, erhob Weidels Anwalt plötzlich keine Fälschungsvorwürfe mehr. Eine eidesstattliche Versicherung darüber, den Text nicht verfasst zu haben, wollte Weidel nicht ablegen. 2023, also zehn Jahre nach Verfassen der Mail, sollte Weidel nochmals mit ihr konfrontiert werden. In einem Interview mit dem ZDF-Magazin *frontal* gab sie sich ganz brüskiert: «Ich weiß jetzt ehrlich gesagt nicht, was das soll.» Auf die Frage, ob sie die Mail verfasst habe, ließ sie sich nicht ein: «Ich sage dazu nichts weiter.»

Neben dieser lagen auch weitere E-Mails vor, die schlüssige Details aus Weidel Leben beinhalteten und von derselben Adresse verschickt worden waren. 2017 schrieb die *Zeit*, dass es sich dabei um Weidels private Mailadresse handele, «die sie auch heute noch nutzt». Die fehlenden Umlaute wurden damit erklärt, dass Weidel im Februar 2013 noch bei Allianz Global Investors beschäftigt war, einer Kapitalverwaltungsgesellschaft, in der üblicherweise auf Englisch, sprich ohne Umlaute, kommuniziert wurde. So warf die Affäre um ihre E-Mail ein Schlaglicht auf die radikale Seite der Alice Weidel. Öffentlich wusste sie sich hingegen ganz anders zu inszenieren.

## Lieber austeilen als einstecken

Spätestens durch den Aufstieg und Fall von Frauke Petry hatte Weidel begriffen: Wer in der AfD weiterkommen will, darf sich nicht gegen Höckes Flügel stellen. Hatte sich Weidel noch im Frühjahr 2017 gemeinsam mit Petry für ein Parteiausschlussverfahren gegen Höcke starkgemacht, sattelte sie unter dem Eindruck von Petrys sinkendem Stern plötzlich um. Sie arrangierte sich mit den Rechtsaußen, verlor öffentlich kein schlechtes Wort mehr über Höcke.

Auch ihren Ton in politischen Sachfragen passte Weidel à la Flügel an. 2018 hetzte sie als Fraktionschefin im Bundestag: «Burkas, Kopftuchmädchen, alimentierte Messermänner und andere Taugenichtse werden unseren Wohlstand, das Wirtschaftswachstum und vor allem den Sozialstaat nicht sichern.»

Weidel teilt gerne aus, das Einstecken fällt ihr dagegen schwer. Mehrfach brach sie Interviews ab, wenn sie sich auf den Schlips getreten fühlte. Vor der Bundestagswahl 2017 verließ sie das Studio der ZDF-Sendung *Wie geht's, Deutschland?* als AfD-Spitzenkandidatin fluchtartig. Es ging um Integration, Moderatorin Marietta Slomka war Weidel ins Wort gefallen, als diese eine Statistik zitieren wollte. «Die Zahlen haben Sie schon mehrfach genannt.» Weidel entgegnete: «Lassen Sie mich endlich ausreden, sonst kann ich mir das Ganze hier sparen!» Kurz darauf kam es zur Auseinandersetzung mit CSU-Generalsekretär Andreas Scheuer. Weidel unterbrach ihn: «Also soll illegale Einwanderung legalisiert werden?» Scheuer reagierte: «Bevor Sie da jetzt rumstänkern: Machen Sie erst einmal den Zuschauern klar, dass Sie sich von Herrn Gauland und Herrn Höcke distanzieren.» In Bezug auf Höcke sagte Scheuer noch: «Für mich ist er einfach ein Rechtsradikaler.» Daraufhin rauschte Weidel ab.

Sich zu verdünnisieren, funktionierte aber nicht bei allem: Ende 2018 wurde Alice Weidel von einer Parteispendenaffäre eingeholt. Im Jahr zuvor waren dubiose Spenden aus der Schweiz auf dem Konto ihres Kreisverbands eingegangen, weshalb die AfD 396 000 Euro an die Bundestagsverwaltung zahlen musste, was dem dreifachen Spendenbetrag entsprach. Da half es auch nicht, dass die Spenden mit dem Verwendungszweck «Wahlkampfspende Alice Weidel Social Media» versehen worden waren. Entscheidend war die Überweisung auf das Parteikonto, womit die Zuwendungen als Parteispenden galten, die wegen des anonymen Spenders nicht hätten angenommen werden dürfen. Der Schaden für die AfD war erheblich, trotzdem kritisierte kaum jemand aus Höckes Flügel Weidel. Auch Gauland, der sie 2017 mit ins Spitzenteam geholt hatte und ohne den sie es wohl nie so weit gebracht hätte, hielt zu ihr – dieser Rückhalt sicherte Weidel vermutlich ihren Posten.

Einst soll Götz Kubitschek einen Nichtangriffspakt zwischen Weidel und Höcke vermittelt haben – was Weidel stets dementierte. Dem Einflüsterer aus Schnellroda stand sie aber nachweislich wohlwollend gegenüber. Weidel bezeichnete Kubitschek nicht nur als «sehr wichtige Figur für das rechtskonservative Spektrum unserer Partei», sondern stellte als Fraktionschefin sogar einen seiner Verwandten als Grundsatzreferenten ein, wie der *Spiegel* im Juni 2022 aufdeckte. Trotz dieser offensichtlichen Anbiederung standen die Rechtsaußen nie uneingeschränkt auf ihrer Seite – was wohl auch mit Weidels Leben außerhalb der AfD zu tun haben dürfte.

## Ehe nicht für alle

Privat führt Weidel ein Leben, das kaum zu den Ideen passt, für die sie als Politikerin der AfD antritt. Sie lebt in einer eingetragenen Partnerschaft mit Sarah Bossard, einer in Sri Lanka geborenen schweizerischen Filmproduzentin. Gemeinsam ziehen sie zwei Jungen groß. Dabei forderte die AfD-Fraktion mit ihrer damaligen Fraktionschefin Weidel in einem Antrag an den Bundestag im Jahr 2018 die Abschaffung gleichgeschlechtlicher Ehen. Während sich Weidel mit der eingetragenen Lebenspartnerschaft offenbar zufriedengab, erzählte ihre Lebenspartnerin der *Basler Zeitung*, bei der Volksabstimmung im Herbst 2021 über die Einführung der gleichgeschlechtlichen Ehe in der Schweiz mit Ja stimmen zu wollen. Auch auf ihrem Instagram-Account gibt sich Bossard liberal, postet auch mal ein Video, in dem sie zusammen mit Weidel im Auto zu Kylie Minogue tanzt.

In einem Interview mit dem *Tagesspiegel* behauptete Weidel mal, dass ihre sexuelle Ausrichtung in der AfD nie zum Thema gemacht worden sei. Sie sehe aber die Familienpolitik etwas liberaler, als es Parteilinie sei. Als die Redakteure anmerkten, dass ihr Lebensmodell für die AfD keine Familie sei, entgegnete Weidel: «Die AfD will niemandem ein Lebensmodell vorschreiben. Die Familie ist allerdings eine Institution. Genauso wie die Ehe verfassungsrechtlich eine Institution für die Eheschließung zwischen Mann und Frau ist. Wenn man das aufweicht, kann man gleich die ganze Institution abschaffen.» Auf die Frage, ob sie ihre Lebensgemeinschaft als Familie bezeichnen würde, antwortete Weidel: «Ja. Familie ist für mich immer da, wo Kinder sind.» Und ob sie sich selbst als Mutter sehe? «Selbstverständlich.»

## «Unser Land zuerst!»

Im Herbst 2022 präsentierte Weidel gemeinsam mit ihrem Co-Parteichef Tino Chrupalla die neue AfD-Kampagne «Unser Land zuerst!», mit der die Partei eine neue Protestwelle für einen «heißen Herbst» auf der Straße anzetteln wollte. Auch in dieser Strategie war der Einfluss Höckes auf den neuen Vorstand bemerkbar, wollte der Thüringer Landeschef die AfD doch schon lange zu einer Bewegungspartei umbauen, also ihre Opposition gegen die etablierten

Parteien verstärkt auf die Straße tragen und sich dort mit anderen Unzufriedenen vereinen.

Während Chrupalla «Unser Land zuerst!» mit ruhiger Stimme vorstellte, wirkte Weidel dagegen regelrecht aufgebracht. Die Leute würden von der Politik «so unglaublich knallhart über den Tisch gezogen». Es sei «wirklich traurig, wie die Menschen hier verarscht werden». Wutschnaubend rief sie: «Und dann wird ihnen noch vorgeschrieben von dieser Laientheatergruppe da oben, von diesem Quatsch-Comedy-Club, dass sie dann frieren sollen, für den Frieden, für die Ukraine, fürs Klima oder für sonst irgendwas, was seit Jahren verbockt wurde!? Also Entschuldigung, wie dumm ist das eigentlich?!» Die Weidel, die da sprach, klang deutlich mehr nach Populismus als nach Promotion. Drohend fügte sie hinzu: «Die Leute werden auf die Straße gehen, den ganzen Winter lang!» Zwar ging dann der groß angekündigten Protestwelle, die sich in Ostdeutschland in Montagsdemos manifestierte, bereits im November langsam die Puste aus. Trotzdem konnte die AfD zur Kundgebung am 8. Oktober 2022 in Berlin rund 10 000 Anhänger zusammentrommeln.

Am Tag der Deutschen Einheit kam es in Gera sogar zu einem «patriotischen Schulterschluss», wie ihn die Freien Sachsen nannten. Die rechtsextreme Kleinstpartei, die zu diesem Zeitpunkt auf der Unvereinbarkeitsliste der AfD stand, hatte zur Demonstration geladen – und Björn Höcke war gekommen. Er gerierte sich an diesem Tag bereits als kommender Anführer Deutschlands, der dem Land eine neue Richtung vorzugeben vermochte: «Wenn ich mich jetzt für das deutsche Volk entscheiden müsste zwischen dem Regenbogenimperium, zwischen dem neuen Westen, zwischen dem globalistischen Westen und dem traditionellen Osten, ich wählte in dieser Lage den Osten.» Höcke sagte an diesem Tag auch: «Gera ist heute der Anfang von etwas Neuem. Wir sind die Ersten von morgen» – ein völkischer Leitspruch. Auf diesen Auftritt angesprochen, sagte Weidel dem Deutschlandfunk: «Wenn Herr Höcke dort auftritt, auf seiner Demonstration, dann kann er das machen.» Grundsätzlich müsse die AfD aber ihre Haltung gegenüber Organisationen aus dem rechten Vorfeld klären. Zustimmung und mahnender Fingerzeig auf einmal – die Parteichefin hatte sich mal wieder geschickt aus der Affäre gezogen.

# Eine Partei wird zehn Jahre alt

Keine zehn Kilometer entfernt von Oberursel – dem Gründungsort der AfD – feierten etwa 300 Menschen im hessischen Königstein im Februar 2023 den zehnten Geburtstag ihrer Partei. Das «Haus der Begegnung», in das die Bundessprecher Alice Weidel und Tino Chrupalla geladen hatten, war viel geräumiger als der Gemeindesaal der Christuskirche, in dem am 6. Februar 2013 eine kleine Gruppe um den Wirtschaftsprofessor Bernd Lucke die AfD aus Protest gegen die Eurorettungspolitik gegründet hatte. Von ihren ersten Ideen hatte sich die Partei aber deutlich weiter entfernt als nur zehn Kilometer.

Bereits wenige Jahre nach der Parteigründung, als die Migration zunehmend in den Vordergrund der AfD gerückt war, hatte der frühere Vizevorsitzende Hans-Olaf Henkel im WDR geraunt: «Wir haben ein richtiges Monster erschaffen.» Für ihn war die AfD da bereits eine «Art NPD-light, vielleicht sogar identisch mit der NPD». Anlässlich des zehnten Jahrestags der AfD äußerten sich die ausgetretenen Gründungsväter ähnlich. Einer von ihnen, Norbert Stenzel, sagte gegenüber *frontal*: «Das Baby AfD, das wir damals gegründet haben, ist leider missraten.» Man habe eine Alternative zur CDU gründen wollen, herausgekommen sei «eine Nachfolgepartei von NPD und Republikanern». Stenzel war der erste Schatzmeister der Partei, auf seinen Tisch waren die Mitgliedsanträge geflattert. Er habe damals schon beobachtet, dass auch Menschen in die AfD wollten, die «besonders weit rechts» standen. Es seien «unglaubliche Mengen» an Mitgliedsanträgen gewesen, «das konnte nicht kontrolliert werden». Im Jubiläumsjahr warnte Stenzel vor seiner alten Partei: «Sie gefährdet sogar die Demokratie.»

Kein Wunder, dass die Gründungsväter von Oberursel – mit Ausnahme von Martin Renner, der laut ZDF keine Entwicklung der AfD «in Schlechteres, in Übleres, in Böseres» sah – nicht zur Geburtstagsfeier erschienen waren. Frauke Petry und Jörg Meuthen waren ebenfalls nicht gekommen, Bernd Lucke blitzte nur kurz in einem Video auf.

Von einer beständigen Radikalisierung wollten die Parteifunktionäre an diesem Abend in Königstein nichts wissen, sie hielten sie gar für «eine Erfindung unserer Gegner», wie der Ehrenvorsitzende Alexander Gauland laut *FAZ* sagte. Nicht die AfD sei radikaler geworden, sondern die Welt um sie herum. «Dieser Herausforderung», resümierte Gauland, «waren einige der Eurogegner in unserer Partei nicht gewachsen. Sie verließen uns unter dem Vorwand einer angeblichen Radikalisierung.» Der hessische AfD-Sprecher Robert Lambrou setzte höhnisch noch einen drauf: «Wenn es all diese Rechtsrucke gegeben hätte, die uns seit Gründung der Partei unterstellt wurden, müssten wir eigentlich schon wieder links rausgekommen sein.»

Auch die aktuellen Parteichefs konzentrierten sich darauf, die eigene Geschichte in ein warmes Licht zu rücken. Für Tino Chrupalla war die AfD laut *Spiegel* kein «missratenes Baby»: «Wir sind kein Mehrheitsbeschaffer für die CDU, sondern eine politische Kraft, stark und eigenständig. Das Baby ist wohlgeraten!» Er müsse immer schmunzeln, wenn die CDU von Brandmauern spreche, sagte Chrupalla weiter. «Die letzte hier im Land gebaute Mauer, auch die haben wir Ostdeutsche eingerissen.» In nicht allzu ferner Zukunft werde die AfD regieren, erst im Osten, dann im Westen, dann im Bund. Alice Weidel verwies auf die 2024 anstehenden Landtagswahlen in Sachsen, Thüringen und Brandenburg, wo ihre Partei in den Umfragen teilweise stärkste Kraft sei. Diesen klaren Wählerwillen könne niemand auf Dauer ignorieren. Mehr noch: «Wir wollen nicht nur mitreden, wir wollen gestalten, wir wollen mitregieren.» Die AfD sei «der Stachel im Fleisch der Etablierten».

## Ein heterogener Haufen

Auch Kubitscheks Institut für Staatspolitik hatte seine «Winterakademie» dem Thema «10 Jahre AfD» gewidmet. In der Einladung hieß es, dass die Teilnehmer dieser Veranstaltung den «Werdegang, das Potential und den Charakter der AfD» analysieren und der Frage nachgehen werden, ob die Partei «gefährlich genug» sei. Das ließ sich der Identitäre Martin Sellner nicht zweimal sagen. Er hielt in Schnellroda eine Rede über «Ethnowahl und Staatsbürgerschaftsrecht». Ein anderer Identitärer, Daniel Fiß, bilanzierte in einem Artikel für die Printausgabe der *Sezession*: Das große Manko der AfD sei, dass sie sich aus verschiedenen Protestwählerschaften speisen würde, die kaum auf einen gemeinsamen ideologischen Nenner zu bringen wären. Für diese These sprach, dass auch der Journalist Anselm Lenz, der bis zu seiner Coronaradikalisierung etwa für die *taz* geschrieben hatte, den Weg ins *Schäfchen* gefunden hatte. Mitgebracht hatte er seine Zeitung *Demokratischer Widerstand*, mit der er sich gegen Coronamaßnahmen positionierte – von denen im Jahr 2023 allerdings nicht mehr die Rede war. Das juckte aber einen älteren Teilnehmer mit blauer Allwetterjacke und Bommelmütze samt AfD-Slogan «Unser Land zuerst!» nicht – der las begierig in Lenz' Postille.

Dieses selbstbewusste Auftreten – sowohl in Königstein als auch in Schnellroda – kam nicht von ungefähr. Zu ihrem Jubiläum lag die AfD bundesweit bei 15 Prozent. In Thüringen war sie laut Umfragen sogar stärkste Kraft, was Höcke in seinem Kurs bestätigt haben dürfte. Für die AfD galt offenbar: je radikaler, desto erfolgreicher. In vergleichsweise kurzer Zeit hatte es die Partei in die Parlamente geschafft. Seit dem Austritt von Meuthen und dem Parteitag in Riesa im Juni 2022 trug sie keine großen Streitigkeiten mehr aus, was vor allem daran lag, dass sich die Rechtsaußen inhaltlich durchgesetzt hatten. Nun wollte die AfD Regierungsverantwortung übernehmen, was sie in ihrem neuen Slogan anlässlich des Jubiläums zum Ausdruck brachte: «Bereit für mehr.»

Auch Weidel schien Höcke den kleinen Angriff auf den Nichtangriffspakt wieder verziehen zu haben, als er die Gegenkandidatur ihres Erzfeindes Dirk Spaniel auf dem letzten Parteitag in Riesa nicht verhindern wollte, zu der es am Ende allerdings gar nicht kam. Zumindest setzte sie im April 2023 ein öffentliches Zeichen, indem sie erstmals gemeinsam mit Höcke bei einer Kundgebung in Thüringen auftrat. Sie ließ sich sogar Arm in Arm auf der Bühne mit Höcke ablichten. In ihrer Rede holte Weidel mit lauter und zorniger Stimme zu einem Rundumschlag aus: gegen die Asylpolitik, gegen die Klimapolitik, gegen die Ampelregierung, gegen die CDU, die als Opposition ein «Totalausfall» sei, gegen die Energiewende. Weidel kam gut an beim Anhang. In den Kommentaren zu ihrer Rede auf YouTube wurde sie gar als künftige Kanzlerin oder als «Freiheitsstatue dieser Republik» geadelt. Ein User schrieb: «Jawohl, lasst uns Deutschland wieder so groß machen, wie es mal war.»

Ganz harmonisch verlief auch das Interview des rechtspopulistischen *Deutschlandkuriers* mit Götz Kubitschek. Anlässlich des Jubiläums sagte er über das Verhältnis seines

Instituts zur AfD: «Diese Partei ist im parlamentarischen Betrieb das, worauf wir anderthalb Jahrzehnte lang hingearbeitet und gehofft haben.» Er und sein Institut hätten das grundsätzliche Potenzial der AfD früh erkannt und durch Publikationen erfolgreich gestärkt. Drastischer hatte es Kubitschek bereits einen Monat nach der Gründung der AfD auf *Sezession* formuliert: Der Euro sei «das feine Thema, das Türöffner-Thema, und unsere Themen (Identität, Widerstand, Gender-, Parteien- und Ideologiekritik) kommen hintendreingepoltert, wenn wir nur rasch und konsequent genug den Fuß in die Tür stellen». An anderer Stelle schrieb er: «Sollen sie also machen, sollen sie sich ruhig ein bißchen von uns [...] distanzieren, wenn es ihnen dabei hilft, diese Partei zunächst in der Nähe der Mitte zu platzieren. Das Volk, das Partei-Volk, will längst mehr, und diesmal soll und wird es mehr bekommen.» Auch wenn Kubitschek diese Stellen in dem Text später tilgen sollte, traf seine Prophezeiung ein.

Inzwischen hatte die neurechte bis extrem rechte Szene, auch durch Kubitscheks Zutun, an die AfD angedockt. Das musste auch der bekannte Neonazi und NPD-Funktionär Thorsten Heise eingestehen. Im November 2019 sagte er dem ZDF zähneknirschend, dass die AfD «auch da herumwildert, wo wir [die NPD] früher unsere Wählerscharen hatten». Aber das sei in Ordnung, so Heise. Schließlich trieb der Erfolg der AfD auch Heises Visionen von einem anderen Deutschland voran.

Den Ideen von Kubitschek war dieser Erfolg ohnehin zuträglich: War neurechte Ideologie lange Zeit ein Nischenphänomen in rechtsradikalen Publikationen, so waren ihre Thesen, wie die vom «Großen Austausch», im Jubiläumsjahr bereits in größeren Teilen der Gesellschaft angekommen.

Im April 2023 stufte das Bundesamt für Verfassungsschutz die Junge Alternative, das Institut für Staatspolitik und das Kampagnennetzwerk «Ein Prozent» als «gesichert rechtsextremistisch» ein. Somit hatte das unmittelbare Vorfeld der AfD den verfassungsfeindlichen Stempel aufgedrückt bekommen. Aber das schien nicht mehr viele in der Partei zu beunruhigen. Auch wenn manche Funktionäre am liebsten von der eigenen Jugend abrücken wollten, waren die Kader, die von Distanz nichts wissen wollen, durchsetzungsstärker. Auf Kubitscheks «Winterakademie» sollte Höcke im Februar 2024 sagen: «Alles, was in Richtung Abspaltung der JA geht, wird von mir den entschlossensten Widerstand erleben. [...] Kein Jota zurückweichen, das muss unsere klare Verortung sein.»

Die gleiche Devise galt für Höcke und seine Getreuen auch gegenüber dem Institut für Staatspolitik, «Ein Prozent» oder anderen Vorfeldorganisationen – gesichert rechtsextrem hin oder her. Immer wieder sprachen Funktionäre dem Verfassungsschutz die Neutralität ab, da dieser, wie sie behaupteten, zu einem «Regierungsschutz» verkommen sei. Bei ihren Anhängern sah es ähnlich aus. Weder die Einstufungen durch den Verfassungsschutz noch Parteispendenaffären, dubiose Kontakte nach Russland oder direkte Verbindungen ins Neonazi- und «Reichsbürger»-Milieu schienen sie zu stören. Die wichtigste Erzählung der AfD, nach der «die da oben» mit allen Mitteln die einzige Opposition in Deutschland diskreditieren wollen, hatte sich bereits in vielen Köpfen verfestigt. Vor allem seit der Coronapandemie war es für Menschen aus der vermeintlich bürgerlichen Mitte längst kein No-Go mehr, mit Rechtsextremisten gemeinsame Sache zu machen.

Das verbindende Element blieb dabei stets der von der AfD genährte Glaube, nach dem es hierzulande keine echte Demokratie mehr geben würde. Laut einer Studie des Allensbach-Instituts aus dem Frühjahr 2022 glaubte fast ein Drittel der deutschen Bevölkerung, in einer Scheindemokratie zu leben, in der sie nichts zu sagen hätten. In Westdeutschland teilten 28 Prozent diese Ansicht, in den ostdeutschen Bundesländern, in denen die AfD besonders stark war, wurde diese Meinung sogar von 45 Prozent der Befragten vertreten. Ein substanzieller Anteil der Menschen in Deutschland unterstellte den öffentlich-rechtlichen Medien zudem gezielte Manipulation. Die potenzielle Wählerschaft der AfD wuchs angesichts solcher Zahlen immer weiter.

## Der erste blaue Landrat

Im Sommer 2023 wurde im thüringischen Sonneberg erstmals ein AfD-Politiker zum Landrat gewählt. In einer Stichwahl setzte sich Robert Sesselmann gegen einen Kandidaten der CDU durch. Und auch sonst lief es bestens für die AfD: Im Deutschlandtrend der ARD kam sie Ende Juni bundesweit auf 19 Prozent, womit sie auf Platz zwei hinter der Union lag. In den ostdeutschen Bundesländern erzielte die Partei noch höhere Werte.

Im Wahlkampf hatte Sesselmann etwa die sofortige Abschiebung «krimineller und abgelehnter Asylbewerber» versprochen – obwohl ein Landrat hierfür nicht die alleinige Zuständigkeit hat. Doch Versprechen hin oder her, nach dem Wahlerfolg wurde erst einmal gefeiert. Zur Wahlparty im Biergarten eines Kleingartenvereins kamen auch Parteichef Tino Chrupalla und Björn Höcke, der einen Tag darauf von seinem Freund Götz Kubitschek für den Wahlerfolg verantwortlich gemacht werden sollte: «Es sind Höckes Leute, die wieder einmal zeigen, wie man es macht, und die vor allem widerlegen, daß man mit ihm und mit den Grundsätzlichen im Lande in eine Sackgasse fahre.» Kubitscheks Worte waren insbesondere an Höckes innerparteiliche Gegner gerichtet. Und sie gaben einen Hinweis darauf, wen Kubitschek an der Spitze der AfD sehen wollte.

Direkt nach der Stichwahl gratulierten nicht nur Parteikollegen Sesselmann, sondern auch die Junge Union Sonneberg. Auf Twitter schrieb sie: «Jetzt gilt es, Ideologie und Wahlkampfrhetorik beiseitezulegen und in sachorientierte Politik für unseren Landkreis einzusteigen.» Auch wenn der CDU-Nachwuchs den Tweet wenige Stunden später wieder löschte, zeigte er doch, dass die viel beschworene Brandmauer nach rechts immer mehr Risse bekam – und das nicht nur in Sonneberg: Im Thüringer Landtag brachte die CDU im November 2022 einen Antrag gegen geschlechtersensible Sprache in Landesbehörden mit AfD-Stimmen durch, im Kreistag von Bautzen stimmte sie einen Monat später sogar einem AfD-Antrag zu, abgelehnten Asylbewerbern Integrationsleistungen zu streichen. Dabei wurde die AfD Thüringen bereits im März 2021 vom Verfassungsschutz als «erwiesen rechtsextremistisch» eingestuft. Beim sächsischen Landesverband geschah dies im Dezember 2023.

## «Wehrmacht wieder mit»

Doch nicht nur Konservative pirschten sich an die AfD heran, sondern auch Neonazis. Da gab es Michael Brück von den Freien Sachsen, der Sesselmann auf Telegram gratulierte und forderte: «Es muss die Aufgabe einer patriotischen Verwaltungsführung sein, Schritt für Schritt die Verwaltung zu säubern.» Und dann war da noch Daniel W., der die Sonneberger AfD im Wahlkampf unterstützt hatte und sich in einem AfD-Shirt mit Höcke auf der Wahlparty ablichten ließ. Am nächsten Tag fuhr Daniel W. mit seinem Auto, auf dessen Heckscheibe ein Aufkleber mit der Aufschrift «Ehrenamtlicher Abschiebehelfer» prangte, zu einer Kita und reichte aus seinem Kofferraum blaue Luftballons, wohl Überbleibsel der Wahlparty, über einen Zaun an die Kinder. In einem Video, das diese Szene zeigt, trägt Daniel W. Shorts in den Reichsfarben Schwarz-Weiß-Rot und ein schwarzes Shirt mit dem Aufdruck: «Wehrmacht wieder mit».

Nachdem das Video viral ging, distanzierte sich die AfD von Daniel W., Höcke twitterte: «Die Behauptung, die genannte Person sei ‹Unterstützer› oder ‹Wahlhelfer› der AfD, ist falsch.» Um sich vollends von ihm zu distanzieren, stellte Höcke sogar die Vermutung auf, dass Daniel W. als V-Mann eingesetzt wurde, um den «maximal möglichen öffentlichen Schaden für die AfD zu verursachen». Belege für diese These lieferte Höcke nicht.

Nach Recherchen von MDR-Thüringen und *Spiegel* war Daniel W. Anfang der Nullerjahre aktives Mitglied der militanten Sonneberger Neonaziszene. Als Wehrdienstleistender geriet er zu dieser Zeit ins Visier des Militärischen Abschirmdienstes (MAD). Aus dem Protokoll einer Befragung von Daniel W. ging hervor, dass er regelmäßig an Stammtischen der Kameradschaft und an NPD-Aufmärschen teilgenommen und mit einem NSU-Vertrauten in Kontakt gestanden hatte. Außerdem gab W. an, dass er mehrfach gewalttätig gewesen sei, sich etwa zehn- bis fünfzehnmal mit Migranten geprügelt habe. Ohnehin sollten «Ausländer» aus Deutschland raus. «An Adolf» habe er einiges gut gefunden, zum Beispiel, dass Hitler «die Behinderten» umgebracht habe. Außerdem sagte Daniel W. dem MAD: «Ich bin kein Mitläufer, meine Überzeugung habe ich schon immer. Ich bin rechts.» In der AfD fand er offenbar eine neue ideelle Heimat, auch wenn der Thüringer AfD-Sprecher versicherte, dass Daniel W. kein Mitglied der AfD sei.

## Unzufriedenheit macht sich breit

Dass der AfD-Politiker Sesselmann mit seinem Wahlversprechen, kriminelle und abgelehnte Asylbewerber sofort abzuschieben, bei vielen Sonnebergern gut ankam, deckte sich auch mit den Ergebnissen einer Studie der Universität

Leipzig, für die rund 3500 Menschen aus den ostdeutschen Bundesländern befragt wurden und die fast zeitgleich zur Landratswahl veröffentlicht wurde. So stellten sich rund 41 Prozent der Befragten voll oder überwiegend hinter die Aussage «Die Ausländer kommen nur hierher, um unseren Sozialstaat auszunutzen». Etwa ein Drittel stimmte dem Satz zu, dass die Bundesrepublik durch die vielen Ausländer in einem gefährlichen Maß überfremdet sei. Hohe Werte gab es auch bei autoritären Ansichten. Rund 26 Prozent der Befragten stimmten der Aussage voll oder überwiegend zu, Deutschland brauche jetzt eine «einzige starke Partei, die die Volksgemeinschaft insgesamt verkörpert».

Insgesamt herrschte unter den Befragten große Unzufriedenheit mit der Demokratie im Alltag. Fast vier von fünf Befragten sagten: «Leute wie ich haben sowieso keinen Einfluss darauf, was die Regierung tut.» Und rund zwei Drittel stimmen der Aussage zu: «Ich halte es für sinnlos, mich politisch zu engagieren.» Doch dieser Demokratieverdruss komme nicht aus dem Nichts, so die Leiter der Studie. Bei der Wiedervereinigung sei keine neue Verfassung erarbeitet worden, aus dem Osten sei praktisch nichts übernommen worden. Eine wichtige Rolle würden auch Verschwörungsideologien spielen, also das Gefühl, dass dunkle Mächte unerkannt regierten und Politiker nur Marionetten seien. Hinzu kommen überfordernde Krisen und der dauernde Wandel. Viele würden sich nach einer einfacheren Zeit sehnen und nach jemandem, der alles regelt. Der AfD-Wahlkampfslogan «Deutschland, aber normal» von 2021 spielte genau mit diesen Sehnsüchten.

Nach der Wahl schlug auch Thüringens Ministerpräsident Bodo Ramelow selbstkritische Töne an. Sonneberg sei eine «wirtschaftlich sehr starke und prosperierende Region» mit guter Lohnentwicklung. «Trotzdem haben die

Sonneberger für sich entschieden, dass sie ein Signal an die ganze Republik senden wollen, dass ihnen viele Dinge einfach nicht gefallen.» Im Hinblick auf kommende Wahlen riet Ramelow im ZDF: «Ich glaube, wir müssen den Geist der deutschen Einheit neu definieren, dass wir die Ostdeutschen mitnehmen und nicht das Gefühl auslösen, dass über sie gelacht wird oder über sie nur geredet wird.»

## Sternstunde für Alice Weidel

Kurz nach der Stichwahl in Sonneberg erschien im *Stern* ein Interview mit Alice Weidel, die auch groß auf dem Cover abgebildet war. «Was können Sie eigentlich außer Hass?», fragte das Magazin, wobei «Hass» in Frakturschrift gehalten war. Chefredakteur Gregor Peter Schmitz schrieb über das Interview im Editorial: «Es gehört zur Aufgabe von Journalisten, mit allen Menschen zu sprechen, die in unserer Demokratie an die Macht wollen. Wir müssen für unsere Leserschaft herausfinden, mit welchen Menschen wir es zu tun haben, was sie mit der Macht anstellen möchten.»

Doch die Kritik anderer Journalisten ließ nicht lange auf sich warten. Tatsächlich blieb die Frage auf dem Cover während des ganzen Gesprächs unbeantwortet. Weidel wich ihr problemlos aus: «Wir machen hauptsächlich Sachpolitik. Man muss nur bereit sein, sich damit auseinanderzusetzen. Und dass diese Regierung das Land in den Ruin treibt, ist ein Fakt. [...] Wir schaffen uns ab. Wir brauchen so schnell wie möglich Neuwahlen.» Anstatt nachzuhaken und Weidel aus der Reserve zu locken, hüpften die beiden Redakteure einfach weiter durch das Gespräch. «Man muss die AfD ja nicht mehr demaskieren, das meiste liegt offen zutage», so die Meinung des *Sterns*. Und so verlief das Interview zwar nicht AfD-freundlich, aber ganz boulevardesk: «Wir wollten mal hören, wie Sie sich selbst sehen. Ob da hinter der Perlenketten-Fassade ein Mensch steckt.»

Das *Stern*-Gespräch diente womöglich auch dem Berliner «Center für Monitoring, Analyse und Strategie» (CeMAS) als Negativbeispiel. Im Frühjahr 2024 gab das CeMAS Empfehlungen für den medialen Umgang mit der AfD heraus. Obwohl rechtsextreme Parteien wie die AfD sich in den letzten Jahren immer weiter radikalisiert hätten, heißt es in der Handreichung, würden wir gleichzeitig eine gesellschaftliche Normalisierung rechtsextremer Positionen und Erzählungen erleben. Unter dem Punkt «Inszenierungen unterbinden» steht: «Rechtsextreme auf Titelblättern haben keinen journalistischen Mehrwert, helfen Rechtsextremen aber dabei, ihre Positionen zu normalisieren.» Zudem könnten Medien sogar rechtsextreme Ideologien verstärken, wenn sie rechtsextreme Narrative unkritisch aufgreifen oder gar befeuern.

Für Weidel, die am Ende auch noch mit der Kanzlerfrage gebauchpinselt wurde – «Frau Weidel, wollen Sie selbst Kanzlerin werden?» –, dürfte das Interview ein Erfolg gewesen sein, eben weil ihr genügend Raum gegeben wurde, sich als Politikerin einer ganz normalen Partei zu präsentieren.

## «Diese EU muss sterben»

Einen Monat nach der Landratswahl in Sonneberg trafen sich rund 600 Delegierte der AfD in Magdeburg zum Parteitag, um insgesamt 35 Kandidaten für die Europawahl aufzustellen und um einen gemeinsamen Kurs in der Europapolitik festzulegen – wofür gleich zwei Wochenenden angesetzt wurden. Auch der frischgebackene AfD-Landrat

Robert Sesselmann saß unter den Delegierten. Zum Auftakt lobte Parteichef Chrupalla die neue «Harmonie» im Vorstand – was auch kein Wunder war, schließlich waren dort seit dem vergangenen Parteitag in Riesa keine Funktionäre aus dem gemäßigteren Lager mehr vertreten.

Wie sehr sich die AfD nach Macht sehnte und wie sie darauf hoffte, von den anderen Parteien angenommen zu werden, machte Alice Weidel in ihrer Eröffnungsrede deutlich. Mit Blick auf die Landtagswahlen in Ostdeutschland rief sie: «Wir müssen nur eine Brandmauer niederreißen, und das ist die Brandmauer der CDU im Osten!» Diese sei antidemokratisch. Auch die EU bezeichnete Weidel als undemokratisch. Dort, wo sie eigentlich Sinn machen würde, versage sie komplett, und zwar bei der Migrationspolitik. «Wir müssen die überbordende Migration stoppen», rief Weidel mit reichlich Empörung in der Stimme. Die AfD würde sich für eine «Stärkung der Nationalstaaten» einsetzen und wolle eine «Festung Europa» bauen, «zum Schutz unserer Heimat».

Im Wahlprogramm zur Europawahl einigten sich die Delegierten schließlich auf diese Kernforderung: «Da die EU nicht im Sinne der AfD reformierbar ist, treten wir für die Neugründung einer europäischen Wirtschafts- und Interessengemeinschaft ein.» Damit rückte die AfD von einem im Juni veröffentlichten Entwurf ab, in dem sie eine «geordnete Auflösung» der Europäischen Union gefordert hatte. Auch der noch 2021 angestrebte EU-Austritt Deutschlands, der Dexit, wurde im Wahlprogramm nicht erwähnt. Drastischer formulierte es Höcke am Rande des Parteitags: «Diese EU muss sterben, damit das wahre Europa leben kann.»

An anderer Stelle im Wahlprogramm wurde gefordert, «die Aussetzung der Wehrpflicht wieder rückgängig» zu machen, um die Verteidigungsfähigkeit Deutschlands wiederherzustellen. Das sah Höcke offenbar anders. In *Info-DIREKT*, einem österreichischen «Magazin für Patrioten», das nach Informationen von *Zeit Online* am Parteitag verteilt wurde, spricht sich Höcke in einem zweiseitigen Gastbeitrag gegen die Wiedereinführung der Wehrpflicht aus. Wofür auch sollte ein Soldat im Ernstfall sein Leben lassen, fragt er in seinem Text, etwa für «Gender-Gaga» und «Transhumanismus»? Sein Fazit: «Meine Kinder kriegt ihr nicht.»

Auch wenn es Höcke sichtlich gefiel, wenn ihn etwa der Phoenix-Moderator Alexander Kähler als «heimlichen Parteivorsitzenden» vorstellte, und er gern in jede Kamera sprach, lief für ihn dennoch nicht alles nach Plan. Als es um Listenplatz drei ging, trat Höcke ans Saalmikrofon und warb für seinen Verbündeten und Kollegen im Thüringer Landtag, den 36-jährigen René Aust. Kurz danach sprach der sächsische Landeschef Jörg Urban und schlug eine mit Höcke nicht abgesprochene Kandidatin vor. Am Ende konnte sich Höckes Wunschkandidat Aust, den die *taz* wegen seiner perfekten Frisur und Rasur, seiner fuchtelnden Arme und lautstarken Tiraden in seiner Bewerbungsrede als «rechtsextremen Tom Cruise auf Speed» bezeichnete, durchsetzen, doch eine kleine Zacke seiner Krone dürfte Höcke durch die Kampfkandidatur eingebüßt haben. Vor allem aber hatte die Abstimmung gezeigt, dass das Lager um Höcke und seinen offiziell aufgelösten Flügel, zu dem eigentlich auch Jörg Urban gehörte, nicht mehr ganz so geeint war. Vielleicht fehlte den Rechtsaußen ihr Strippenzieher Andreas Kalbitz, der inzwischen seit drei Jahren nicht mehr in der AfD war.

Zum Spitzenkandidaten für die Europawahl wurde der Wirtschaftsanwalt Maximilian Krah gewählt, der seit vier Jahren im Europaparlament saß und innerhalb der Partei zu den rechten Hardlinern zählte. Auf die Stimmen aus dem Lager um Höcke konnte sich Krah also verlassen. In einem Gespräch zwischen den beiden, das Krah im Januar 2023 unter dem Titel «Europa und Nation» auf seinen YouTube-Kanal stellte, bezeichnete Höcke den «lieben Max» als profunden Kenner Europas und der EU. Dabei stand Krah schon damals für seine Kontakte und Reisen nach China, Katar und zu russischen Oligarchen in der Kritik. In einem Interview mit der extrem rechten US-Enthüllungsplattform *Project Veritas* behauptete Krah, dass weniger als zwanzig Personen bei den Bauarbeiten anlässlich der Fußballweltmeisterschaft 2022 in Katar gestorben seien – alle anderen Behauptungen wären «Bullshit». Selbst der katarische WM-Organisationschef hatte indes gegenüber dem britischen Sender Talk TV eingeräumt, dass es zwischen 400 und 500 tote Gastarbeiter auf WM-Baustellen gegeben hatte.

Von seiner europäischen Fraktion Identität und Demokratie (ID) war Krah schon mehrfach suspendiert worden, etwa weil er im französischen Präsidentschaftswahlkampf nicht Marine Le Pen, sondern ihren noch rechtsextremeren Konkurrenten Éric Zemmour unterstützt hatte. Wegen «grob fraktionsschädigenden Verhaltens» wurde Krah daraufhin vorübergehend von der Fraktion ausgeschlossen.

Seit der Gründung der Fraktion Identität und Demokratie im EU-Parlament im Juni 2019 gehörte ihr die gesamte AfD an. Auf dem Magdeburger Parteitag beschlossen die Delegierten, auch der europäischen Partei Identität und

Demokratie beizutreten, was dann im September 2023 geschah. Die ID-Partei mit Sitz in Paris ist ein europäischer Dachverband diverser rechter Parteien, darunter die italienische Lega Nord, der französische Rassemblement National und die österreichische FPÖ. Auch wenn parteiinterne Kritiker in Magdeburg von einer «Anbiederung» der AfD an die «korrupte EU» sprachen, war wohl für die Mehrheit, die sich für den Beitritt starkmachte, die Verlockung zu groß, mit ihm auch Finanzmittel aus dem EU-Haushalt zu erhalten.

In seiner Bewerbungsrede gab sich Krah, den manche Parteikollegen «Schampus-Max» nennen und der später auch schon mal im schicken Jaguar-Cabrio zu einer Wahlkampfveranstaltung im bayerischen Holzkirchen vorfahren sollte, als Anwalt der kleinen Leute – «ihr Herz würde tanzen, wenn es deutsche Märchen und deutsche Lieder wären, die man ihnen vorträgt». Man wolle nun «stolz und erhobenen Hauptes nach Brüssel» gehen. Krah machte aber auch deutlich, was für eine Zäsur die Abwahl der Gemäßigten aus dem Vorstand der AfD in Riesa gewesen war. Vor einem Jahr hätten sie die Entscheidung getroffen, eine Alternative zu sein, auf die sie stolz sein können und die nun «das öffentliche Leben in Deutschland dominieren» würde. Jetzt würden sie «endlich nach vorne gehen». Auch wenn Krahs Worte kryptisch daherkamen, dürfte doch klar sein, welchen strategischen Kurs die AfD seit Riesa fuhr: Sie wollte sich nicht mehr vom Verfassungsschutz bedrängen lassen, zu ihrem radikalen Kurs stehen, der immer normaler erscheinen und irgendwann mit einem Einsturz der Brandmauer zur Union belohnt werden sollte. In seiner Rede sagte Krah in Anspielung auf den ersten AfD-Landrat: «Wir wollen ganz Deutschland zu einem großen Sonneberg machen.»

Krah hatte sich erst kürzlich auch als Buchautor betätigt. Sein Werk «Politik von rechts» war in Kubitscheks Antaios-Verlag erschienen, auf dessen Website er als einer der «streitbarsten und visionärsten Politiker der AfD» geadelt wurde. Dieses «Manifest», wie das Buch genannt wurde, verteidigte Kubitschek später bei der «Sommerakademie» im September 2023 gegen Kritiker wie den stellvertretenden AfD-Fraktionsvorsitzenden Norbert Kleinwächter, der in Krahs Visionen nichts anderes als die Erschaffung eines «brutalen Führer- und Gewaltstaats» sah. In seiner Eröffnungsrede sprach Kubitschek von einem geistigen Bürgerkrieg, der in Deutschland toben würde, und beendete seine Rede mit den Worten: «Also, lasst uns Krieg führen!»

Auch über den zweiten Listenkandidaten Petr Bystron war bekannt, dass er sich gerne mit Autokraten abgibt. Während einer Dienstreise nach Litauen im November 2022 hatte er als Bundestagsabgeordneter unangemeldet einen Abstecher nach Belarus gemacht, von wo wenige Monate zuvor russische Truppen in die Ukraine einmarschiert waren. Auch schon 2018, auf seiner ersten Auslandsreise als Bundestagsabgeordneter, sorgte Bystron für Empörung: In Südafrika absolvierte er am Rande der Reise eine Schießübung mit Vertretern der rechtsextremen Organisation «Suidlanders», die nur Weißen offensteht und die sich nach eigener Aussage auf einen «Rassenkrieg» in Südafrika vorbereitet.

In seiner Bewerbungsrede in Magdeburg warnte Bystron vor «Globalisten, die uns zwangsimpfen wollten», womit er eine gängige Verschwörungserzählung zum Besten gab. Aus Brüssel würde das «Gift» kommen. Bystron inszenierte sich als nationalistischer Kämpfer, der sich aufopfern würde, wenn er vom Bundestag ins Europaparlament wechseln würde. Mit Blick auf die gestiegenen

Umfragewerte für die AfD sagte er: «Die Altparteien sind im Panik-Modus.» Doch die Enthüllungen um die beiden Rechtsaußen Bystron und Krah, die im Frühjahr 2024 ans Licht kommen sollten, dürften eher die beiden Spitzenkandidaten und weite Teile der AfD in Panik gestürzt haben.

# Rechte Träume von «Remigration»

Schon drei Wochen vor dem später berüchtigt gewordenen Treffen von Potsdam, bei dem extrem rechte Aktivisten, AfD-Politiker und Unternehmer ihre Ideen für ein ganz anderes Deutschland besprachen, war am 4. November 2023 ein vergleichbar illustrer Kreis zusammengekommen. In Magdeburg hatte das *Compact*-Magazin zu einem Kongress geladen, der sich «Frieden mit Russland» nannte. Schon da ging es um «Remigration», saßen AfD-Fraktionsvorsitzende neben dem Identitären Martin Sellner, plauderte der geschasste AfD-Rechtsausleger André Poggenburg gut gelaunt mit dem Wahlvolk, sprach ein regelmäßiger Gast des russischen Staatsfernsehens. Selten hatte die AfD so offen mit Rechtsradikalen aller Couleur paktiert. Das zeigte schon der Blick auf den Büchertisch. Dort lagen neben Magazinen und Shirts mit dem Aufdruck «Wir sind frei» oder «Sieg für Deutschland» auch Kochbücher wie «Der Widerstand kocht! Schwurbler am Herd» oder «Die 88 besten Fleischgerichte aus dem Reich» des Thüringer Neonazis Tommy Frenck. Dieser sollte es als Kreistagsabgeordneter der rechtsextremistischen Wählervereinigung Bündnis Zukunft Hildburghausen bei den Thüringer Kommunalwahlen Ende Mai 2024 sogar in die Stichwahl um den Landratsposten im Kreis Hildburghausen schaffen.

Einer der ersten Friedensbewegten am Rednerpult war Oliver Kirchner, Vertrauter von Höcke und Fraktionsvorsitzender der AfD Sachsen-Anhalt und damit eines Landesverbands, dessen Einstufung als «gesichert rechtsextremistisch» vom Verfassungsschutz drei Tage nach dieser Konferenz öffentlich gemacht werden sollte. Wie viele seiner Parteifreunde aus dem Osten schlug auch Kirchner mit der DDR-Keule um sich. Bezogen auf AfD-Anhänger, die wegen ihrer politischen Haltung ausgegrenzt werden würden, sagte er: «Ich merke, dass wir in eine Zeit geraten, wo ich mich wirklich an tiefste DDR-Zeiten erinnert fühle.» Von da baute er die Brücke nach Russland: Damals hätte er in der Schule «die Sprache seiner Besatzer» nicht lernen wollen, heute bereue er es, nicht besser Russisch zu können. Seine Sympathien waren jedenfalls klar verteilt: Die Führung der Ukraine bezeichnete Kirchner als «Selenskyj-Regime» und «korrupte Saubande».

Ansonsten verkörperte Kirchner an diesem Tag in Magdeburg den volksnahen Lokalpolitiker, der Steuergelder «an unsere Bürger zurückgeben» möchte – und «an niemand anderes auf dieser Welt». Wenn es darum gehe, Energie zu sparen, wolle er zuallererst öffentlich-rechtliche Sender schließen und illegale Zuwanderer abschieben. Das kam richtig gut an in der Halle, das Publikum klatschte und johlte. Aber auch außerhalb der Halle erhielt die AfD in Sachsen-Anhalt zu diesem Zeitpunkt mit 33 Prozent die größte Zustimmung aller Parteien. Ansonsten gehörte es zu den Absurditäten dieses Tages, dass Kirchner es schaffte, zwei verschiedene Agenden zusammenzubringen – Pro-Putin und Anti-Migration. Schließlich war da längst bekannt, dass der russische Präsident Migranten über eine eigens eingerichtete Migrationsroute via Moskau und Minsk über die belarussisch-polnische Grenze in die EU bringen ließ.

Martin Sellner, Chef der Identitären Bewegung Österreichs, trat ebenfalls in Magdeburg auf. Auch wenn sein ideologischer Ziehvater Kubitschek in Sellner laut *Spiegel* ein Charisma sah, das ihn an Rudi Dutschke erinnere, gab es an Sellners Jugend im Neonazimilieu nichts zu rütteln. Als 17-Jähriger klebte er laut eines Polizeiprotokolls Hakenkreuzaufkleber mit der Aufschrift «Legalisiert es» an die Außenmauer einer Synagoge im niederösterreichischen Baden und gab sich mit dem Holocaustleugner Gottfried Küssel ab. Später pirschte er sich ans neurechte Milieu heran, wo er die altbekannten Parolen in neue, harmloser klingende Worte zu packen wusste. So wollte Sellner fortan nicht mehr die eigene «Rasse» retten, sondern die «europäische Identität». Statt «Ausländer raus!» wurde «Remigration» gefordert oder von «Ethnopluralismus» geredet, der zwar vordergründig ethnische Vielfalt gutheißt, gleichzeitig aber eine strenge räumliche Trennung der einzelnen Nationen und Kulturen erreichen will. Aus «Blut und Boden» wurden «Kultur und Heimat», die nicht verwässert werden dürften.

In Magdeburg sprach Sellner nach der Mittagspause, in der neben deutschen Kartoffeln und Schweinebauch auch russischer Borschtsch gereicht wurde, über die «Melonisierung des Abendlandes, Nato und Remigration». Besonders auf die italienische Ministerpräsidentin Giorgia Meloni hatte es Sellner abgesehen, die als «rechte Transatlantikerin» in seinen Augen zu wenig gegen die «Überflutung Europas» tun würde. Sobald Meloni wirklich Ernst machen würde mit ihrer angekündigten Migrationspolitik, würde er ihr «ein Sackerl Mozartkugeln» schicken. Das «Vorfeld», womit Sellner sich selbst und andere politische Aktivisten meinte, müsse der Politik den Weg weisen. Er erzählte von jüngsten Beispielen, bei denen aktivistischer Widerstand Asylheime verhindert hätte, etwa durch eine «spektakuläre Dachbesetzung» von identitären Aktivisten, die ein Banner mit der Aufschrift «Remigration – das Ländle bleibt deutsch» in die Kameras hielten. Aus dem Publikum erntete Sellner donnernden Applaus.

Sellner forderte in seiner Rede nicht nur ein «Ende des Bevölkerungsaustauschs», sondern auch ein «Ende des deutschen Schuldkults». Er werde «niemals die Schuldkult-Pille schlucken», denn «unsere Vorfahren waren keine Verbrecher». Deutschland würde nur dann von anderen Ländern akzeptiert werden, wenn es stolz zur eigenen Tradition und Geschichte stehen würde.

## Ein Masterplan gegen Migration

Seine Gedanken zur «Remigration» durfte Sellner drei Wochen später in einem schicken Landhotel bei Potsdam weiter vertiefen. Auf dem konspirativen Treffen, das im November 2023 stattfand und im Januar 2024 vom Recherchenetzwerk *Correctiv* aufgedeckt wurde, gab Sellner den Auftaktredner. Unter den Teilnehmern waren Unternehmer, Rechtsextreme, vermeintlich bürgerliche Politiker aus der Werteunion und AfD-Funktionäre. Einer der beiden Organisatoren, Gernot Mörig, ein ehemaliger Zahnarzt aus Düsseldorf und völkischer Netzwerker, kündigte Sellner mit den Worten an, dass dieser den Masterplan habe. Und zwar den Masterplan zur «Remigration».

Und so nutzte Sellner die ihm gebotene Bühne, um zu erklären, wie eine Massenverdrängung all jener, die seiner Auffassung nach nicht zum deutschen Volk gehören, umzusetzen sei. Damit meinte Sellner nicht nur Menschen mit Migrationshintergrund, die keinen rechtlichen Anspruch auf Asyl haben und nach jetziger Rechtslage abgeschoben werden könnten, sondern auch jene mit Bleiberecht. Selbst Menschen, die einen deutschen Pass besitzen, sich aber nach rechtsextremer Ansicht «nicht assimiliert» hätten, sollten aus Deutschland verdrängt werden. Letztere seien aus Sellners Sicht das größte «Problem», daher müsse es einen «hohen Anpassungsdruck» auf die Menschen geben. Sellner brachte auch die Idee eines «Musterstaats» in Nordafrika ein, wo man bis zu zwei Millionen Menschen «hinbewegen» könne. Und alle, die sich für Geflüchtete einsetzten, könnten gleich mit dorthin.

Auch ein anderer Identitärer durfte in Potsdam sprechen: Mario Müller. Er galt lange als Kopf der «Kontrakultur», so der Name der Identitären Bewegung in Halle an der Saale, wo sie sich in einem Haus gleich gegenüber der Universität festgesetzt hatte. In Kubitscheks Antaios-Verlag veröffentlichte Müller 2017 passend dazu das Buch «Kontrakultur», eine Art identitäres Nachschlagewerk, in dem Müller Leni Riefenstahl feiert, fünf Regeln für den «perfekten Scheitel» aufstellt, «Remigration» erklärt und behauptet, das «N», das bei der Schuhmarke New Balance groß auf den Sneakern prangt, würde in seinen Kreisen für «Nein» stehen.

Laut Kurzvita im Buch hatte Müller eine «aktivistische Jugend im nationalrevolutionären Lager» erlebt. Anders ausgedrückt: Mario Müller stammt aus dem Kameradschaftsumfeld und war in der NPD-Jugendorganisation Junge Nationaldemokraten aktiv. Als Identitärer versuchte er dann, seine einschlägige Neonazi-Vergangenheit hinter sich zu lassen. Als das identitäre Hausprojekt in Halle scheiterte, heuerte Müller erst als Redakteur für *Compact* an und ließ sich dann als Mitarbeiter im Büro des AfD-Bundestagsabgeordneten Jan Wenzel Schmidt anstellen – Unvereinbarkeitsliste hin oder her. Sein neuer Job hielt Müller nicht davon ab, im Sommer 2023 an einer Wanderung zu einer ehemaligen Kultstätte der Nationalsozialisten in Niedersachsen teilzunehmen, wie Fotos von *recherche-nord* belegen. Müller marschierte dort mit Gefolgsleuten von der NPD und dem III. Weg, einer neonazistischen Kleinstpartei.

Bei dem Treffen von Potsdam soll er sich damit gebrüstet haben, den Kanal «Dokumentation Linksextremismus» auf der Plattform X zu betreiben. Dort werden geleakte Details über linke Akteure verbreitet – mit Fotos, Klarnamen und anderen Angaben. Mit «finanzieller Unterstützung» könnte er noch mehr Kraft in seine «wichtige Arbeit» stecken, sagte er laut Quellen, und «das Projekt weiter professionalisieren». Außerdem soll Müller für einen gewalttätigen Übergriff mitverantwortlich sein. Laut *Correctiv* erzählte er in Potsdam, er habe den Aufenthaltsort eines potenziellen Kronzeugen aus der linksextremen Szene im rechten Milieu publik gemacht und an «polnische erlebnisorientierte Fußballkreise» weitergegeben. Diese hätten den Mann «sehr handfest und sportlich konfrontiert», woraufhin der Betroffene einen Nervenzusammenbruch erlitten habe.

Auf Anfrage des Rechercheteams wies Müller alle Vorwürfe zurück. Zu dem Übergriff sagte er: «Ich habe niemals einen ‹Schlägertrupp› auf irgendjemanden angesetzt.» Er selbst scheint körperlicher Gewalt gegenüber aber nicht abgeneigt zu sein. Bewiesen ist, dass Müller im Jahr 2010 in Delmenhorst einen linken Jugendlichen mit einem Totschläger am Kopf verletzt hatte, indem er ihm das 200 Gramm schwere Metallstück, das er in eine Socke gesteckt hatte, gegen die Stirn schlug. Dafür bekam er eine Bewährungsstrafe. 2021 wurde Müller erneut zu einer Freiheitsstrafe auf Bewährung verurteilt, weil er in Halle vermeintliche Linke, die sich als Zivilpolizisten entpuppten, angegriffen hatte.

Wegen seiner Vorgeschichte bekam Müller als Mitarbeiter eines AfD-Abgeordneten Hausverbot im Bundestag, aber die Parteiführung störte sich offenbar nicht an ihm. Im März 2024 legten Recherchen des Bayerischen Rundfunks offen, dass die AfD im Bundestag mehr als hundert Mitarbeiter aus dem rechtsextremen Milieu beschäftigt. Sechs Jahre zuvor, im März 2018, hatte *Zeit Online* schon aufgedeckt, dass mindestens 27 Mitarbeiter von AfD-Abgeordneten Verbindungen zu rechtsradikalen Organisationen hätten. Die Zahl hatte sich also mehr als verdreifacht.

## Die schweigende Mehrheit schreit auf

Die Enthüllungen von *Correctiv* lösten eine riesige Protestwelle aus. Mit insgesamt über drei Millionen Teilnehmern auf weit mehr als 1100 Kundgebungen gehörten die Proteste zu den besucherstärksten der deutschen Nachkriegsgeschichte. Im Berliner Ensemble wurden die *Correctiv*-Recherchen als szenische Lesung dargeboten. Auch die Debatte über ein mögliches Verbot der AfD flammte erneut auf. Bereits Ende November 2023 hatte das Künstlerkollektiv Zentrum für Politische Schönheit eine Aktion für ein Verbot der AfD gestartet. Fotomontagen, auf denen etwa Höcke hinter Gitterstäben zu sehen war, wurden vor dem Kanzleramt aufgestellt, verfassungsfeindliche Zitate von AfD-Funktionären abgespielt. Zugleich hatten die Aktionskünstler im Internet die Plattform *afd-verbot.de* freigeschaltet, auf der sie schon im Vorfeld Hinweise auf eine Verfassungsfeindlichkeit der AfD gesammelt hatten. Als Initiator präsentierte sich vorgeblich Bundeskanzler Olaf Scholz, der in einem Video eine «Rede an die Nation» hielt: Seine Regierung werde «zum fünften Todestag von Walter Lübcke am 2. Juni 2024 beim Bundesverfassungsgericht ein Verbot der Partei» beantragen. Das Video war mit künstlicher Intelligenz hergestellt worden und unschwer als Fake erkennbar – dennoch ließ es die Bundesregierung im Februar 2024 gerichtlich verbieten.

Trotz der großen Welle, die nach den Enthüllungen über der AfD zusammenbrach, blieben die Rechtsausleger der Partei bei ihrer neuen Strategie, nichts zu bereuen und kein Jota zurückzuweichen. So versahen Kader der Jungen Alternative ihre Profilbilder mit der Aufschrift «Team *#Remigration*». Der Bundestagsabgeordnete Matthias Helferich, der sich schon mal in internen Chats als das «freundliche Gesicht des NS» bezeichnet hatte, war dabei besonders eifrig. Auf seiner Website legte er eine eigene Rubrik zur «Remigration» an, die er als «Vision für ein besseres Deutschland» bezeichnete. Auch die Profilbildrahmen für das «Team Remigration» konnten dort in verschiedenen Ausführungen heruntergeladen werden. Bei einem Auftritt der Jungen Alternative Baden-Württemberg wurde Helferich gar als «künftiger Remigrationsminister» gefeiert. Als er im Januar Kubitschek in sein Dortmunder Wahlbüro einlud, schrieb die JA Nordrhein-Westfalen von einem «Geh-Heim Treffen», in Anlehnung an die Enthüllungen von *Correctiv* rund um das Geheimtreffen in Potsdam. Die AfD Cottbus setzte noch einen drauf und druckte Kalender mit den «schönsten Abschiebefliegern».

Während die ostdeutschen AfD-Fraktionsvorsitzenden in einer gemeinsamen Stellungnahme schrieben, dass «Remigration» das «Gebot der Stunde» sei und Deutschland wieder «deutscher» werden müsse, bemühten sich die beiden Parteichefs anfangs noch um Deeskalation und Distanz. «Wir laden Deutsche mit Migrationsgeschichte ein, zusammen die Wende zum Guten zu schaffen», twitterte Chrupalla. Weidel feuerte nach den Enthüllungen ihren Berater Roland Hartwig, der an dem Treffen in Potsdam teilgenommen und vor den Gästen erzählt hatte, gerade Sellners Buch «Regime Change von rechts» mit «großer Freude» zu lesen. Es dauerte nicht lange, bis die Parteichefin von Kubitschek abgekanzelt wurde: «Weidels Entscheidung ist Altparteienverhalten und hat dem Gegner Munition geliefert.»

Solche halb garen Distanzierungen passten ohnehin nicht mehr ins Gesamtbild. Der Begriff «Remigration» tauchte immer wieder bei der AfD auf, zuletzt im Wahlprogramm für die Europawahl, nachdem auch schon auf dem Parteitag in Magdeburg von «millionenfacher Remigration» als «Lösung» gesprochen wurde. Spitzenkandidat Maximilian Krah schrieb dazu in seinem «Manifest»: «Selbst, wenn sich eine restriktive Einwanderungspolitik in 10 Jahren politisch durchsetzen ließe, bleibt die Frage, was mit den dann im Land befindlichen Menschen mit Migrationshintergrund geschehen soll. Das werden in Deutschland prognostisch über 25 Millionen Menschen sein, davon deutlich über 15 Millionen deutsche Staatsangehörige.» Höcke, der schon 2018 in seinem Buch von einem «groß angelegten Remigrationsprojekt» fantasiert hatte, sagte im Dezember 2023 bei einem Bürgerstammtisch in Gera: «Wir werden auch ohne Probleme mit 20, 30 Prozent weniger Menschen in Deutschland leben können.» Höcke wusste auch, wie er diesen Bevölkerungsschwund erreichen will: «Vom Erfurter Flughafen werden Abschiebeflüge in den Himmel steigen.» Das Publikum beim Bürgerstammtisch klatschte und lachte.

Nach dem Treffen bei Potsdam, aber noch vor seiner Enthüllung, landete Mitte Dezember 2023 die «Revolte Rheinland» auf der Unvereinbarkeitsliste der AfD. Diese Gruppierung gilt als ein Ableger der Identitären Bewegung, wobei die «Revolte» noch mehr den Nazi als den Hipster heraushängen lässt. Ihr Logo ist die Odalrune mit einer brennenden Fackel in der Mitte. Im Nationalsozialismus war die Rune als Symbol für «Blut und Boden» in Gebrauch. Später wurde sie von neonazistischen Organisationen wie der Wiking-Jugend oder dem Bund Nationaler Studenten verwendet.

Auf ihrem Instagram-Account gedenken junge Männer der Gruppe mit streng gescheitelten Frisuren am Volkstrauertag der gefallenen Soldaten beider Weltkriege: «Diese selbstlose Hingabe für eine tiefe Überzeugung, diese Opferbereitschaft, soll uns für unseren heutigen Kampf Vorbild und Antrieb sein, niemals zu verzagen und den Kampf auch dann aufzunehmen, wenn die Zukunft noch so dunkel und ungewiss scheint. Denn eines lebt ewig: Der Toten Tatenruhm!» Auf anderen Fotos plakatieren sie gegen einen angeblichen «Bevölkerungsaustausch» und «Great Reset» oder zeigen, wie sie einen Regenbogen-Zebrastreifen am Bonner Hauptbahnhof in den Farben der deutschen Nationalflagge überkleben, dazu texten sie: «Stolz statt Pride!»

Nach Informationen der österreichischen Rechtsaußenzeitung *Heimatkurier* war Alice Weidel nicht anwesend, als im Bundesvorstand darüber abgestimmt wurde, ob diese Gruppe auf die Unvereinbarkeitsliste gesetzt werden soll. Widersprochen hätten der ehemalige Chef der Jungen Alternative Carlo Clemens, der EU-Spitzenkandidat Maximilian Krah, Dennis Hohloch, Landtagsabgeordneter aus Brandenburg, und Martin Reichhardt, Vorsitzender des einige Wochen zuvor als gesichert rechtsextrem eingestuften Landesverbands Sachsen-Anhalt. Der Aufnahmeantrag von «Revolte Rheinland» auf die Unvereinbarkeitsliste berief sich nach Informationen der *taz* interessanterweise auf einen Verfassungsschutzbericht aus Rheinland-Pfalz von 2022, der auf die Odalrune und ihre vielfache Verwendung in der Nazizeit und von neonazistischen Nachkriegsorganisationen hinwies. Für solche Fälle war also der Verfassungsschutz, auf den die AfD kontinuierlich schimpfte, doch noch zu gebrauchen.

Im Rechtsaußenlager stieß diese Maßnahme auf absolutes Unverständnis. Bereits auf dem Parteitag in Braunschweig Ende November 2019 hatte es aus dieser Richtung einen Antrag gegeben, der die Unvereinbarkeitsliste «ersatzlos» streichen wollte. Kurz vor Weihnachten polterte Höcke auf Facebook: «Die von außen bestimmte Distanzeritis hat uns keinen taktischen Vorteil gebracht – im Gegenteil. Sie diente unseren Gegnern lediglich dazu, uns gegeneinander auszuspielen.» Wie aus Trotz empfahl er als Weihnachtsgeschenk das neue Buch «Regime Change von rechts» von Martin Sellner. Der AfD-Bundestagsabgeordnete Roger Beckamp ging an Heiligabend noch einen Schritt weiter, indem er auf Instagram schrieb: «Frohe Weihnachten auch an die mutigen Aktivisten der Gruppe ‹Revolte Rheinland›! Möge Eure kraftvolle Botschaft des Friedens und der Liebe auch im Jahr 2024 im ganzen Deutschland gehört werden.» Dazu postete Beckamp ein Bild, auf dem eine junge blonde Frau mit weißer Bommelmütze ein Foto von der Gruppe bei einer Wanderung mit «Defend Rheinland»-Banner in die Kamera hält.

An dieser Wanderung der «Revolte Rheinland», die im

August 2023 stattgefunden hatte, soll laut der *Recherche-plattform zur Identitären Bewegung* auch Gerald Christ, Kreissprecher der AfD Bonn, teilgenommen haben. Die Rechercheplattform belegte seine Teilnahme mit einem Foto, auf dem Christ von hinten zu sehen ist, weil er gerade ein Foto von Teilnehmern macht, die den «White Power»-Gruß stolz in die Kamera halten. Zwei Monate später nahm Christ an einem AfD-Stammtisch in Bonn teil, bei dem ein JA-Funktionär mit weißen Mokassins und leicht getönter Pornobrille einen Vortrag über die «Remaskulinisierung Deutschlands» hielt. Auf einem Foto zu diesem Vortrag posieren Christ und der JA-Funktionär mit Rotbäckchen-Saft.

Auch in Schnellroda kam die Distanzierung von der «Revolte Rheinland» erwartungsgemäß nicht gut an. Benedikt Kaiser, der nach seiner Neonazizeit lange für Kubitschek als Verlagslektor und seit 2023 für den AfD-Abgeordneten Jürgen Pohl als Mitarbeiter tätig war, twitterte: «Die Unvereinbarkeitsliste der AfD muss nicht erweitert, sondern eingedampft werden.» Sie sei kein Zeichen souveräner Stärke, sondern ein Relikt vergangener Schwäche. Auch Martin Sellner beschwerte sich auf *Sezession* über «dieses bizarre ‹Weihnachtsgeschenk› von Berufspolitikern». Der Beschluss sei demoralisierend und «geradezu eine Aufforderung von Seiten der AfD, den Aktivismus einzustellen».

Wie es sich anfühlt, wenn die Grenzen dicht sind, konnte Sellner im Frühjahr 2024 dann am eigenen Leib erfahren. Kurz nachdem sein Buch «Remigration. Ein Vorschlag» im Antaios-Verlag erschienen war, verhängte die Ausländerbehörde in Potsdam ein deutschlandweites Einreiseverbot gegen den Österreicher Sellner.

# In Harmonie vereint

An einem Samstagabend im März 2024 zog es etwa 1400 AfD-Anhänger in den Norden Baden-Württembergs. In der Festhalle «Harmonie» in Heilbronn wollte der örtliche AfD-Kreisverband seinen Wahlkampf für die Europawahl starten – und trumpfte mit Parteiprominenz auf. So waren als Redner, neben dem Spitzenkandidaten für die EU-Wahl, Maximilian Krah, auch die Parteichefs Alice Weidel und Tino Chrupalla angekündigt. Große Taschen und Jacken sollten aus Sicherheitsgründen an der Garderobe abgegeben werden, auch Getränke durften nicht mit in den Saal. Also blieb den Anhängern nichts anderes übrig, als ihr Spezi oder Bier noch schnell im Foyer runterzukippen. Vor der Halle demonstrierten derweil etwa 2000 Menschen gegen die AfD.

Als es dann so weit war und die Parteichefs die Bühne betraten, sprangen alle Anwesenden von ihren Stühlen auf, applaudierten stürmisch, machten Fotos, so als ob sie ihre langersehnten Idole nun endlich live sehen durften. Nach dieser frenetischen Begrüßung trat Markus Frohnmaier, der amtierende Vorsitzende der baden-württembergischen AfD, ans Rednerpult. Er erklärte, was die «Altparteien» mit Europa vorhätten: «Die Europäische Union ist nicht Europa. Europa ist ein Fruchtsalat mit Bananen, Trauben, Apfelstückchen und allem, was in einen guten Fruchtsalat gehört. Aber was die machen wollen aus diesem Fruchtsalat, aus Europa – die wollen einen Smoothie daraus machen! Und das ist die Europäische Union, sodass niemand mehr am Ende erkennen kann, was eigentlich die Nationalstaaten voneinander unterscheidet.» Die AfD würde die «Andersartigkeit» innerhalb Europas schützen.

Auf dem Programmflyer war Alice Weidel, die ehemalige Landesvorsitzende der AfD Baden-Württemberg, an erster Stelle gelistet. Manche im Saal riefen «Alice, Alice, Alice», als sie die Bühne betrat. Die Parteichefin war sichtlich gerührt. Und so begann sie dieses Heimspiel denn auch mit ruhiger Stimme, bedankte sich hier und da, lächelte freundlich – bis sich ihre Miene schlagartig verfinsterte. Weidel war auf Corona, Impfungen und deren Nebenwirkungen zu sprechen gekommen: «Wer übernimmt dafür die Verantwortung!?» Damit traf sie einen Nerv im Publikum. Auch in diesem Frühjahr 2024 ging es im Small Talk unter den Anhängern in der «Harmonie» noch häufig um die Coronaimpfung. Da wurde dem Sitznachbarn ganz stolz berichtet, nicht geimpft zu sein. «Wer übernimmt die Verantwortung für die ganzen Impfgeschädigten, die im Rollstuhl sitzen, die gestorben sind, wer tut das!?», polterte Weidel. Stürmischer Applaus aus dem Publikum.

Als Weidel in ihrer Rede zum ersten Mal «Potsdam» erwähnte, ging ein Raunen durch den Saal. Weidel bezeichnete das Recherchenetzwerk *Correctiv* als «Hilfs-Stasi», weil es steuerfinanziert sei. Und weil die Umfragewerte der AfD gestiegen wären und die Unzufriedenheit mit der Ampel auch, hätte man da «irgendeine Ente aus dem Hut gezaubert». Die ganze Recherche von *Correctiv* sei «erstunken und erlogen». Warum sie dann trotzdem ihren Berater, der bei dem konspirativen Treffen dabei gewesen war, direkt nach den Enthüllungen gefeuert hatte, erläuterte Weidel nicht, sondern packte lieber noch einen Reim aus: «Wird der Bürger unbequem, dann bezeichne ihn als rechtsextrem.»

Statt über konkrete Inhalte oder politische Konzepte

zu sprechen, redete EU-Spitzenkandidat Maximilian Krah den Anwesenden anschließend lieber ein, dass die anderen Parteien sie «nicht mögen» würden. «Die CDU ist keinen Deut besser, lasst euch nicht einlullen.» Die Macht müsse von der EU wieder zurück in den Bundestag, und zwar zu «Tino und Alice», und nicht zu ihm ins EU-Parlament, wo «so wenig wie möglich entschieden werden sollte, denn es wird oft falsch entschieden». Im Zusammenhang mit dem «Green Deal» sprach Krah vom «Kraftwerk Heidelberg» und sowieso erwähnte er in seiner Rede immer wieder Heidelberg, bis ihn das Publikum irgendwann aufklärte, dass er sich in Heilbronn befinde.

Co-Parteichef Tino Chrupalla nahm das Treffen in der «Harmonie» zum Anlass, die neue Harmonie im Bundesvorstand zu loben. Diese innige Einigkeit hätte dafür gesorgt, dass sich die Zustimmung zur Partei in Umfragen verdoppelt habe. Mit Blick auf die bevorstehenden Landtagswahlen in Ostdeutschland sagte Chrupalla: «Wir werden in diesem Jahr die Republik zum Atemstillstand bringen.» Am Ende durfte dann noch Parteivize Stephan Brandner seinen Pennälerhumor auspacken. Wie lange Heil-bronn, wohl noch Heil-bronn heißen dürfe?, fragte er. Gelächter im Saal, Geklatsche. Er beschwerte sich, dass so viele Politiker anderer Parteien keine Ausbildungen hätten oder Studienplätze nur blockieren würden – «Frau Lang blockiert wahrscheinlich mehr als einen Studienplatz».

Bemerkenswert war, dass sich Brandner gerade bei diesem Thema so weit aus dem Fenster lehnte, hatte es doch erst im vergangenen Herbst Ungereimtheiten in den Lebensläufen zweier Kandidaten für die Europawahl gegeben, sodass der AfD-Bundesvorstand daraufhin eine zweijährige Ämtersperre beschloss, allerdings ohne Konsequenzen für ihre Listenplätze. Solche Probleme schienen an diesem

Tag aber weit weg. Die AfD präsentierte sich in Heilbronn überaus selbstgewiss und mit sich im Reinen.

## Alice et Marine

Einen Monat vor der großen Harmonie-Show von Heilbronn hatte sich Alice Weidel mit Marine Le Pen in einem italienischen Restaurant in Paris getroffen. Die Frontfrau des Rassemblement National, die 2027 französische Präsidentin werden will, hatte sich öffentlich darüber empört, dass die AfD deutsche Staatsbürger abschieben wolle. Zudem lehnte sie den Begriff «Remigration» ab, der in Frankreich vom ultrarechten Politiker Éric Zemmour genutzt wird. All dies führte dazu, dass sich Le Pen im Januar von der AfD distanzierte, nachdem das Treffen extrem Rechter in Potsdam durch *Correctiv* bekannt gemacht worden war. Sie drohte gar mit einem Ende der Zusammenarbeit im Europaparlament, wo ihre Partei und die AfD der rechtspopulistischen Fraktion Identität und Demokratie angehörten.

Eigentlich sollte auch das Treffen zwischen Weidel und Le Pen geheim gehalten werden, doch das funktionierte genauso wenig wie in Potsdam. Auf einem Video von der ZDF-Sendung *Berlin direkt* ist zu sehen, wie Le Pen das Restaurant verlässt und Weidel ihr erst mit gebührendem Abstand folgt. Nachdem das Treffen aufgeflogen war, twitterte Weidel: «Wir haben viele politische Themenfelder besprochen und festgestellt, dass wir bei den großen Problemen der heutigen Zeit die gleichen Lösungsansätze verfolgen.» Sie bedanke sich für den «herzlichen Empfang» in Paris und setzte dann noch ein «À bientôt» darunter.

Nach einigen Tagen des Schweigens meldete sich dann auch der Rassemblement National zu Wort – und stellte die Lage etwas weniger rosig dar. Demnach musste Weidel sich verpflichten, bald ihre Haltung zum Thema «Remigration» und dem Treffen in Potsdam darzulegen. Zudem wurde eine schriftliche Zusage gefordert, die garantiere, dass «Remigration» niemals Teil des AfD-Programms sein werde. Zu diesem Zeitpunkt existierte allerdings schon ein Positionspapier, das die AfD als Reaktion auf den *Correctiv*-Bericht verabschiedet hatte. Seine Überschrift: «Wie die AfD den Begriff ‹Remigration› definiert».

Da eine Distanzierung von diesem Begriff also nicht mehr möglich war, schrieb Weidel einen Brief, den die *Junge Freiheit* veröffentlichte. Die AfD-Chefin behauptete, dass es sich bei dem Zwist lediglich um ein Übersetzungsproblem handeln würde: «Die unterschiedlichen Bedeutungen der Begriffe oder vielmehr die Übersetzungen in die jeweiligen Sprachen machen auch die Erklärungen für ausländische Journalisten schwierig.» So sei das englische gebräuchliche Wort für Abschiebung «deportation» im Deutschen «mit Gewalt und Zwang verbunden» und könnte «nie in diesem Zusammenhang benutzt werden». Ähnliches gelte, schrieb Weidel, für das Wort «Remigration», was im Deutschen «lediglich die Anwendung bestehender Gesetze» meine. Glätten konnte dieser Brief die Wogen nicht.

## «Alternative gegen Deutschland»

Ende April war es mal wieder so weit: Die AfD hatte es auf das *Spiegel*-Cover geschafft. Der Titel zur Geschichte: «Alternative gegen Deutschland». Grund dafür war der Verdacht des Landesverrats gegen zwei Politiker der AfD: Maximilian Krah und Petr Bystron, die Spitzenkandidaten für die Europawahl.

Zuvor hatte die tschechische Regierung bekannt gegeben, eine russische Einflussoperation mithilfe europäischer Nachrichtendienste aufgedeckt zu haben. Demnach diente ein «Voice of Europe» genanntes Medienportal dem Kreml offenbar dazu, Propaganda in verschiedenen Sprachen zu verbreiten. Über das Unternehmen soll aber auch verdeckt Geld an Europapolitiker extrem rechter Parteien geflossen sein. Zu ihnen soll Bystron gehören. Ebenso wurde Maximilian Krah verdächtigt, Zahlungen von einem prorussischen Aktivisten erhalten zu haben. Als Krah im Dezember 2023 nach New York flog, um eine Veranstaltung der Republikaner zu besuchen, bei der auch Donald Trump auftrat, nahm das FBI seine Reise zum Anlass, ihn zu dieser Affäre zu vernehmen.

Krah seinerseits pflegte nicht nur zu Russland ganz besondere Beziehungen. Er ließ sich von chinesischen Institutionen einladen, besuchte ein Forschungszentrum des von Spionagevorwürfen betroffenen IT-Konzerns Huawei oder gratulierte der Volksrepublik China per Video zum Geburtstag. All das schien Krah lange kaum zu schaden, bis ihm im April 2024 vorgeworfen wurde, einen mutmaßlichen Spion bei sich im Brüsseler Abgeordnetenbüro eingestellt zu haben. Der Generalbundesanwalt ließ den engen Mitarbeiter Krahs festnehmen – er soll interne Informationen aus dem Europäischen Parlament an den chinesischen Geheimdienst weitergegeben haben. Internationale Sicherheitsbehörden vermuteten allerdings schon länger, dass Krahs aus China stammender Mitarbeiter an den Staatsapparat der Volksrepublik angebunden war.

Nach den Enthüllungen verteidigte Parteichef Tino Chrupalla in der ZDF-Sendung *Maybrit Illner* seine Kollegen: «Wir werden klare Konsequenzen ziehen, wenn sich diese Dinge gegen den Herrn Krah und Herrn Bystron bestätigen.» Beide hätten ihm jedoch schriftlich versichert, dass an den Vorwürfen nichts dran sei, von daher gelte die Unschuldsvermutung. Dennoch nahm Krah nicht wie geplant am Wahlkampfauftakt des AfD-Bundesverbands in Donaueschingen teil. Die ganz große Bühne, wie sie Krah noch im März in Heilbronn bekommen hatte, blieb ihm versperrt – ein bereits fertig produzierter Werbespot mit ihm sollte ebenfalls nicht ausgestrahlt werden. Der zweite Spitzenkandidat Petr Bystron, der wenige Wochen später seine Immunität als Bundestagsabgeordneter verlieren sollte, tauchte ebenso wenig in Donaueschingen auf. Weidel beklagte dort, wie ihre Partei durch die Vorwürfe diskreditiert werden würde. Ideen für das EU-Parlament präsentierte die AfD bei diesem Wahlkampfauftakt kaum. Mal wieder ging es vor allem um die vermeintlichen Fehler der anderen.

## Kampf um Stimmen

Im April 2024 begann vor dem Landgericht in Halle ein Prozess gegen Björn Höcke, weil er eine Losung der nationalsozialistischen Sturmabteilung SA gebraucht hatte. 2021 hatte Höcke bei einer Wahlveranstaltung in Merseburg gerufen: «Alles für unsere Heimat, alles für Sachsen-Anhalt, alles für Deutschland!» Bei einem Bürgerdialog in Gera zwei Jahre später, als er schon wusste, dass ihm wegen dieses Ausrufs der Prozess gemacht werden sollte, rief Höcke «Alles für ...» und animierte dann das Publikum, «... Deutschland» zu ergänzen, was es auch zu gerne tat.

Vor Gericht bestritt Höcke vehement, die SA-Losung gekannt zu haben und bezeichnete sie als «Allerweltssatz». Höcke, dem als ehemaligem Geschichtslehrer unterstellt wurde, dass gerade er die Losung hätte kennen müssen, schleppte sogar Schulbücher in den Gerichtssaal, um aufzuzeigen, dass diese Parole nicht in ihnen auftauche. Seine angebliche Unwissenheit nahm ihm das Gericht aber nicht ab. Es verurteilte ihn zu einer Geldstrafe von 13 000 Euro.

Höcke schrieb anschließend von einer «politisch motivierten Verurteilung» und gab mal wieder den Missverstandenen. Auch wenn es absurd scheint, dass er eine SA-Parole unbeabsichtigt gebraucht haben soll, wich Höcke nicht von seiner Position ab, ganz so, wie er es oft von seiner Partei gefordert hatte, kein Jota vor dem politischen Gegner zurückzuweichen. Es gibt wohl nur wenige Politiker in Deutschland, deren öffentliches Bild und ihre Selbsteinschätzung so weit auseinanderliegen wie bei Björn Höcke.

Seine frühen Jahre, so schreibt Höcke in seinem Buch

«Nie zweimal in denselben Fluss», seien stark von den Erzählungen seiner Großeltern geprägt worden, die einst aus Ostpreußen vertrieben worden waren. In seinem Geburtsort Lünen in Nordrhein-Westfalen betrieben die Großeltern eine Gärtnerei, als Kind wollte Höcke Gärtner werden. Er beschreibt sich als neugierigen, fast schon rebellischen Jungen, der das Leben in der Natur deutlich mehr schätzte als die Schule. Von früh bis spät habe er sich in Wäldern und auf Wiesen herumgetrieben und dabei auch die Nähe zu den einfachen Leuten gesucht: «Ein Bauer hat seine Lieblingskuh mit der Hand gemolken und uns dabei die warme Milch immer wieder in die offenen Münder gespritzt. Natürlich sind wir auch manchmal heimlich auf Kühen geritten, wurden aber schnell abgeworfen. Solche Episoden könnte ich noch viele erzählen.»

In seiner Jugend trat Höcke der Jungen Union bei, da er Helmut Kohl und seine Forderung nach einer «geistig-moralischen Wende» bewunderte. So postete er einen Tag nach dem Tod Kohls, am 17. Juni 2017, auf seiner Facebook-Seite: «Die AfD ist die ‹geistig-moralische Wende›, die Helmut Kohl einst versprach und leider nie umsetzte.» Nach dem Abitur ging er dann doch nicht in die großelterliche Gärtnerei, sondern zur Bundeswehr, wo er seinen Grundwehrdienst absolvierte. Anschließend studierte Höcke zwei Semester lang Jura, bevor er zum Lehramtsstudium wechselte. Sein nationalkonservativer, aber in der Erziehung liberal eingestellter Vater, so beschreibt ihn Höcke, war von Beruf Sonderschullehrer – und Abonnent der antisemitischen Zeitschrift *Die Bauernschaft*, wie Recherchen des Soziologen Andreas Kemper und *Zeit Online* belegen. Die Zeitschrift, die von einem Holocaustleugner publiziert wurde und in Deutschland verboten war, druckte nach Kemper auch mal ein Porträt von Adolf Hitler aufs Titelblatt oder Gemälde vom «Künstler» Hitler. «Mein Vater», so Höcke, «hat nicht nur meine Fantasie angeregt, sondern auch mein kritisches Denken.»

Im Jahr 2006 behauptete der Geschichtslehrer Höcke in einem Leserbrief an die *Hessische/Niedersächsische Allgemeine*, dass die britischen Luftangriffe auf Dresden im Februar 1945 eine völkerrechtswidrige, geplante Massentötung gewesen seien. «In der Weltgeschichte sind niemals zuvor und niemals danach in so kurzer Zeit so viele Menschen vom Leben zum Tode befördert worden wie im ehemaligen Elbflorenz.» Damit übernahm er die Thesen des britischen Geschichtsfälschers und Holocaustleugners David Irving, die schon damals vollständig widerlegt waren. Seiner Schulleitung musste Höcke daraufhin versprechen, sich als Lehrer nicht mehr derartig öffentlich zu äußern.

Ansonsten verlief Höckes berufliche Laufbahn vor seinem Eintritt in die AfD unspektakulär. Bis zu den Thüringer Landtagswahlen im September 2014 unterrichtete er als Oberstudienrat an einer Gesamtschule mit angegliedertem Sportinternat in der nordhessischen Provinz. Im Netz kursiert ein Foto aus dieser Zeit. Zu sehen ist Höcke bei der Essensausgabe im Sportinternat. In Jeans und Baumwolljacke strahlt er mit rotem Kopf in die Kamera. Die Bildunterschrift nennt Höcke den «Ganztagskoordinator». Ihm gegenüber stehen drei Schüler: einer aus Russland, einer aus Kenia und eine aus Deutschland. Dieses Foto hatte im Herbst 2012 eine Lokalzeitung online gestellt. Zwei Jahre später unterrichtete Höcke nicht mehr Sport und Geschichte. Als Landeschef der Thüringer AfD verkündete er nun völkische Thesen. Musste er anfangs noch einen Parteiausschluss befürchten, war davon schon bald keine Rede mehr. Je weiter die AfD nach rechts abdriftete, desto weniger musste er sich für seine Ansichten innerhalb der Partei rechtfertigen. Nach und nach wurde die AfD zur Höcke-Partei.

Um das eigene Volk zu retten, bleibe für ihn keine Zeit mehr, «einen gemächlichen 68er-Weg» zu gehen, schreibt Höcke in seinem Buch. Selbst sein Feierabend würde oft viel zu kurz kommen: «Tatsächlich bleibt mir gegenwärtig oft nur das Schwelgen in Erinnerungen, wenn ich spätabends zu Hause vor dem Kaminfeuer sitze.» Höcke erklärt weiter sein Unbehagen gegen eine Politik, die «aus ideologischen Gründen heraus nicht bereit war und ist, eine aktive, pronatalistische Bevölkerungspolitik zu betreiben». Dieses Unbehagen habe ihn selbst in die Politik getrieben.

Frauen weist Höcke die «natürliche» Rolle der Mutter zu. «Männlich statt machistisch und feminin statt feministisch – das täte beiden Geschlechtern und auch unserem Land gut.» Außerdem ist Höcke davon überzeugt, «dass es wesensmäßige Unterschiede zwischen Mann und Frau gibt, die wir nicht überwinden, sondern kultivieren sollten.» Als wesentliche Züge definiert er «Wehrhaftigkeit, Weisheit und Führung» beim Mann und «Intuition, Sanftmut und Hingabe bei der Frau». Nach Höcke seien aber nur zehn Prozent der Männer bereit für die ihnen biologisch zufallende Verantwortung. Die anderen 90 Prozent der deutschen Männer bestünden «heute zu zehn Prozent aus verkrampften Machos und zu 80 Prozent aus Weicheiern».

## Schlag den Höcke

Ausgerechnet am Jahrestag der Befreiung des Konzentrationslagers Buchenwald trafen sich am 11. April 2024 Höcke und sein Herausforderer Mario Voigt von der CDU zu einem Fernsehduell bei Welt TV. Auslöser war Höckes Satz «Diese EU muss sterben, damit das wahre Europa leben kann», den er am Rande des AfD-Parteitags in Magdeburg geäußert hatte. Voigt, Spitzenkandidat der CDU für die Landtagswahl in Thüringen, wollte Höcke inhaltlich stellen und von ihm erfahren, wie genau dieser Satz gemeint war. Allerdings wurde er bereits im Vorfeld für seine Teilnahme am Duell stark kritisiert, auch von seinen Parteifreunden. Der Vorwurf: Die Veranstaltung biete Höcke eine bundesweite Bühne, um seine rechtsextremen Positionen salonfähig zu machen. Und so kam es dann auch, wobei Voigt gut vorbereitet erschien, die EU verteidigte und sich gleichzeitig als Lokalpatriot gab.

Höcke packte derweil seinen Höcke-Wortschatz aus, sprach vom «Weltsozialamt Deutschland», bezeichnete die EU als «Globalisierungsagentur» und interpretierte die Forderung der AfD nach «Remigration» plötzlich ganz neu: Ihm und seiner Partei ginge es dabei hauptsächlich um qualifizierte deutsche Staatsangehörige, die ins Ausland «geflohen» seien. Die müsse man wieder zurückholen und «wieder für Deutschland begeistern». Als die Moderatoren auf sein Buch zu sprechen kamen, überfielen ihn plötzliche Erinnerungslücken. Konkret ging es um eine Stelle, in der Höcke der damaligen Migrationsbeauftragen der Bundesregierung, Aydan Özoğuz, das Bleiberecht in Deutschland absprach, da sie «in unserem Land tatsächlich nichts verloren» hätte. Höcke wich trotz mehrfacher Nachfragen aus. Schließlich flüchtete er sich in die Entschuldigung, sich an die konkrete Stelle nicht mehr genau erinnern zu können.

Der letzte Themenblock im TV-Duell beschäftigte sich mit Erinnerungskultur. Höcke wollte nicht verstehen, warum er und seine Thüringer Fraktion Hausverbot in der Gedenkstätte des ehemaligen KZ Buchenwald hätten, für ihn «ein unerträglicher Zustand». Weiter beklagte Höcke, dass er sich in seinen Gedanken zur Erinnerungskultur missverstanden fühle: Er und die AfD «wollen grundsätzlich die Lichtseiten der deutschen Geschichte in den Mittelpunkt der Erinnerungspolitik rücken». Aber auch die «Schrecken der Nazizeit» müsse man in Erinnerung halten und «weiterhin daran beständig lernen». Ein ehemaliger Schüler von Höcke, der vor dem TV-Duell kurz interviewt wurde, sagte allerdings: «Wir waren so ziemlich die einzige neunte, zehnte Klasse, die das Dritte Reich nicht durchgenommen hat.»

Als es um die von ihm benutzte SA-Parole «Alles für Deutschland» ging, verhedderte sich Höcke weiter. Diese Aussage wäre eine freie Interpretation von Donald Trumps «America First». Dabei hatte die AfD im Herbst 2022 mit «Unser Land zuerst» längst schon eine eigene Übersetzung von Trumps Slogan für ihre Kampagne gefunden. Am Ende des Duells versuchte Höcke noch, Voigt von einer Koalition zu überzeugen: «Meine Hand ist weiterhin ausgestreckt, wir machen eine bürgerlich-konservative, patriotische Wende in Thüringen.» Daraufhin erwiderte Voigt: «Herr Höcke, Sie sind nicht bürgerlich, Sie sind völkisch. Ich bin demokratisch, Sie sind autoritär.»

Obwohl Höcke viele Wirkungstreffer von Voigt kassierte, schien er selbst zufrieden mit seinem Auftritt. Einen Tag später sagte Höcke im ZDF: «Es war ein kleines Einreißen der kommunikativen Brandmauer, warum das nicht öfter machen?»

## Elsässers «Blaue Welle»

Ein anderer wichtiger Kopf der völkischen Bewegung, dessen erklärtes Ziel das Einreißen der Mauern nach rechts ist, ist der Publizist Jürgen Elsässer. Schon auf dem Russland-Kongress seines *Compact*-Magazins in Magdeburg 2023 hatte Elsässer die Werbetrommel für die AfD gerührt und mit einem Flyer um Spenden gebeten. Seine Idee: Mit «Volksfesten» im Superwahljahr 2024 eine «Blaue Welle» ins Rollen zu bringen. So wollte er die AfD bei den bevorstehenden Wahlen auf der Straße unterstützen, sowohl bei der Europawahl als auch bei den drei Landtagswahlen im Osten. Geplant sei die Anschaffung «einer riesigen fahrbaren Bühne», die «für eine ganze Fußballmannschaft Platz» biete. Den Preis dafür bezifferte Elsässer auf etwa 90 000 Euro. Man werde «dort hingehen, wo es wehtut – und wo die Hoffnung wächst», kündigte Elsässer seine Veranstaltungsreihe an – und schrieb dazu: «2024 muss das Jahr der patriotischen Wende werden! Die Blaue Welle von COMPACT spült die Brandmauern weg und macht den Weg zum Machtwechsel frei! Ohne Ihre Spenden werden wir es nicht schaffen – aber gemeinsam sind wir unschlagbar.»

Eigentlich hatten sich auch prominente AfD-Politiker als Redner auf Elsässers Bühne angekündigt, doch nach und nach verschwanden ihre Namen aus dem Programm, wie Endstation Rechts berichtete. Dahinter steckte wohl die Befürchtung der Parteispitze, von der «Blauen Welle» direkt in den nächsten Parteispendenskandal gespült zu werden.

Einige AfD-Kader teilten diese Ängste aber nicht, wie Vorstandsmitglied Christina Baum, die früher Höckes Flügel angehört hatte, der mit Korruptionsvorwürfen belastete Petr Bystron oder der AfD-Fraktionsvorsitzende in Sachsen-Anhalt, Oliver Kirchner, der auch schon bei Elsässers Russland-Kongress in Magdeburg eine Rede gehalten hatte. Kirchner sollte laut Ankündigung am Abend der Europawahl in Magdeburg «seine besten Songs» auspacken. Sowieso legte Elsässer bei seinen Festen viel Wert auf Musik: Für eine Veranstaltung lud er King Elvis mit den «schönsten Presley-Evergreens» ein, auf einer anderen Björn Banane, der mit seinen Songs wie «Die Ampel muss weg», «Ungeimpft» oder «Die Wahrheit» schon bei «Querdenker»-Demos performt hatte. Auch für die AfD dichtete er offenbar gerne. In Sonneberg, wo Mitte Mai eine *Compact*-Veranstaltung zur «Blauen Welle» stattfand, gab er sein neues Lied «Mein Herz schlägt blau» zum Besten.

Ende 2023 hatte Elsässer einen hingebungsvollen Text über Höcke auf dem Blog *Politically Incorrect* geschrieben, in dem er auch noch gleich Werbung für die Januar-Ausgabe von *Compact* machte, in der Höcke sein Programm für die ersten 100 Tage als Ministerpräsident skizzierte. Höcke, schrieb Elsässer in seinem Text, sei weit über Thüringen hinaus zum «Gesicht des Ostens» geworden. Dass sein Landesverband die besten Umfrageergebnisse der AfD einfahre, würde «die Geschichtsmächtigkeit eines Einzelnen» zeigen. Gerade «sein vermeintlich extremer Kurs» hätte das Volk überzeugt, «mehr als die Anpasslerei an die Altparteien, die seine Widersacher praktizierten». Die «Betrogenen und Gedemütigten» würden keine «anonyme Machtmaschine» unterstützen wollen. «Vielmehr warten sie auf den einen unbestechlichen Mann, dem sie zutrauen, eine grundsätzliche Wende einzuleiten, und [der] eine Regierung aus dem Volk, durch das Volk und für das Volk bildet. Dieser Mann ist Höcke. Er kann alle Sehnsüchte der Deutschen bündeln, wenn man ihn denn lässt.»

Wie überzeugt Höcke auch selbst von seinem eingeschlagenen Weg innerhalb der AfD war, machte er auf Kubitscheks «Winterakademie» im Februar 2024 deutlich. Bezogen auf die früheren Parteichefs sagte er: «Die AfD ist dort, wo sie ist, nämlich gerade im Osten, kurz vor der

Beteiligung an der Regierung, weil sie sich nicht hat luckesieren lassen, weil sie sich nicht hat petrysieren lassen und weil sie sich nicht hat meuthesieren lassen.»

## Lieber Nazivorfahren als Feministinnen

Vor den Wahlen in den drei ostdeutschen Bundesländern im Herbst 2024 standen aber noch die Wahlen zum EU-Parlament an. Spitzenkandidat Maximilian Krah durfte nach zahlreichen Skandalen zwar nicht beim großen Wahlkampfauftakt der AfD in Donaueschingen sprechen, stand aber dennoch am 1. Mai in Dresden auf einer Bühne. Den Wahlkampfauftakt seines eigenen Kreisverbands wollte sich der gebürtige Dresdner nicht nehmen lassen. Radikal nach vorne zu preschen, war auch ganz im Sinne der Parteijugend aus dem Osten. Also hatte diese extra Plakate für Krahs Auftritt gebastelt: «Volle Krahft voraus», «Mehr Demokrahtie wagen», «Unser Krahnzler».

Es schien kaum verwunderlich, dass Krah so viel Unterstützung vom Parteinachwuchs erhielt, wusste er sich doch schon lange geschickt an die Jugend zu wenden. Um Erstwähler an die Urne zu locken, bespielte Krah vor allem TikTok, aber auch andere Plattformen. «Jeder dritte junge Mann hatte noch nie eine Freundin. Du gehörst dazu? Schau keine Pornos, wähl nicht die Grünen, geh raus an die frische Luft!», sagte Krah in einem TikTok-Video, das er mit den Worten enden ließ: «Echte Männer sind rechts, echte Männer haben Ideale, echte Männer sind Patrioten, dann klappt's auch mit der Freundin.» Auch wenn die AfD traditionell notorisch schlecht bei Frauen abschnitt, hielt das Krah offenbar nicht davon ab, ein rein männliches Publikum anzusprechen, frauenfeindliche Sprüche inklusive. In einer Rede am Aschermittwoch im Februar 2024 sagte

Krah: «Als echte Männer wollen wir echte Frauen haben. Feministinnen sind alle hässlich und grässlich.»

Auch mit geschichtsrevisionistischen Tönen ging Krah auf TikTok auf Wählerfang: «Unsere Vorfahren waren keine Verbrecher. Wir haben allen Grund, stolz auf unser Land zu sein und auf die Menschen, die es aufgebaut haben.» Weiter forderte er auf, herauszufinden, «was Oma, Opa oder Uroma alles gemacht haben, wo sie herkamen, was sie gekämpft und gelitten haben». Über seinen Großvater erzählte Krah einmal, dass er Frontarzt im Ersten Weltkrieg gewesen und dann nach Oberschlesien gegangen sei, um «das Deutschtum im Osten» zu verteidigen. Eine NSDAP-Mitgliedschaft des Großvaters verneinte Krah auf explizite Nachfrage des ZDF-Magazins *frontal*.

Recherchen des Magazins zeichneten aber ein anderes Bild: Dr. Martin Krah stellte schon kurz nach Hitlers Machtübernahme 1933 einen Aufnahmeantrag in die NSDAP, die NSDAP-Oberen bescheinigten ihm 1939: «Genannter hat sich aktiv im Sinne der Bewegung betätigt.» Wenige Monate zuvor, in der Reichspogromnacht am 9. und 10. November 1938, hatte in Martin Krahs Wohnort Hindenburg, dem heutigen Zabrze, die Synagoge gebrannt – auch Mitglieder der NSDAP waren an dieser «Judenaktion» beteiligt. In seinem TikTok-Video sagte Krah noch: «Wenn du wiederentdeckst, was deine Vorfahren alles getan haben, dann wirst auch du dich aufrichten können.»

Hinter Krahs Video steckte Erik Ahrens, der sich in der neurechten Szene als Social-Media-Experte etabliert hat. Bei Kubitscheks «Sommerakademie» 2023 in Schnellroda hielt er einen Vortrag zum Thema «TikTok von rechts» und schwärmte von einem «hypnotischen Effekt», den TikTok durch die stetige Wiederholung kurzer Videos erzeugt. «So, wie man sich 1923 gefühlt haben muss, als man das

Radio für sich entdeckt hat, so fühle ich mich, wenn ich mir meine TikTok-Accounts anschaue.»

Bemerkenswert an Ahrens ist, dass er noch bis März 2020 Mitglied der Linken Liste Frankfurt war. Da er sich aber «sprunghaft und innerhalb relativ kurzer Zeit» Positionen angeeignet hätte, die für «eine antikommunistische und antifeministische Haltung» sprachen, habe die Linke Liste ihn, so schrieb sie in einem Statement auf Facebook, rausgeworfen. Schon ein Jahr später erschien in Kubitscheks Antaios-Verlag das Essay «Postliberal», dessen Co-Autor Ahrens ist. Seine antifeministische Haltung war hier höchst willkommen. Im Juni 2023 twitterte er: «Junge Männer sollten gemustert und ein Jahr lang zum Wehrdienst verpflichtet werden, um je nach Eignung das Land mit ihrem Leben zu verteidigen.» Auch junge Frauen könnten nach Ahrens Vorstellung gemustert werden und «bei Eignung zur Abgabe von Eizellen verpflichtet werden, um die Demografie zu stabilisieren».

Über die Finanzierung von Videos für Social Media wurde laut *Correctiv* auch beim Potsdamer Treffen gesprochen. Demnach hatte Roland Hartwig, der mittlerweile entlassene persönliche Berater von Parteichefin Weidel, in Aussicht gestellt, dass die AfD eine Social-Media-Agentur für rechte Influencer mitfinanzieren könnte – mit dem Ziel, Einfluss auf die Wahlen zu nehmen. Auf diese Weise sollten junge Menschen auf Plattformen wie TikTok mit radikalen Inhalten berieselt werden, die auf sie wie gewöhnliche politische Thesen wirken sollten. Allerdings trieb es Krah so weit, dass TikTok ihm die Reichweite seiner Videos drosselte. Wegen wiederholter Verstöße gegen die Richtlinien der Plattform wurden seine Videos den Nutzern nicht mehr empfohlen – da hätte auch keine Finanzierung reicher Unternehmer helfen können.

Wie schnell aus den Werbestrategien der Rechtsaußen in der AfD und ihrem Vorfeld Taten werden können, zeigte sich im Wahlkampf zum EU-Parlament am 3. Mai in Dresden. Am späten Abend schlugen vier junge Angreifer im Alter von 17 und 18 Jahren auf den SPD-Politiker Matthias Ecke ein, als er gerade Wahlkampfplakate aufhängte. Ecke erlitt Knochenbrüche im Gesicht und musste operiert werden. Der mutmaßliche Haupttäter Quentin J. stellte sich der Polizei. Nur zwei Tage zuvor, am Tag der Arbeit, hatte er sich an einer Demonstration der Freien Sachsen, an einer Aktion der neonazistischen Kameradschaft «Elblandrevolte» und an der Wahlkampfkundgebung der AfD beteiligt, auf der auch Maximilian Krah aufgetreten war. Obwohl die Gruppe um Quentin J. teilweise vermummt erschien und durch einschlägige Kleidung auffiel, wurde sie von der AfD geduldet. Das beweisen Fotos und Videos, die das *Antifa Recherche Team Dresden* ins Netz stellte.

Die Ursache für den Angriff verortete der attackierte SPD-Politiker Ecke in der Verrohung und organisierten Enthemmung in der Gesellschaft, hinter der Akteure der extremen Rechten steckten: «Das ist die AfD in Sachsen, das sind die Freien Sachsen, es sind andere Netzwerke der extremen Rechten.» Diese hätten ein Klima geschaffen, in dem politische Gegner als Ziele bezeichnet werden und sich Menschen ermutigt fühlen, die Sache selbst in die Hand zu nehmen.

Auch Maximilian Krah fühlte sich offenbar ermutigt, seinen Stolz über deutsche Vorfahren weiter nach außen zu tragen. Mitten im EU-Wahlkampf äußerte er gegenüber der italienischen Zeitung *La Repubblica*, dass nicht jeder, der eine SS-Uniform trug, automatisch ein Verbrecher gewesen sei. Dabei war die SS verantwortlich für die Ermordung von Millionen Menschen in Konzentrationslagern.

Nach der Empörung, die das Interview nach sich zog, verhängte die Parteispitze lediglich ein Auftrittsverbot für Krah, der zudem verkündete, aus dem Bundesvorstand zurückzutreten. Er hätte zur Kenntnis nehmen müssen, dass «sachliche und differenzierte Aussagen» von ihm als Vorwand missbraucht würden, um der AfD zu schaden. «Man kann nie tiefer fallen als in Gottes Hand», twitterte Krah, der sich gerne als frommer Katholik gibt. Seine Rechtsaußenfraktion im Europäischen Parlament ließ Krah allerdings nicht so glimpflich davonkommen und schloss nicht nur ihn, sondern gleich alle EU-Abgeordneten der AfD aus der Fraktion aus.

All diese Skandale und Maßnahmen sollten ihre Anhänger aber nicht abschrecken – im Gegenteil. Bei der Europawahl am 9. Juni wurde die AfD bundesweit zweitstärkste Kraft, in Ostdeutschland lag sie sogar vorne. Gerade bei den jungen Wählern konnte die AfD punkten – das hatte sie vielleicht auch den TikTok-Videos von EU-Spitzenkandidat Maximilian Krah zu verdanken. Dennoch durfte er nicht an der Wahlparty teilnehmen, genauso wenig wie Petr Bystron. Zudem beschloss die neue AfD-Delegation für das Europaparlament einen Tag nach den Wahlen, sich von Krah zu trennen, in der Hoffnung, eine Fraktion zu finden, die sie aufnimmt. Zum Leiter der AfD-Delegation wurde der Thüringer Landtagsabgeordnete René Aust gewählt. Der stand auf Platz drei der Kandidatenliste und gilt als Verbündeter von Höcke.

## Das Ende von etwas Neuem

Im Mai 2024 machte Götz Kubitschek die Auflösung seines Instituts für Staatspolitik öffentlich. Der Verein sei aufgelöst, alle Mitglieder seien ausgetreten, die Konten geschlossen. «So ein Verein hat keinen Zweck mehr, wenn er seine Gemeinnützigkeit endgültig verloren hat und wenn ihn der Gegner durchlöchert hat wie eine Scheibe auf dem Schießstand», schrieb Kubitschek. Die Zeitschrift *Sezession* – die vom Institut für Staatspolitik herausgegeben wurde – gehöre fortan dem früheren Institutsleiter Erik Lehnert, der diese mit dem neuen Unternehmen Metapolitik fortführe. Kubitschek selbst gab an, eine Gesellschaft namens «Menschenpark» gegründet zu haben, mit der er weiter «Akademien» anbieten wolle – und machte gleich Werbung für die nächste «Sommerakademie». Also eigentlich alles wie gehabt. Die Auflösung könnte vor allem ein taktischer Zug gewesen sein, um einem Verbot zuvorzukommen – das mit Durchsuchungen und Beschlagnahmungen einhergehen und auch Nachfolgeorganisationen untersagen würde. Seit 2019 wurde das Institut für Staatspolitik vom Verfassungsschutz Sachsen-Anhalt als «gesichert rechtsextremistisch» eingestuft, das Bundesamt zog im Frühjahr 2023 nach, womit das Institut auch seine Gemeinnützigkeit verlor.

Kubitscheks Freund Höcke kommentierte die Auflösung des Instituts dramatisch. Er postete auf Facebook eine digitale Trauerkarte, schwarzer Hintergrund, weißes Kreuz, weiße Lettern: «Institut für Staatspolitik. 2000–2024. Ein Nachruf.» Der Nachruf las sich so: «Ein Tag währt vierundzwanzig Stunden. Vierundzwanzig Jahre währte das ‹Institut für Staatspolitik›. Wir nehmen heute Abschied von einer Denkfabrik, die wie keine andere im deutschsprachigen Raum mit der sogenannten ‹Neuen Rechten› in Verbindung gebracht wird.» Dann ging Höckes Kondolenz nahtlos über in einen Rundumschlag gegen Staat, Medien und den Verfassungsschutz.

Auch Parteichefin Alice Weidel teilte nochmals gegen den Verfassungsschutz aus, nachdem das Oberverwaltungsgericht Münster bestätigt hatte, dass die AfD und die Junge Alternative als rechtsextremistische Verdachtsfälle eingestuft und nachrichtendienstlich beobachtet werden dürften. Nach dem Urteil, das im Mai gefällt wurde, twitterte Weidel: «Ein Verfassungsschutz, der parteipolitisch ausgenutzt wird, um gegen die politische Konkurrenz durchzuladen, ist selbst verfassungsfeindlich.» Kubitschek dürften solche Entwicklungen gefallen. Im Herbst 2022 hatte er orakelt: «Es wird schlechte Bilder geben, schlechte Presse, es wird zu Unterstellungen kommen, zu Orgien der Arroganz derjenigen, die sich für klüger, entspannter, disziplinierter und reifer halten als diejenigen, die auf die Straße gehen. In diesen Spalt muß die AfD ihre Keile treiben. Diejenigen, die etwas anrichten, und diejenigen, die es auszubaden haben, müssen einander noch fremder werden.»

Lange hatten sowohl Experten außerhalb der Partei als auch manche in der AfD selbst geglaubt, eine Radikalisierung à la Höcke werde ihr schaden, Wähler würden sich von ihr abwenden und sie zu einer Kleinpartei degradieren. Als Björn Höcke im Jahr 2024 aber wie der gar nicht mehr so heimliche Herrscher der AfD auftrat, blieb sie in Umfragen auf den vorderen Plätzen. Die öffentlichen Skandale und die Hochstufungen durch den Verfassungsschutz schienen ihren Anhängern inzwischen egal zu sein, bei vielen erzeugten sie gar eine Jetzt-erst-recht-Mentalität. Ihre uneingeschränkte Solidarität mit der Partei zeigte sich auch in den sozialen Medien: «Nur noch AfD» schrieben die Anhänger immer wieder, dazu posteten sie blaue Herzchen.

Krisen, Kriege und Konflikte spielten der AfD in die Hände – mit ihnen stiegen ihre Umfragewerte. Nicht, weil sie taugliche Ideen hatte, sondern weil sie vermeintlich einfache Lösungen für all die komplexen Probleme der vergangenen Jahre präsentierte – egal ob diese gegen die freiheitliche demokratische Grundordnung verstießen oder die Einheit Europas gefährdeten. Inzwischen wähnten sich die AfD und ihre Anhänger in einem Kampf gegen «das System», das nicht wenige am liebsten ganz stürzen würden. In sehr vielen Köpfen ihrer Anhängerschaft war der Verfassungsschutz bereits zum «Regierungsschutz» umgedichtet worden, der die einzig wahre Oppositionspartei diskreditieren wolle. Für Argumente waren sie nicht mehr zugänglich. Was zählte, war die Meinung alternativer Medien, die sich rund um die AfD und die «Querdenker»-Bewegung gebildet hatten. Zudem gelang es Funktionären, vor allem durch ihre Reichweite in sozialen Medien, verschwörungsideologische Erzählungen zu verbreiten und Hass zu schüren.

Ob Lucke, Petry oder Meuthen: Sie alle sind mit dem Versuch gescheitert, die AfD als bürgerlich-nationalkonservative Kraft rechts von der CDU zu positionieren. Sie alle hatten jahrelang das Spiel der Radikalen mitgespielt und sie für ihre eigenen Machtinteressen einzuspannen versucht, nur um dann von ihnen aus der Partei gejagt zu werden. Inzwischen hatte die AfD ihre Radikalität zum Normalzustand erklärt. «Rechtsextreme? Die habe ich jetzt noch nicht entdecken können bei uns», sagte Alice Weidel mal in ihrer weißen, gut gebügelten Bluse.

# Quellen

## 1. Der gescheite Professor Lucke


### Unter den ausgebreiteten Armen des Erlösers

Paul Middelhoff, Jana Simon und Annabel Wahba: «Die Stunde der Gründer», *ZEITmagazin*, 30/2017.

Alard von Kittlitz: «In Wut vereint7», *faz.net*, 14. April 2013.

Hubertus Volmer: «AfD wagt weniger Demokratie», *n-tv.de*, 14. April 2013.

Winand von Petersdorff-Campen: «Alternative für Deutschland?», *faz.net*, 25. Dezember 2014.

Barbara Supp: «Herr Lucke lädt ein», *Der Spiegel*, 20/2014.

Christina Hebel, Chris Kurt und Alexander Trempler: «Eurokritiker wildern bei allen Parteien», *spiegel.de*, 14. September 2014.

Christina Hebel: «Anti-Islam-Partei will sich der AfD anschließen», *spiegel.de*, 1. Oktober 2013.

### Erfolgreich gescheitert

Melanie Amann und René Pfister: «Das Tabu brechen», *Der Spiegel*, 4/2015.

Christian Bangel: «Eine beinahe sehr wichtige Partei», *zeit.de*, 23. September 2013.

### Es ruckt nach rechts

Melanie Amann: «Der Kampf gegen den Euro war gestern», *spiegel.de*, 25. Januar 2014.

Georg Schemitsch: «‹Alternative für Deutschland› kämpft gegen verbale Ausfälle auf Facebook-Seite», *tagesspiegel.de*, 5. August 2013.

Lenz Jacobsen: «Mut zu weniger Lucke», *zeit.de*, 22. März 2014.

Melanie Amann: «Lucke punktet mit Medienschelte», *spiegel.de*, 22. März 2014.

Berliner Zeitung: «AfD gegen EEG, ESM und Sommerzeit», *berliner-zeitung.de*, 23. März 2014.

Melanie Amann und Fabian Reinbold: «Lucke, Henkel und Co. im Siegesrausch», *spiegel.de*, 25. Mai 2014.

Barbara Supp: «Herr Lucke lädt ein», *Der Spiegel*, 20/2014.

Spiegel Politik: «Wir sind die Kraft, die die politische Landschaft erneuert». *spiegel.de*, 14. September 2014.

Fabian Leber: «Die markigen Sprüche des Björn Höcke», *tagesspiegel.de*, 13. September 2014.

Melanie Amann und René Pfister: «Das Tabu brechen», *Der Spiegel*, 4/2015.

Jens Schneider: «Aufruf zu Fairness und Menschlichkeit», *sueddeutsche.de*, 31. Januar 2015.

Severin Weiland: «Luckes neue AfD-Führungsstruktur. Ich, ich, ich», *spiegel.de*, 31. Januar 2015.

**Höckes «Flügel» lernt fliegen**

«Erfurter Resolution»: https://web.archive.org/web/20150318052229/http://derfluegel.de/die-erfurter-resolution-wortlaut-und-erstunterzeichner

*Politically-Incorrect*-Interview mit Kubitschek von 2011: www.youtube.com/watch?v=7LGczvmsL7E&t=206 s

Götz Kubitschek: «Höcke und Poggenburg, Henkel und Stein, AfD und Pegida», *sezession.de*, 1. April 2015.

Ellen Kositza: «Wie ich 294 Stunden dachte, AfD-Mitglied zu sein», *sezession.de*, 20. Februar 2015.

Ellen Kositza: «Bei der AfD bin ich strategisch unerwünscht – oder nicht ich. Sondern überhaupt», *sezession.de*, 14. März 2015.

Götz Kubitschek: «Die ‹Alternative für Deutschland› (1) – viel und wenig», *sezession.de*, 15. April 2013.

## Kampf der Resolutionen

Gründungsaufruf zum Weckruf:
https://web.archive.org/web/20150607001046/http://www.weckruf-2015.de/gruendungsaufruf

Marc Brost und Bernd Ulrich: «Die Spaltung», *Die Zeit*, 21/2015.

Michael Backfisch: «Thüringer AfD-Chef Höcke distanziert sich nicht von der NPD», *thueringer-allgemeine.de*, 6. Mai 2015.

Florian Kain: «Lucke angeblich kurz vor AfD-Austritt», *bild.de*, 10. Mai 2015.

Süddeutsche Zeitung: «Luckes Brandbrief: Die AfD ist in einer schweren Krise», *sueddeutsche.de*, 12. Mai 2015.

Frankfurter Allgemeine Sonntagszeitung: «Lucke hat sich in eine Sackgasse manövriert», *faz.net*, 17. Mai 2015.

Franz-Josef Raders: «Petry hintergeht mich bei jeder Gelegenheit», *noz.de*, 7. Juni 2015.

Maik Gizinski: «Kampf in der AfD», ndr.de, 26. Mai 2015 (hier ist das Video über den Kampf um die Sitzordnung zwischen Petry und Lucke zu finden).

Höckes Rede auf dem Kyffhäusertreffen 2015:
https://web.archive.org/web/20150719011045/http://derfluegel.de/hilf-dir-selbst-dann-hilft-dir-gott-bjoern-hoeckes-rede-zum-fluegeltreffen-am-kyffhaeuser-06-juni-2015/

## Showdown im Ruhrgebiet

Melanie Amann: «AfD-Frau Petry reist nach Athen», *spiegel.de*, 19. Juni 2015.

Höckes Statement zum Parteitag in Essen:
https://web.archive.org/web/20150815105830/http://derfluegel.de/auf-nach-essen/

Zu Petrys Doppeldeckerbussen (ab Minute 26), zum Jubel-Klingelton, zu den «Petry-Heil»-Rufen (ab Minute 28) sowie zu Höckes Aussage «noch nicht» (ab Minute 31:30): «Wir waren in der AfD. Aussteiger berichten», ARD-Doku, 18. Januar 2024.

Tilman Steffen: «Buhrufe und rote Karten», *zeit.de*, 4. Juli 2015.

Petrys Rede auf dem Parteitag in Essen («Geburtswehen» ab Minute 22): www.youtube.com/watch?v=Nx_ITKgw5VE

Phoenix-Interview mit Bernd Lucke am Essener Parteitag: www.youtube.com/watch?v=tNt3bz6fvco

Spiegel Politik: «Bernd Lucke zu seinem Austritt aus der AfD», *spiegel.de*, 8. Juli 2015.

## 2. Die ehrgeizige Chemikerin Petry

### Feindbild Geflüchtete

Alexander Osang: «Frauke, ich habe Angst um dich», *spiegel.de*, 9. April 2017.

Steffen Mack und Walter Serif: «Sie können es nicht lassen!», *mannheimer-morgen.de*, 29. Januar 2016.

Beatrix von Storchs Facebook-Post über «das HALT an unserer Grenze»: www.facebook.com/BeatrixVonStorch/posts/pfbid09rYJtgtH8m107TBACi6dCpRxVsc2ras9mQ5KQETrUVv2a6r6KSTLFSrHTM2vjHLdl

Website zur Torten-Aktion: https://tortenbefehl.wordpress.com/2016/02/28/tortaler-krieg-afd/

Hannah Weiner: «Morddrohungen wegen Tortenwurf», *taz.de*, 1. März 2016.

Alexander Gauland im Gespräch mit Thielko Grieß: «Gauland weist Kritik an Höcke zurück», *deutschlandfunk.de*, 23. Oktober 2015.

Höckes Rede in Schnellroda im November 2015 (seine Rassenlehre ab Minute 28, AfD als «fundamental-oppositionelle Bewegungspartei» ab Minute 49): www.youtube.com/watch?v=ezTw3ORSqlQ

Götz Kubitschek: «Was verteidigen wir eigentlich – und wie? Ein Umriß in 4 Teilen», *sezession.de*, 14. Dezember 2015.

Tobias Rapp: «Der dunkle Ritter», *Der Spiegel*, 51/2016.

James Angelos: «The Prophet of Germany's New Right», *The New York Times Magazine*, 10/2017.

Zu Kubitscheks Ernst-Jünger-Lesung in Bosnien:
https://web.archive.org/web/20170117173336/http://www.endstation-rechts.de/news/kategorie/konservatismus/artikel/besuch-bei-juengers-juengern-wo-die-konservative-welt-noch-in-ordnung-ist.html

Hans-Peter Rißmann: «‹Kriminelle Akte› – Interview mit Karlheinz Weißmann über die Angriffe gegen das Institut für Staatspolitik», *Junge Freiheit*, 36/01.

Auszug aus Kubitscheks Buch «Provokation», einsehbar unter: https://sezession.de/6174/provokation

Eva Kienholz: «Ihr Kampf. Wie Höcke & Co. die AfD radikalisieren», Das Neue Berlin, 2020.

Melanie Amann, Maik Baumgärtner, Markus Feldenkirchen, Martin Knobbe, Ann-Katrin Müller, Alexander Neubacher und Jörg Schindler: «Aufstand der Ängstlichen», *Der Spiegel*, 51/2015.

### Jugend forsch

Barbara Supp: «Herr Lucke lädt ein», *Der Spiegel*, 20/2014.

Maik Großekathöfer: «Ein junger Mann, der Populist werden will», *Der Spiegel*, 41/2016.

Cornel Frohnmaier auf der GDL-Website:
https://web.archive.org/web/20110316041507/http://g-dl.org/de/divisions.html

Cornel Craiovesti auf GDL-Website:
https://web.archive.org/web/20110212164519/http://g-dl.org/de/divisions.html

Maria Fiedler: «Wir sind die freche Version der AfD», *tagesspiegel.de*, 16. März 2016.

Theo Schneider und Janina Kaiser: «Polizei ermittelt gegen AfD-Mitglied», *zeit.de/serie/stoerungsmelder*, 21. Mai 2017.

Eva Kienholz: «Ihr Kampf. Wie Höcke & Co. die AfD radikalisieren», Das Neue Berlin, 2020.

Andreas Speit: «Die können alle zu uns kommen», *taz.de*, 17. Oktober 2016.

## «Denkmal der Schande»

Höckes Dresdner Rede im Wortlaut:
www.tagesspiegel.de/politik/gemutszustand-eines-total-besiegten-volkes-5488489.html

Höcke im Jahr 2010 beim Neonazi-Aufmarsch in Dresden:
https://www.facebook.com/watch/?v=1475959269125786

Jonas Fedders: «Wir haben mit einem seiner ehemaligen Schüler über Björn Höcke geredet», *vice.com*, 25. Januar 2016.

Anton Troianovski: «German Politician's Comments About Hitler Stoke Debate», *Wall Street Journal*, 7. März 2017.

Benedict Neff: «Der wohl meistgehasste Politiker Deutschlands», *nzz.ch*, 3. November 2017.

Laura Hofmann und Matthias Meisner: «Der totale Höcke», *tagesspiegel.de*, 18. Januar 2017.

Götz Kubitschek: «Björn Höcke und das ‹Denkmal der Schande›», *sezession.de*, 18. Januar 2017.

JF-Online: «Höcke ist eine Belastung für die Partei», *jungefreiheit.de*, 18. Januar 2017.

Vertrauliches Strategiepapier der AfD (geplante Provokationen) für das Wahljahr 2017:
https://web.archive.org/web/20170213125414/http://rettetdiewahlen.eu/wp-content/uploads/2017/02/338294054-AfD-Strategie-2017.pdf

Grundsatzprogramm der AfD (mit «Verengung der deutschen Erinnerungskultur»):
www.afd.de/wp-content/uploads/2023/05/Programm_AfD_Online_.pdf

Bild Politik: «AfD-Spitze vergleicht Höcke mit Hitler», *bild.de*, 8. April 2017.

Maria Fiedler und Matthias Meisner: «Höcke hat unter Pseudonym die NPD gelobt», *tagesspiegel.de*, 12. April 2017.

Andreas Kemper: «Landolf Ladig, NS-Verherrlicher», *andreaskemper.org*, 9. Januar 2016.

Landolf Ladigs Text in der *Eichsfeld-Stimme*:
https://politicalbeauty.de/landolf/Eichsfeld%20Stimme%20-%20Was%20wird%20aus%20unserer%20Heimat.pdf

Hannes Vogel: «Alte Kameraden», *Die Zeit*, 38/2018.

Landolf Ladigs Text in *Volk in Bewegung*:
https://politicalbeauty.de/landolf/Volk%20in%20Bewegung%20%282011-5%29%20-%20Krisen%2C%20Chancen%20und%20Auftrag.pdf

Björn Höckes Leserbrief in der *Jungen Freiheit*:
www.jf-archiv.de/archiv08/200845103158.htm

Statement des Flügels über den «Fall Höcke»:
https://web.archive.org/web/20170802171006/http://www.derfluegel.de/2017/03/17/ist-der-fluegel-heute-noch-zeitgemaess/

Zentrum für politische Schönheit: «Höckes Holocaust-Mahnmal», *politicalbeauty.de* (samt Höckes Statement auf der *Compact*-Konferenz)

Benedict Neff: «Der wohl meistgehasste Politiker Deutschlands», *nzz.ch*, 3. November 2017.

Christian Fuchs und Luisa Hommerich: «Der Rechts-Staatsanwalt», *zeit.de*, 6. April 2019.

**Nicht mehr Herrin der Lage**

Lenz Jacobsen und Tilman Steffen: «Parteitag interessiert sich nicht für Petrys Antrag», *zeit.de*, 22. April 2017.

Konrad Litschko: «Frauke auf Schlingerkurs», *taz.de*, 13. August 2014.

Erklärung der Alternativen Mitte:
https://web.archive.org/web/20170714092549/http://alternative-mitte.de/erklaerung.html

Matthias Kamann: «In der AfD wächst ein zartes Pflänzchen der Mäßigung», *welt.de*, 23. Juli 2017.

«Kyffhäuser-Manifest» des Flügels:
https://web.archive.org/web/20180119155752/https://www.derfluegel.de/2017/09/05/das-kyffhaeusermanifest/

**Im Bundestag angekommen**

Melanie Amann: «Die Macht des Gröfraz», *Der Spiegel*, 30/2017.

Hans-Ulrich Brandt: «Die AfD ist nun mal ein besonders gäriger Haufen», *weser-kurier.de*, 24. August 2017.

AfD-Wahlprogramm zur Bundestagswahl 2017:
www.abgeordnetenwatch.de/sites/default/files/election-program-files/afd_wahlprogramm_btw2017komplett.pdf

Henryk M. Broder: «Wie sich Thor Kunkel um Kopf und Hintern redete», *spiegel.de*, 20. April 2004.

Melanie Amann: «Petrys Posterboy», *spiegel.de*, 21. Juli 2017.

Wigbert Löer: «Burgunder statt Burka und Bikini-Models – Wahlkampagne entzweit AfD», *stern.de*, 6. Juni 2017.

Christian Teevs: «Regelrechter Rausch», *spiegel.de*, 24. September 2017.

Mariam Lau und Tilman Steffen: «Ich habe seit Langem wieder das Gefühl, ich selbst zu sein», *zeit.de*, 29. September 2017.

## 3. Der anpassungsfähige Volkswirt Meuthen

### Die Masken fallen

Meuthens Rede auf dem Kyffhäusertreffen 2016:
www.youtube.com/watch?v=mYMvMfeDK6s

Günther Lachmann: «Jörg Meuthen, die unbekannte Macht der AfD», *welt.de*, 31. Dezember 2015.

Günther Lachmann: «Der große Unbekannte», *welt.de*, 5. Januar 2016.

Kalbitz' Bewerbungsprofil für die Landtagswahl 2014 in Brandenburg:
https://web.archive.org/web/20160305200953/http://www.afd-brandenburg.de/wp-content/uploads/2014/04/Kalbitz-Andreas.pdf

Alexander Fröhlich und Maria Fiedler: «Ein Mann, hart an der Grenze», *tagesspiegel.de*, 26. Juni 2017.

Rede von Kalbitz bei der «Winterakademie» 2018:
https://altcensored.com/watch?v=50Sy-B_U540

Kai Biermann, Astrid Geisler, Johannes Radke und Tilman Steffen: «AfD-Abgeordnete beschäftigen Rechtsextreme und Verfassungsfeinde», *zeit.de*, 21. März 2018.

Fotos von Kalbitz auf dem HDJ-Pfingstlager im Jahr 2007:
https://recherche-nord.com/gallery/Andreas.Kalbitz.html

Björn Höcke und Sebastian Hennig: «Nie zweimal in denselben Fluss. Björn Höcke im Gespräch mit Sebastian Hennig», Manuscriptum, 2018.

### Gewaltmarsch in Chemnitz

Johannes Daniels: «Nach Mord an Daniel Hillig – Wut der Menschen in Chemnitz steigt!», *pi-news.net*, 27. August 2018.

Karolin Schwarz: «Rechte hetzen mit Falschmeldungen nach tödlicher Attacke in Chemnitz», *vice.com*, 28. August 2018.

Götz Kubitschek: «Chemnitz – Zwickmühle und Schlußfolgerung», *sezession.de*, 3. September 2018.

Andre Meister und Anna Biselli: «Wie sich die AfD ihre eigene Verfassungsfeindlichkeit bescheinigen lässt», *netzpolitik.org*, 5. November 2018.

Stuttgarter Aufruf:
https://web.archive.org/web/20181105131531/https://www.stuttgarter-aufruf.de/

### Der Flügel wird flügge

Einspieler «Der Mensch Björn Höcke» und Rede von Höcke beim Kyffhäusertreffen 2019:
www.youtube.com/watch?v=G462lTdnBJQ

Fahnenmarsch beim Kyffhäusertreffen 2019:
www.youtube.com/watch?v=Z6xE2RWjego

Sebastian Friedrich, Georg Heil und Kaveh Kooroshy: «Rechtsextreme Camps. Sagt Brandenburger AfD-Chef Kalbitz die Wahrheit?», *tagesschau.de*, 29. August 2019.

Rede von Kositza beim Kyffhäusertreffen 2019:
www.youtube.com/watch?v=dD8zxkrJdTo

Ann-Katrin Müller: «Höckes Flügel und Fraktionschefin Weidel schließen Bündnis», *spiegel.de*, 12. Juli 2019.

Erik Peter: «Nicht alle folgen bedingungslos», *taz.de*, 10. Juli 2019.

Eva Kienholz und Nik Afanasjew: «Der Flügel wird flügge», *Der Freitag*, 29/2019.

Götz Kubitschek: «Nach den Wahlen – fünf Anmerkungen», *sezession.de*, 2. September 2019

Höcke bricht ZDF-Interview ab:
www.youtube.com/watch?v=YfT04jgFveE&t=2 s

Henrik Merker: «AfD in Schnellroda – Auf ein Bier mit Identitären», *zeit.de/serie/stoerungsmelder*, 21. September 2019.

Trailer zur «Sommerakademie» 2019 mit Weidel:
https://altcensored.com/watch?v=xR_utr1hWBo

## Geistige Brandstifter und geistlose Attentäter

Maik Baumgärtner, Sven Röbel und Wolf Wiedmann-Schmidt: «Die Granaten versteckte er im Bettkasten», *spiegel.de*, 9. April 2020.

Eva Kienholz: «Die Fahne hoch!», *Der Freitag*, 48/2019.

Meuthens Bewerbungsrede zum Parteivorsitz im November 2019 (Zitate ab Minute 4:30):
www.youtube.com/watch?v=f_vbGqyZ8CI

## Das Debakel von Thüringen

Kemmerichs Antrittsrede (Zitat ab Minute 2:30):
www.youtube.com/watch?v=rwyPJkCDurk&t=152 s

Daniel Ziblatt und Michael Koß: «Der Handschlag von Erfurt», *zeit.de*, 6. Februar 2020.

Götz Kubitschek: «Höckes Schachzug – drei Anmerkungen», *sezession.de*, 5. Februar 2020.

Melanie Amann, Matthias Bartsch, Felix Bohr, Anna Clauß, Ullrich Fichtner, Kevin Hagen, Julia Amalia Heyer, Christoph Hickmann, Martin Knobbe, Dirk Kurbjuweit, Timo Lehmann, Peter Maxwill, Veit Medick, Ann-Katrin Müller, Christopher Piltz, Jonas Schaible, Christoph Schult, Christian Teevs, Severin Weiland, Wolf Wiedmann-Schmidt und Steffen Winter: «Der Dämokrat», *Der Spiegel*, 7/2020.

Petrys Rede zur Regierungskrise in Thüringen:
www.youtube.com/watch?v=05AFpO14Dos

Höckes Rede beim Bürgerstammtisch in Gera:
www.youtube.com/watch?v=LMwfSrfdXeQ

Höckes Gedanken zur Bevölkerungszahl beim Bürgerstammtisch in Gera: www.twitter.com/AnsarBerlinIFL/status/1751557283983622463

Ann-Katrin Müller: «AfD bedauert ihr Bedauern», *Der Spiegel*, 10/2020.

Höckes Rede bei der 200. Pegida-Kundgebung («Seife»-Zitat ab Minute 39):
www.youtube.com/watch?v=Qm-83CdMkrs

Benedikt Kaiser: «Notizen zur Wahl in Hamburg – wohin AfD?», *sezession.de*, 24. Februar 2020.

Ramelows Antrittsrede (ab Minute 6):
www.youtube.com/watch?v=HWYaK77VvpI

**Die Stunde der Opportunisten**

Tillschneiders Rede beim Flügel-Fest im März 2020:
www.youtube.com/watch?v=x_EwcJbbCNM

Redeauszug von Höcke zu «ausschwitzen»:
https://web.archive.org/web/20200412134606/https://twitter.com/DrStran88269373/status/1238948385027227649

Götz Kubitschek: «Stabilität und Strategie – vier Grundsätze», *sezession.de*, 6. März 2020.

Statement von Höcke und Kalbitz zur Flügel-Auflösung:
https://web.archive.org/web/20200412071341/https://www.derfluegel.de/2020/03/27/bjoern-hoecke-und-andreas-kalbitz-zur-aufloesung-des-fluegels/

Höckes Flügel-Abschiedsvideo:
www.facebook.com/watch/?v=232534571323543

Justus Bender: «AfD-Führung uneins über Flügel-Auflösung», *faz.net*, 21. März 2020.

Alexander Wendt: «AfD-Chef Jörg Meuthen plädiert für Trennung vom ‹Flügel›», *tichyseinblick.de*, 1. April 2020.

Tilman Steffen: «Meuthen macht den Lucke», *zeit.de*, 2. April 2020.

Sabine am Orde: «Meuthen wünscht sich eine UAfD», *taz.de*, 2. April 2020.

Jan Moldenhauer: «AfD – Flügelauflösungsbeschluss und Spaltungsdebatten», *sezession.de*, 2. April 2020.

Änderungen an der Bundessatzung (in der Causa Kalbitz ging es um § 2 Absatz 6):
https://afd-hamburg.de/wp-conten/upload/2021/07/20191201_Bundessatzung.pdf

Höckes Videobotschaft zur Causa Kalbitz:
www.facebook.com/watch/?v=266235331451457

Götz Kubitschek: «Wie man eine Parte anzündet», *sezession.de*, 17. Mai 2020.

Maik Großekathöfer: «Ein junger Mann, der Populist werden will», *Der Spiegel*, 41/2016.

Höckes Statement «Willkommen zurück!»:
www.facebook.com/Bjoern.Hoecke.AfD/posts/andreas-kalbitz-ist-wieder-mitglied-der-afd-das-landgericht-berlin-hat-entschied/2666407736933829/

Statement der Alternativen Basis:
https://web.archive.org/web/20200627070131/https://www.alternative-basis.de/fall-kalbitz-wird-zur-posse-bsg-traegt-dazu-bei-81/

## 4. Der bodenständige Malermeister Chrupalla

### «Corona hin, Covid her»

Maria Fiedler: «Warum die AfD in der Corona-Krise an Reichweite verliert», *tagesspiegel.de*, 7. April 2020.

*Junge-Freiheit*-Interview mit Meuthen:
https://www.youtube.com/watch?v=1qQI4zyyFVI

Andreas Flammang, Ann-Katrin Müller und Jonas Schaible: «Ach so, ja, Nazis sind auch da», *spiegel.de*, 29. August 2020.

Götz Kubitschek: «Wachsende Ringe – Tagebuch (3)», *sezession.de*, 22. August 2020.

Jürgen Elsässer: «Revolution der Herzen. Stürzen Querdenker die Corona-Diktatur?», *compact-online.de*, 21. August 2020.

Eva Kienholz und Nik Afanasjew: «Wirr ist das Volk», *Der Freitag*, 36/2020.

### Krawall im Wunderland

Christian Fuchs: «Je schlechter es Deutschland geht, desto besser für die AfD», *zeit.de*, 28. September 2020.

Anna-Sophia Lang: «Auch ein Besenstiel wäre gewählt worden», *spiegel.de*, 9. Dezember 2017

Chrupallas Bewerbungsrede zum Parteivorsitz am 30. November 2019 (über drastische Sprache und Frauen ab Minute 5): www.youtube.com/watch?v=eIl1mFsVbAw

ZDF-Interview mit Chrupalla (Nazifreund ab Minute 2:30): www.zdf.de/der-neue-afd-chef-tino-chrupalla-im-berlin-direkt-interview-100.html

AfD-Bundesparteitag in Kalkar: www.youtube.com/watch?v=zdiSnz6P4rk

Alexander Gauland im Gespräch mit Christoph Heinemann: «Gauland kritisiert ‹Ausschaltung des Parlaments›», *deutschlandfunk.de*, 30. Oktober 2020.

**Meuthen kapituliert**

Tilman Steffen: «Kopflos in den Wahlkampf», *zeit.de*, 23. Februar 2021.

Tino Chrupalla im Gespräch mit Philipp May: «Spitzenkandidat Chrupalla sieht keine Richtungsentscheidung», *deutschlandfunk.de*, 26. Mai 2021.

AfD-Kampagnenfilm 2021: www.tinochrupalla.de/aktuelles/

Logo-Interview mit Chrupalla: www.youtube.com/watch?app=desktop&v=65exOAKgnvA

Veit Medick und Ann-Katrin Müller: «Der Versuch einer großen Täuschung», *Der Spiegel*, 38/2021.

AfD-Leitfaden zum Bundestagswahlkampf 2021: https://afd.de/wahlkampfleitfaden/

Marcus Bensmann und Justus von Daniels: «AfD-Meuthen und die Spende aus der Schweiz», *correctiv.org*, 29. August 2017.

Marcus Bensmann, Justus von Daniels, Gabriela Keller, Jonathan Sachse und Miriam Lenz: «AfD-Chef Jörg Meuthen und sein Freund aus der Schweiz», *correctiv.org*, 22. September 2021.

Johannes Reichart, Sammy Khamis und Wigbert Löer: «AfD Bayern – Interner Chat zeigt Radikalität», *br.de*, 1. Dezember 2021.

WDR, NDR und ARD-Hauptstadtstudio: «Parteichef Jörg Meuthen tritt aus der AfD aus», *ard-hauptstadtstudio.de*, 28. Januar 2022.

Höckes Kommentar zu Meuthens Parteiaustritt:
www.x.com/BjoernHoecke/status/1487051885383147522

**Friede mit Russland**

AfD-Positionspapier zum «Russland-Ukraine-Krieg»:
https://afdbundestag.de/positionspapier-ukraine-krieg/

Höckes Kommentar zum «Krieg in der Ukraine»:
www.facebook.com/photo/?fbid=654295902660729&set=a.599798814777105

Gareth Joswig: «Wie hältst du's mit Russland?», *taz.de*, 29. März 2022.

Rainer Roeser und Alexander Häusler: «Die Positionen der AfD zum Putin-Regime und dem russischen Angriffskrieg auf die Ukraine», *forena.de*, 14. April 2022.

Frohnmaiers Statement zur Krim:
www.facebook.com/frohnmaier/posts/pfbidogE6cMYZWYKYXAvGAnRiPVeX9z2cTdkGyPkeHwmDnUwgocxN2TtBC3NyU3c1Yk5Phl

Ausschnitt des RT-Interviews mit Frohnmaier:
www.youtube.com/watch?v=_gGw74Xi8S4#-1

Christian Esch: «Der herzliche Herr Lawrow», *spiegel.de*, 8. Dezember 2020.

Melanie Amann, Stephan Heffner, Martin Knobbe, Ann-Katrin Müller, Jan Puhl, Marcel Rosenbach, Alexander Sarovic, Jörg Schmitt, Wolf Wiedmann-Schmidt und Anika Zeller: «Moskaus Marionetten», *Der Spiegel*, 15/2019.

Tillschneiders Begründung zu seiner Reise in die Ostukraine:
www.x.com/P_Plattform/status/1571881621250252801

Tillschneiders Video zur «Moskauer Sicherheitskonferenz»:
www.tiktok.com/@wahrheitundklarheit/video/7267661523802197281

Chrupallas Statement zu seinem Besuch in der russischen Botschaft:
www.twitter.com/Tino_Chrupalla/status/1656250439224946688

**Von Höckes Gnaden**

Max Otte im Gespräch mit Marc Etzold: «Mein Gewissen treibt mich zur AfD», *wiwo.de*, 12. September 2017.

Erik Lehnert: «Wie man eine Stiftung anzündet», *sezession.de*, 29. Mai 2020.

Götz Kubitschek: «WerteUnion oder AfD?», *sezession.de*, 11. Juni 2019.

Max Otte zu den Ausschreitungen in Chemnitz: www.x.com/maxotte_says/status/1035775248933838848?lang=de

Höckes Rede zur Neubesetzung der Parteispitze in Riesa: www.youtube.com/watch?v=oWoWxe38Jdw

Christina Baum als «Lobbyist der ‹Biodeutschen›»: www.facebook.com/drchristinabaum/posts/pfbid06hikuFG3r45e jY5NHxgf9KuNQNATcUwq51wU2Yws3HPTLzapJ2eiSt6YjtKLPisNl

Götz Kubitschek: «Herbst, Empörung, Grundsätze (3) – Partei», *sezession.de*, 2. September 2022.

Anna Hunger: «Das Blaue vom Himmel», *kontextwochenzeitung.de*, 31. Januar 2024.

«Ein Prozent»-Podcast mit Höcke: https://podcast.einprozent.de/politik-in-der-corona-krise-bjorn-hocke-im-gesprach-221/

«Ein Prozent»-Podcast mit Hilburger: https://podcast.einprozent.de/chaos-in-der-auto-industrie-223/

Weidel zu «Zentrum Automobil» (ab Minute 5:30): www.tagesschau.de/multimedia/video/video-1048167.html

Ann-Katrin Müller: «Da werde ich mir was Feines überlegen, wie ich mich revanchieren kann», *Der Spiegel*, 26/2022.

Eva Kienholz: «Ein gieriger Haufen», *freitag.de*, 21. Juni 2022.

Resolution «Europa neu denken»: https://sezession.de/wp-content/uploads/2022/06/resolution-europa-neudenken-gueltig.pdf

Bastian Wierzioch: «Deal von Höcke mit Parteiführung sorgt für Ärger», *mdr.de*, 21. Juni 2022.

Kubitschek im Gespräch mit Tillschneider («Krieg gegen die eigene Partei» ab Minute 12): https://podcasters.spotify.com/pod/show/kanalschnellroda/episodes/AfD-Bundesparteitag-in-Riesa-Gtz-Kubitschek-und-Dr--Hans-Thomas-Tillschneider-e1k7u28/a-a853lfh

Götz Kubitschek: «Bundesparteitag in Riesa (1) – Absprachen und Wahlen», *sezession.de*, 24. Juni 2022.

## 5. Die wandelbare Unternehmensberaterin Weidel

### Im Milieu der «Reichsbürger»

Christian Fuchs, Astrid Geisler und Holger Stark: «Der Prinz, die Richterin und ein geplatzter Staatsstreich», *zeit.de*, 8. Dezember 2022.

Weidel lobt Malsack-Winkemann (ab Minute 1):
www.youtube.com/watch?v=sg9lq1byySM

Malsack-Winkemann als Beisitzerin am 7. Dezember 2022 (Tag der Razzia) um 8:19 Uhr noch aufgeführt:
https://web.archive.org/web/20221207081927/https://www.afd.de/partei/bundesschiedsgericht/

Malsack-Winkemann als Beisitzerin am 7. Dezember 2022 um 14:53 Uhr nicht mehr aufgeführt:
https://web.archive.org/web/20221207145305/https://www.afd.de/partei/bundesschiedsgericht/

Malsack-Winkemanns Reden im Bundestag:
https://de.openparliament.tv/media/DE-0190034027

Thomas Schwendener: «Auch Schweizer denken feudal», *WOZ*, 22. Dezember 2022.

Pazderskis Kommentar auf Twitter:
www.x.com/georg_pazderski/status/1600758850017464320

Melanie Amann: «Das erste Leben der Alice Weidel», *spiegel.de*, 16. September 2017.

Sven-Felix Kellerhoff, Martin Lutz und Uwe Müller: «Diese Schweine sind nichts anderes als Marionetten der Siegermächte», *welt.de*, 9. September 2017.

David Gebhard und Julia Klaus: «Haben Sie die Mail geschrieben, Frau Weidel?», *zdf.de*, 1. Februar 2023.

Marc Brost, Sarah Jäggi und Mariam Lau: «Himmel, Lille!», *Die Zeit*, 38/2017.

Ann-Katrin Müller: «Verwandter des rechtsextremen Verlegers Kubitschek arbeitet für Alice Weidel», *Der Spiegel*, 25/2022.

Zur AfD-Initiative zur Aufhebung der Ehe für alle:
www.bundestag.de/dokumente/textarchiv/2018/kw41-de-gleichgeschlechtliche-ehe-570770

Sarah Bossard im Gespräch mit Michèle Binswanger: «Viele Schwule und Lesben möchten einfach ihre Ruhe», *bazonline.ch*, 24. September 2021.

Alice Weidel im Gespräch mit Maria Fiedler und Jost Müller-Neuhof: «Das Kopftuch gehört nicht zu Deutschland», *tagesspiegel.de*, 27. Mai 2017.

Ausschnitt aus der Pressekonferenz zur Kampagne «Unser Land zuerst»:
www.afd.de/unser-land-zuerst-2/

Alice Weidel im Gespräch mit Volker Finthammer: «Weidel sieht einen ‹Wirtschaftskrieg gegen Deutschland›», *deutschlandfunk.de*, 16. Oktober 2022.

**Eine Partei wird zehn Jahre alt**

David Gebhard und Julia Klaus: «Das Baby ist missraten», *zdf.de*, 6. Februar 2023.

Leonie Feuerbach: «Gründungsfeier unter Feinden», *faz.net*, 7. Februar 2023.

Tim Neumann: «Weißwäsche im Schleudergang», *spiegel.de*, 7. Februar 2023.

Götz Kubitschek: «Winterakademie – noch 15 Plätze», *sezession.de*, 6. Januar 2023.

Daniel Fiß: «Wer wählt rechts – und warum?», *sezession.de*, 1. Februar 2023.

Weidels Rede in Erfurt:
https://www.youtube.com/watch?v=TE3AxeTtIB8

Deutschlandkurier: «‹Winterakademie› des Instituts für Staatspolitik (IfS) – DK-Interview mit Götz Kubitschek», *deutschlandkurier.de*, 31. Januar 2023.

Götz Kubitschek: «Schreibtisch, Garten, Alltag (XVI) – Tagebuch vom 13. März», *sezession.de*, 15. März 2013.

ZDF heute: «NPD-Vize über AfD-Rhetorik – ‹Ich wäre dafür im Gefängnis›», *zdf.de*, 23. November 2019.

Höcke bei der «Winterakademie» 2024 («kein Jota» ab Minute 31:30): www.youtube.com/watch?v=_M8eWCfWeyI

### Der erste blaue Landrat

Ann-Katrin Müller und Maik Baumgärtner: «AfD-Wahlkampfhelfer war in militanten Neonazi-Strukturen aktiv», *spiegel.de*, 28. Juni 2023.

Johanna Hemkentokrax, Axel Hemmerling und Bastian Wierzioch: «Sonneberger AfD-Helfer tauchte schon in NSU-Akten auf», *mdr.de*, 28. Juni 2023.

Stellungnahme der AfD Thüringen: www.x.com/BjoernHoecke/status/1674338475389206529?lang=de

Verena Schmitt-Roschmann (dpa): «Nur Klischee? Rechtsextreme Ansichten in Ostdeutschland», *sueddeutsche.de*, 28. Juni 2023.

Berlin direkt: «Ramelow warnt vor Ausgrenzung Ostdeutscher», *zdf.de*, 25. Juni 2023.

Veit Medick und Jan Rosenkranz: «Was können Sie eigentlich außer Hass, Frau Weidel?», *Stern*, 27/2023.

Weidels Eröffnungsrede auf dem Parteitag in Magdeburg: www.youtube.com/watch?v=AFF8090Bhts

AfD-Wahlprogramm zur Europawahl 2024: www.afd.de/wp-content/uploads/2023/12/AfD_EW_Programm_2024.pdf

AfD-Wahlprogramm zur Bundestagswahl 2021 (ein Austritt Deutschlands aus der Europäischen Union sei «notwendig»): www.afd.de/wp-content/uploads/2021/06/20210611_AfD_Programm_2021.pdf

Phoenix-Interview mit Höcke («Diese EU muss sterben»): www.phoenix.de/thueringens-afd-landesvor-a-3209401.html

Christian Parth und Tilman Steffen: «Einig gegen Europa», *zeit.de*, 29. Juli 2023.

Gareth Joswig: «Nazis im Höhenflug», *taz.de*, 30. Juli 2023.

*Project-Veritas*-Interview mit Maximilian Krah: www.x.com/MatthewTyrmand/status/1605227998054998016?ref_src=twsrc%5Etfw%7Ctwcamp%5Etweetembed%7Ctwterm%5E1605227998

054998016%7Ctwgr%5Ead7aea4075874feb22308e7052805a24a0afa656%7Ctwcon%5Es1_&ref_url=https%3A%2F%2Fwww.tichyseinblick.de%2Fdaili-es-sentials%2Fkrah-eu-parlament-china-katar%2F

Kleinwächter über Krahs Buch:
https://norbert-kleinwaechter.de/wp-content/uploads/2023/07/Krahs-Politik-von-rechts-und-die-Antidemokratie-Chinas.pdf

Kubitscheks Eröffnungsrede zur «Sommerakademie» 2023:
www.youtube.com/watch?v=vpfNwxjQlIk

**Rechte Träume von «Remigration»**

Eva Kienholz und Nik Afanasjew: «Wurst, Borschtsch und Melonisierung», *Der Freitag*, 45/2023.

Tobias Rapp: «Der dunkle Ritter», *Der Spiegel*, 51/2016.

Marcus Bensmann, Justus von Daniels, Anette Dowideit, Jean Peters und Gabriela Keller: «Geheimplan gegen Deutschland», *correctiv.org*, 10. Januar 2024.

Mario Müller: «Kontrakultur», Antaios, 2017.

Mario Müller bei Neonazi-Wanderung im Sommer 2023:
www.x.com/recherchenorth/status/1745582257157333126

Jean Peters, Gabriela Keller, Till Eckert, Anette Dowideit und Marcus Bensmann: «Geheimtreffen in Potsdam: AfD-Mitarbeiter brüstet sich mit Gewalt», *correctiv.org*, 17. Januar 2024.

Julia Barthel, Sammy Khamis, Arne Meyer-Fünffinger, Alexander Nabert, Maximilian Zierer: «AfD im Bundestag – Mehr als 100 rechtsextreme Mitarbeiter», *br.de*, 12. März 2024.

Zentrum für politische Schönheit: «AfD-Verbot», *politicalbeauty.de*

Beweissammlung des ZPS für ein AfD-Verbot: afd-verbot.de

Matthias Helferich als «künftiger Remigrationsminister»:
www.x.com/JABWoffiziell/status/1755629118190719044

Stellungnahme der ostdeutschen Fraktionsvorsitzenden zur «Remigration»:
https://afd-thl.de/2024/01/15/stellungnahme-der-fraktionsvorsitzenden-ost-zur-remigration/

Chrupallas Statement zu «Remigration»:
www.x.com/Tino_Chrupalla/status/1745419301840912893?lang=de

Götz Kubitschek: «Warum hat Alice Weidel ihren Berater Roland Hartwig entlassen?», *sezession.de*, 16. Januar 2024.

AfD-Wahlprogramm zur Europawahl («Remigration» auf Seite 17): www.afd.de/wp-content/uploads/2023/12/AfD_EW_Programm_2024.pdf

Bewerbungsrede von Irmhild Boßdorf («millionenfache Remigration»): www.youtube.com/watch?v=IoNuce6q5dE

Maximilian Krah: «Politik von rechts. Ein Manifest», Antaios, 2023.

Höcke beim Bürgerstammtisch in Gera («Abschiebeflüge» ab Minute 21 und «20, 30 Prozent weniger Menschen» ab Minute 46): www.youtube.com/watch?v=F_IqSKd-2kI&t=2795 s

Heimatkurier: «Enttäuschend – AfD setzt ‹Revolte Rheinland› auf umstrittene Unvereinbarkeitsliste», heimatkurier.at, 18. Dezember 2023.

Gareth Joswig: «AfD streitet um Neonazis», *taz.de*, 4. Januar 2024.

Höckes Statement zum «Vorfeld»: www.facebook.com/photo/?fbid=1094587351964913&set=a.599798814777105

Weihnachtsgruß von Beckamp an die «Revolte Rheinland»: www.instagram.com/p/C1O9dXLNDM2/?hl=de

«Revolte Rheinland»-Foto (mit mutmaßlich Gerald Christ) von *Rechercheplattform zur Identitären Bewegung*: www.x.com/IbDoku/status/1699708583900770603?lang=de

Foto von Gerald Christ und JA-Funktionär, der einen Vortrag über die «Remaskulinisierung Deutschlands» hielt: www.instagram.com/p/Cy8OQ3FtOB_/?img_index=1

Statement zur Unvereinbarkeitsliste von Benedikt Kaiser: www.x.com/benedikt_kaiser/status/1736797222656725189

Martin Sellner: «Unvereinbarkeitsbeschluß der AfD gegen Revolte Rheinland», *sezession.de*, 20. Dezember 2023.

**In Harmonie vereint**

Reden in der «Harmonie» in Heilbronn zum Nachhören: www.youtube.com/watch?v=YQRSpVJpQzA

Nicole Diekmann und Dominik Rzepka: «AfD-Chefin Weidel trifft Le Pen in Paris», *zdf.de*, 20. Februar 2024.

Nicole Diekmann: «Alice Weidel und ihre Rolle in der AfD», *zdf.de*, 25. Februar 2024.

Weidels Statement zum Treffen mit Le Pen: www.x.com/Alice_Weidel/status/1759974440161427779

AfD-Positionspapier zur «Remigration»: https://www.afd.de/wp-content/uploads/2024/01/2024-01-31-_-AfD-PM-_-Anhang-Positionspapier-Remigration.pdf

JF-Online: «Streit um ‹Remigration› – Le Pen brüskiert Weidel», *jungefreiheit.de*, 29. Februar 2024.

Maik Baumgärtner, Markus Becker, Jörg Diehl, Martin Knobbe, Timo Lehmann, Ann-Katrin Müller, Sven Röbel, Marcel Rosenbach, Fidelius Schmid, Wolf Wiedmann-Schmidt und Steffen Winter: «Alternative gegen Deutschland», *Der Spiegel*, 18/2024.

**Kampf um Stimmen**

Björn Höcke und Sebastian Hennig: «Nie zweimal in denselben Fluss. Björn Höcke im Gespräch mit Sebastian Hennig», Manuscriptum, 2018.

Karsten Polke-Majewski: «Mein Mitschüler, der rechte Agitator», *zeit.de*, 18. Februar 2016.

Andreas Kemper: «Warum Aufklärung über Höcke wichtig ist», *andreaskemper.org*, 18. Februar 2016.

Foto von Höcke als «Ganztagskoordinator»: www.hna.de/lokales/witzenhausen/sportinternat-aufwind-2525425.html

TV-Duell zwischen Höcke und Voigt: www.youtube.com/watch?v=EcXtacwO56w

Jürgen Elsässer: «‹Blaue Welle› – Die COMPACT-Volksfeste 2024», *compact-online.de*, 19. Januar 2024.

Wolfgang Schwartz: «‹Blaue Welle› gegen AfD?», *endstation-rechts.de*, 20. März 2024.

Jürgen Elsässer: «2024 – so wird das blaue Wunder wahr!», *pi-news.net*, 23. Dezember 2023.

Höcke bei der «Winterakademie» im Februar 2024 (Zitat mit «luckesieren» ab Minute 30): www.youtube.com/watch?v=_M8eWCfWeyI

Junge Alternative mit Krah-Fanpostern:
www.facebook.com/photo/?fbid=775962534675406&set=pcb.775964881341838

TikTok-Video von Krah an junge Männer:
www.tiktok.com/@maximilian_krah/video/7246324156394933530?lang=de-DE

TikTok-Video von Krah zu Vorfahren:
www.tiktok.com/@maximilian_krah/video/7275621174724332832?lang=de-DE

David Gebhard, Julia Klaus und Ulrich Stoll: «Wie geschichtsvergessen ist die AfD?», *zdf.de*, 20. April 2024.

Ahrens Rede auf der «Sommerakademie» 2023:
www.youtube.com/watch?v=kDv5ZL_nptQ

Statement von Linke Liste Frankfurt zu Erik Ahrens:
www.facebook.com/linkelisteffm/posts/4112877282135466/?paipv=0&eav=AfZh2lKjFgyoZijb-g3_Emvp1pYPGRCMDCQURtFVgg8GEffA6kH1q6g7IWfbuQKZMAQ&_rdr

Ahrens über Musterung junger Männer und Frauen:
www.x.com/erikahrens_ffm/status/1670703638275145730

Marcus Bensmann, Justus von Daniels, Anette Dowideit, Jean Peters und Gabriela Keller: «Geheimplan gegen Deutschland», *correctiv.org*, 10. Januar 2024.

Antifa Recherche Team Dresden: «Vor dem Angriff auf die Plakatierteams: Quentin M. J. am 1. Mai auf Demos von Freien Sachsen und AfD», *naziwatchdd.noblogs.org*, 7. Mai 2024.

Tonia Mastrobuoni: «La versione di Krah: ‹Non prendo soldi dai russi. Le SS criminali? Sbagliato generalizzare›», *repubblica.it*, 18. März 2024.

Krahs Statement zum *Repubblica*-Artikel:
www.x.com/KrahMax/status/1793189906769907741

Götz Kubitschek: «Krah und Kärnten – Räume und Sprache (2)», *sezession.de*, 10. Mai 2024.

Höckes Trauerkarte für das Institut für Staatspolitik:
www.facebook.com/photo/?fbid=1193104078779906&set=a.599798814777105

Weidels Statement zum Verfassungsschutz:
www.x.com/Alice_Weidel/status/1790392496322691540?lang=de

Götz Kubitschek: «Herbst, Empörung, Grundsätze (3) – Partei», *sezession.de*, 2. September 2022.

© Philipp Sipos

**Eva Kienholz** studierte Germanistik, Geschichte und Deutsche Literatur in Mannheim und Berlin. Sie ist als Journalistin und freie Autorin tätig. 2015 begann sie, sich intensiv mit der AfD und der Neuen Rechten zu beschäftigen. 2020 erschien ihr Buch «Ihr Kampf. Wie Höcke & Co. die AfD radikalisieren» im Verlag Das Neue Berlin.